文史哲研究叢刊

帛書《老子》詞彙研究

張豔 著

上海古籍出版社

圖書在版編目(CIP)數據

帛書《老子》詞彙研究 / 張豔著. —上海：上海
古籍出版社，2015.9（2023.4 重印）
（文史哲研究叢刊）
ISBN 978-7-5325-7577-0

Ⅰ.①帛… Ⅱ.①張… Ⅲ.①《道德經》—詞彙—研
究 Ⅳ.①B223.15②H131

中國版本圖書館 CIP 數據核字(2015)第 061449 號

文史哲研究叢刊

帛書《老子》詞彙研究

張 豔 著

上海古籍出版社出版發行

（上海市閔行區號景路 159 弄 1-5 號 A 座 5F 郵政編碼 201101）

（1）網址：www.guji.com.cn

（2）E-mail：guji1@guji.com.cn

（3）易文網網址：www.ewen.co

上海新藝印刷有限公司印刷

開本 890×1240 1/32 印張 14 插頁 2 字數 351,000

2015 年 9 月第 1 版 2023 年 4 月第 2 次印刷

ISBN 978-7-5325-7577-0

H·128 定價：89.00 元

如有質量問題，請與承印公司聯繫

目　録

凡　　例

本書所用帛書《老子》底本係據高明《帛書老子校注》本並參考先師吳金華先生整理本的電子本（未刊）。

一、文字引用方法

一般情況下，如引用内容在帛書甲、乙本並存，則引用甲本；甲本殘，則引用乙本。

二、釋文處理方法

1. 字外加（　）號，一般表示釋讀的通假字或分化字。

2. 字外加〔　〕號，一般表示按照文例擬補之字。

3. 偶有無法隸定者，直接寫出帛書原文字形。

4. 通假字、異體字在正文以詞頭形式出現時，一般直接用常用字書寫。

三、引文出處表示法

1. 標記所引文字章次以“BJxxWxx”或“BYxxWxx”的形式。“B”代表帛書本，“BJ”代表帛書甲本，“BY”代表帛書乙本；“W”代表王弼本。“BJxx”表示經文所在帛書甲本章次，“BYxx”表示經文所在帛書乙本章次；“Wxx”表示經文所在王弼本章次。

2. 既涉及帛書甲本又涉及帛書乙本時，則通稱爲 BxxWxx。

引　言

在語言研究、特别是漢語研究中，詞彙研究的迫切性與重要性特别突出。

1983 年，吕叔湘先生曾在《吕叔湘語文論集》中指出："漢語史研究中最薄弱的環節，應該説是語彙的研究。"①最近二十多年來，漢語詞彙史的研究雖然有了長足的發展，在詞的性質、結構、意義等方面取得了不少成就，但是，由於漢語詞彙相當複雜，系統性不明顯，所以直到今天，詞彙史研究較之語音史、語法史方面的研究仍然滯後。其主要表現就是詞彙史研究中還存在大量空白急需填補，比如詞語詞義的發展演變、各個歷史階段的詞彙面貌等方面的研究都還有明顯不足，有待加强。而要想解决這樣的問題，專書研究就勢在必行。

專書詞彙研究的重要性也久已成爲學界共識。周祖謨先生曾指出："詞彙是構成語言的材料，要研究詞彙的發展，避免紛亂，宜從斷代開始，而又要以研究專書爲出發點。猶如清人研究古韻那樣，先以《詩經》一書爲起點，得其部類，然後旁及《楚辭》以相佐證，以確定韻部的分合，而後之人又從而逐漸加詳加密，以臻完善。"②

---

① 吕叔湘《吕叔湘語文論集》，商務印書館 1983 年版，第 28 頁。

② 周祖謨《吕氏春秋詞典·序》，張雙棣等《吕氏春秋詞典》，山東教育出版社 1993 年版。

蔣紹愚先生對此有更具體的解說:"根據對一部專書全面研究而得出的結論,當然要比只根據若干例句作出的結論更有價值。將這些專書的語言現象弄清楚了,對各個歷史時期的語言面貌就有了比較具體的瞭解。再把各個歷史時期聯繫起來,就能比較全面的(而不是片斷的)比較清晰的(而不是模糊的)勾畫出漢語歷史發展的輪廓。"①經過幾代學人的不懈努力,漢語詞彙史的面貌已越來越清晰。但是,前人研究專書時主要還是以傳世本爲對象,出土文獻專書詞彙研究卻一直是薄弱環節。一方面,傳世文獻必然存在訛誤改竄;另一方面,出土文獻一般都會存在的通假字、異體字在傳世本中很少能夠體現,因此在傳世本的基礎上進行詞彙研究,其可靠性存在一定的問題。這正需要我們進一步的努力去解決。

以下闡明本書寫作的幾個問題:

一、选题緣起

我們選擇帛書《老子》作爲研究對象,因爲它作爲漢語詞彙史的研究資料具有特殊價值。

第一,《老子》是春秋戰國時期的代表性著作。雖然對於帛書《老子》之後出土的郭店楚簡《老子》,部分學者以之爲摘抄本,部分學者以之爲較爲原始的本子,不能完全將它作爲《老子》成書時代的依據;但是抄寫年代不會晚於漢初的馬王堆漢墓帛書《老子》甲本的出土,"已經使《老子》形成於戰國末或漢初的説法遭到了破産"②。而不論是從該書具體的文字、語句還是哲學思想來看,老

---

① 蔣紹愚《漢語史研究的回顧與前瞻》,《語言教學與研究》1989 年第 2 期。

② 裘錫圭《中國出土簡帛古籍在文獻學上的重要意義》,《中國出土文獻十講》,復旦大學出版社 2004 年版,第 88 頁。

子生活年代在孔子之前的觀點，已爲大多數學者認同。綜上，將
《老子》定爲春秋戰國時期的作品，是没有問題的。《老子》不僅是道
家的奠基性著作，也是中國最古的典籍之一，在當時、對後世均影
響極大。但是，學界對《老子》進行的研究工作多集中在思想史、文
獻校勘、文字考釋等方面，比較零碎，不成系統，從漢語詞彙史角度
對其進行研究的力度一直略顯不足。因此，對其詞彙進行研究，不
但可以使之在漢語史領域發揮應有的作用，而且能夠爲其他相關
學科的研究提供便利。

　　第二，帛書《老子》較之他本《老子》更爲可靠。一般情況下，傳
世典籍經過後人輾轉傳抄翻刻，大多會存在有意竄改、無心訛誤等
問題。帛書《老子》長埋地下千年，上述情況影響其真實度的可能
性極低，比較忠實地保存了上古漢語的詞語面貌。它比楚簡本之
外的本子都古得多，參之則可以發現問題、解決問題。如：
BJ40W75：“人之饑也，以其取食逜（税）之多也，是以饑。百姓之不
治也，以其上有以爲［也］，是以不治。民之巠（輕）死也，以其求生
之厚也，是以巠（輕）死。”“以其取食逜之多也”，世傳本今本多作
“以其上食税之多”，以其意爲在上者的盤剥是百姓“饑”的原因。
其實，帛書甲本“逜”即“隧”，意爲“手段”、“途徑”，此句意爲：百姓
“饑”是因爲他們取食手段太多。這種解釋不但與下文語義相照，
並且符合老子辯證的哲學思想。①

　　第三，帛書《老子》較之其他早期版本的《老子》相對完整。現
存《老子》版本中，唯戰國郭店楚簡本比帛書本年代更早，可是它的
内容不及今本的百分之四十，雖然十分珍貴，但無法與今本一一對
應進行研究。敦煌殘卷、碑本等本不僅年代靠後，且係殘本，價
值更在帛書本之下。而帛書本與今本對應的八十一章俱在，完

---

　　① 裘錫圭《出土古文獻與其他出土文字資料在古籍校讀方面的重要作用》，《中國
出土文獻十講》，復旦大學出版社 2004 年版，第 106 頁。

全可以對之進行系統研究。例如，統計全書，帛書《老子》共有 41 個"弗"字，而今本幾乎全被改爲"不"字，這是一個很值得注意的問題。如果本子本身不夠完整，其研究的可靠程度必然要打折扣。

　　第四，帛書《老子》現有的研究成果已經爲更加深入、系統的研究提供了必要條件。自 1973 年帛書出土以來，中外各種從不同角度對帛書《老子》進行研究的論著數量相當大，發現並解決了不少問題，其中不乏以帛書《老子》爲依據使聚訟千年的問題一朝冰釋的例子。單篇論文，如礪冰的《"法令滋彰"還是"法物滋彰"？ ——讀帛書本〈老子〉札記》①，首次利用帛書《老子》糾正了傳本文字上一個存在千年的謬誤。王弼本第 57 章（帛書本第 20 章）作"法令滋彰，盜賊多有"，諸本多從之，但是宋刻河上公本卻爲"法物"，並注釋曰"珍好之物"。作者據帛書乙本保存的"物滋彰"等字，判斷六朝、唐宋以來有些本子作"法物滋彰"是有根據的，《老子》原文作"法物"的可能性要比作"法令"大得多，因爲帛書本更爲近古。另外，他又參第 3 章（帛書本第 47 章）"不貴難得之貨，使民不爲盜"、第 17 章（帛書本第 56 章）"難得之貨，使人行妨"、第 19 章（帛書本第 63 章）"絕巧棄利，盜賊无有"，指出這些話和"法物滋彰，盜賊多有"是一個意思。即在老子看來，凡屬奇巧珍好難得之物都必須禁止，否則會成爲社會動亂的一個重大根源。從而得出結論：與帛書本一致的河上公本方是正確的，他本作"法令"者皆誤。這篇文章以帛書本爲依據，論證非常有力，令人信服。專著，如高明《帛書老子校注》對帛書《老子》進行全面的校勘和文字考釋，態度嚴謹，目光犀利，常發前人所未發，堪稱一部扛鼎之作。此外還有高亨、張松如等人的有關論著質量也都相當之高。這些已有成果，也爲

---

① 《歷史研究》，1976 年第 2 期。

我們進行更深入的系統研究提供了前提條件。

　　第五,帛書《老子》詞彙研究有重要的應用價值,能夠把詞彙研究進一步推向應用實踐的高度。對帛書《老子》詞彙進行研究的實踐意義在於可以幫助提高辭書編纂的品質,從詞目失收、義項闕略、釋義不當等方面對《漢語大詞典》等大型辭書以及專書詞典作適當補正。

二、研究的內容

　　本書的研究對象爲長沙馬王堆漢墓出土的帛書《老子》甲、乙本。所據釋文爲中華書局 1996 年版高明《帛書老子校注》之帛書釋文。甲本殘以乙本補。研究對象側重於帛書《老子》中的新詞新義與楚簡、帛書、傳世本的異文。

　　除"緒論"外,全書共分五章展開討論:

　　"緒論"部分對帛書《老子》的出土情況及形制作簡要描述;探討帛書《老子》的語言研究價值;介紹其在漢語史等方面的研究現狀。

　　第一章"帛書《老子》單音詞研究"主要內容:1. 討論單音詞、複音詞的切分標準;2. 全面調查帛書《老子》的單音詞詞性及單、複音詞的數量比例,擇取同時期典籍的相關數據,進行共時比較;3. 對帛書《老子》中的單音詞作抽樣調查,以窺探該書單音詞詞義的面貌;4. 研究帛書《老子》單音詞所體現的獨特的楚方言色彩,以期開闢研究新視角。

　　第二章"帛書《老子》複音詞研究"主要內容:1. 對帛書《老子》複音詞的各種構成方式、詞類作全面統計並分類描述,通過各種類型的具體數據,勾勒帛書《老子》這部出土的上古文獻複音詞彙的基本面貌;2. 與同時期典籍作共時比較,揭示上古時期複音詞構成方式的漸變軌跡。

　　第三章"帛書《老子》中的新詞新義"主要内容：1. 確定新詞新義的定義和標準；2. 抽取帛書《老子》單音詞中典型的新義進行討論；3. 統計出帛書《老子》單音詞新義 82 個，複音詞新詞 64 個、新義 2 個，並對其中的典型詞語作深入探討；4. 討論新詞新義產生的原因和方式。

　　第四章"帛書《老子》異文研究"主要内容：1. 確定異文的定義；2. 將帛書《老子》與楚簡《老子》、王弼本《老子》異文中替換的同義詞進行歷時的比較，討論這些同義換用現象與詞彙研究的關係；3. 對以上三本異文中的虛詞進行歷時比較，討論這種虛詞增删現象與語法研究的關係。

　　第五章"帛書《老子》詞彙研究的應用價值"主要内容：通過對目前大型權威語文辭書《漢語大詞典》及專書詞典《老子詞典》的考察，揭示帛書《老子》詞彙研究的重要應用價值。

三、研究的方法

　　進行科學研究工作，必須要以科學的方法爲指導，並根據實際情況具體問題具體分析。鑒於我們要進行的研究工作是專書詞彙研究，根據研究的對象和内容，主要采用以下研究方法：

　　1. 對全書詞語窮盡統計、定性分析。研究專書詞彙，只有先作窮盡性的統計才能對研究對象有全面瞭解並充分占有資料，進而才能展開更深入的工作。在着手研究前，我們對帛書《老子》的語料作了逐字逐句的分析，切分出所有詞語。對複音詞又根據詞語的構成方式、詞性等標準進行歸類，得出了大量的具體數據資料。另外，在對新詞新義展開研究時，也運用了這一方法。窮盡性的調查是進行系統、全面研究的首要條件，也是進一步開展定性分析的先決條件。通過窮盡統計，我們可以一窺春秋戰國時期漢語詞彙構成的基本面貌，並從詞彙構成比例等方面探求詞語的歷史演變,得出相對客觀可信的結論。

2. 共時比較和歷時比較相結合。前者能夠爲專書語言在二維的漢語史坐標上作橫向定位,後者能夠爲專書語言在漢語史坐標上作縱向定位。在具體操作時,二者不可偏廢。對專書語言進行窮盡性描寫,同時結合共時、歷時的比較,可以構成三維立體式研究。專書研究要力避孤立、静止地進行,它一方面應與整個斷代史研究相聯繫,另一方面也必須作歷時的比較。共時與歷時的比較有助於揭示專書語言所體現的個性和共性,發現有價值的規律和現象。對帛書《老子》進行這樣的研究,目的在於使之成爲彙集成面的那衆多的點之一,以求比較準確地反映整個春秋戰國時期的語言特徵和帛書《老子》詞彙在整個漢語詞彙發展史中的位置,因此必須要將共時比較法和歷時比較法結合使用,具體做法就是上溯其源與下探其流並重。我們考察的同時期文獻主要有《詩經》《論語》《左傳》《孟子》《韓非子》《吕氏春秋》等,後世文獻主要有《淮南子》《史記》《漢書》《後漢書》及各代詩文等。

3. 點與面相結合。在關注宏觀規律的同時,抽取具體詞語,對它們作深入調查研究,爭取通過這樣的方法達到點面結合,以直觀的方式比較清楚地揭示漢語詞彙表面的發展趨勢及其内在的發展機制。

在帛書《老子》詞彙的研究過程中,我們還借助電腦語料庫和相關軟件,對詞語頻率進行統計並用於研究,從而得出可靠的結論。

四、預期目標

對帛書《老子》詞語的構成、類别作窮盡性的統計和全面描寫,並對其歷史演變規律作專題性的考察;對帛書《老子》新詞新義進行理論探討和窮盡性的研究；全面考察帛書本《老子》與楚簡本《老子》及王弼本《老子》的異文，探討實詞異文產生的原因及虛詞異文所體現的語法變化。

緒　　論

第一節　帛書《老子》概況

　　1973 年 12 月，湖南長沙馬王堆三號漢墓出土了兩種帛書《老子》寫本。在此之前，作爲中國最爲重要的傳統文化典籍之一的《老子》，在傳本上多依河上公、王弼兩家注本。河上公本較爲通俗，主要在民間流傳；王弼本相對典雅，主要在知識分子階層流布。至唐玄宗開元御注一出，首開異本勘合之風，其實還是依違上述兩家。此後，各種注本蜂出，大多效法御注。而唐宋後，不同版本“展轉傳抄，彼此承訛襲謬，互相竄改，其結果經文内容皆同流合一，大同小異，區別僅限於衍文脱句或虚詞用字。閲讀今本《老子》，雖明知其誤，卻無法覈證。故僅依今本勘校，絕對找不出任何問題”①。這種情況至清末敦煌本《老子》寫卷的發現，開始逐漸發生改變；至二十世紀七十年代長沙馬王堆漢墓帛書《老子》及九十年代荆門郭店楚簡《老子》的面世，前後三種出土文獻極大地擴展了文本來源，並且由於較少遭遇後人竄改、删削（特別是簡帛本），爲進一步的研究工作提供了較爲原始的、堅實可靠的依據，極大地推動了《老子》

---

　　① 高明《帛書老子校注·序》，中華書局 1996 年版，第 30 頁。

的研究。但是，敦煌本《老子》多抄於南北朝、唐代，且係殘卷；而郭店楚簡本《老子》雖抄寫年代遠在戰國，迄今爲止最爲近古，惜乎内容不及今本《老子》的二分之一。因此，想要對《老子》面貌有一個較爲完整、清晰的瞭解，必須把目光放在帛書本《老子》上。

兩種帛書《老子》寫本，一種抄寫在通高二十四厘米的帛上，字體介於篆隸之間，不避漢高祖劉邦諱，抄寫時代當在此前，稱爲甲本；另一種抄寫在通高四十八厘米的帛上，避劉邦諱而不避文帝劉恒諱，抄寫時代當在兩者之間，稱爲乙本。經比照，兩種寫本大體相同，但與今本相比，文字上和篇章次序上都有較大出入。最爲明顯的是帛書《老子》的《德經》在前，《道經》在後①，順序恰與今本相反。另外在内容上，帛書本也與今本頗多歧異。

帛書本一出，立即引起國内外相關專業學者的巨大震動。相關的整理研究也隨之出現。然而由於時處非常時期，從出土當年的 1973 年至"文革"結束的 1976 年間，研究成果相對有限，且角度、論點多受當時特殊的政治環境影響，而針對帛書《老子》本身的研究工作並沒有得到全面、有效的展開。"文革"的結束打破了學術界十數年畸形發展的沉悶局面，雖然人們的思想還沒有也不可能完全擺脱舊有影響的桎梏，立即采用新方法推進帛書《老子》的研究，但從 1977 年至 1979 年，特別是最後兩年，對帛書《老子》的專門研究以及把它與通行本《老子》結合起來研究的成果數量明顯增

---

① 研究者多有以其順序與《韓非子》中《解老》、《喻老》兩篇所引《老子》同者，即"德先道後"。事實上，以今本章次論之，《解老》所涉爲：第 38 章，第 58 章，第 59 章，第 60 章，第 46 章，第 8 章，第 14 章，第 1 章，第 50 章，第 67 章，第 53 章，第 54 章；《喻老》所涉爲：第 46 章，第 54 章，第 26 章，第 36 章，第 63 章，第 64 章，第 52 章，第 71 章，第 64 章，第 47 章，第 41 章，第 33 章，第 27 章等。從以上很難看出規律性的東西，因此只能説《解老》、《喻老》所引《老子》並没有明確劃分《德經》與《道經》。另外饒宗頤《書〈馬王堆老子寫本〉後》一文，也説："韓非《解老》，非論列全經，其先解《德經》首章，自是隨手摘舉，不足援之以證《老子》全書之先德後道也。"

加,深度顯著拓展,角度趨向多元化,視野也更加開闊。進入八十
年代,隨着帛書《老子》研究的深入,學術界對其價值逐漸有了較爲
明晰的認識。比如文獻學研究方面,借助它,可以訂正今本的章次
錯亂,校勘文字上的訛脱倒衍,盡量恢復《老子》原貌,解決長久聚
訟的問題,等等。二十世紀的最後十年,研究重點是帛書《老子》的
校注及今譯,由此湧現出一批分量較重的專著,極大地推動了帛書
《老子》研究以及普及工作的發展。另一方面,當今世界處於全球
化的特定歷史條件下,這個情況也要求我們對《老子》有一個全面
的瞭解與把握,進而對簡帛學乃至中國文化作出更加科學的詮釋。
要達到這一目標,就離不開對帛書《老子》及其相關資料進行專門
的整理與研究。

第二節　帛書《老子》語料價值

春秋戰國時期,戰亂頻仍,社會生活發生急劇變化,這些變化在
語言上具體表現在語音、詞彙、語法等各個方面。《老子》作爲當時極
爲重要的代表性文獻,恰恰能夠反映出這些變化的特點,而抄寫年
代不晚於漢初的帛書《老子》更以其相對的近古性、完整性顯得十分
珍貴。從語言研究的角度看,帛書《老子》的價值是多方面的:

從語音上看,帛書《老子》中語音史資料相當豐富。它的文體
接近韻文,所以押韻現象非常普遍,另外還有數百個通假字、異體
字,這些都是漢語語音史研究的對象。目前爲止,雖然對《老子》進
行語音研究代不乏人,古如宋吳棫《韻補》、清江有誥《老子韻讀》,
近如劉師培《老子韻表》、高本漢《老子韻考》,當世學人如孫雍長着
《〈老子〉韻讀研究》等等,但是多以傳世本《老子》爲研究對象,版本
上不盡信實,而且大多沒有參考帛書《老子》中大量的通假字。主
要以帛書《老子》爲研究對象的,唯有吳金華《老子韻讀》(未刊稿)、
陳廣忠《帛書〈老子〉韻讀》等。總之,學界對帛書《老子》語音材料

還關注不多，但是已有一些學者開始着手該方面的研究①，我們期盼這一領域研究的全面展開。

從語法上看，帛書《老子》既繼承了更早時期的一些固有語法形式，又產生了一些新的語法形式，表現出時代新舊交替的特點。比如構詞法方面，帛書《老子》複音詞已經具備聯合、偏正、支配、表述、單純等構詞方式。將之與《詩經》比較，大體相同；與稍後的《論語》《孟子》比較，則還未產生附加式。

從詞彙上看，帛書《老子》使用的語言比較通俗，既承襲了更早時代的古詞古義，又記載了大量的新詞新義，還保存了一些當時的楚地方俗語詞。因此，對帛書《老子》詞彙進行研究，一方面可以幫助描寫上古漢語的面貌，另一方面還可解釋部分詞語的發展演變規律。具體如：

1. 可以幫助描寫漢語的斷代面貌。如帛書《老子》名詞、動詞在數量上占絕對優勢，這一特點與同時期文獻《詩經》《論語》等一致。因爲從人類思維發展由具體到抽象的趨勢來看，早期語言中是意義比較具體的名詞、動詞最多。

2. 可以發現後世詞語的源頭。如見於唐張鷟《朝野僉載》的"得死"始見於帛書第 5 章，見於漢焦贛《易林·坤之比》的"孔德"始見於帛書第 65 章，如見於《梁書·顧憲之傳》的"出生入死"始見於帛書第 13 章，見於唐陸贄《論關中事宜狀》的"深根固柢"始見於帛書第 13 章，見於漢張衡《思玄賦》的"天長地久"始見於帛書第 51 章，見於《三國志·魏志·程昱傳》的"知足不辱"始見於帛書第 7 章……這樣的詞語有上百條之多。雖然這類詞有些也見於傳世本《老子》，但是沒有帛書本《老子》的證明，我們就不能確信該詞確實出於這個時代。

───────────

① 陳廣忠《帛書〈老子〉韻讀》，《三生萬物——老子思想論文集》，海風出版社 2003年版。

　　此外，帛書《老子》詞彙研究還有很高的應用價值，有助於辭書編纂和古籍整理。從對帛書《老子》新詞新義所作的統計來看，全書新詞 64 個，其中相當一部分都可以補充《漢語大詞典》這部目前最大型的權威語文辭書的不足。其次，有助於古籍校勘、標點和今注今譯的糾謬補缺。如王弼本第 57 章作"法令滋章，盜賊多有"，世傳本多同王本，意謂刑法繁苛反而會滋生盜賊。驗之帛書乙本第 20 章卻作"［法］物茲（滋）章（彰），而盜賊［多有］"。"法物"，河上公注："法物，好物也。"意思是説珍好之物滋生就會多有盜賊。這個意思與帛書甲本第 63 章（王弼本第 19 章）之"絶巧棄利，盜賊无有"以及帛書乙本第 16 章（王弼本第 53 章）之"服文采、帶利劍、猒飲食而齎（資）財［有餘］。［是謂盜］竽（竽）"的意思正相呼應①。可見傳世本有誤。致誤的原因當是河上公時代普通人已不甚明瞭"法物"之義，故而河上公方才作注，之後該詞就不爲人知了，所以被後人改爲"法令"。

第三節　帛書《老子》研究現狀

　　自帛書《老子》出土以來，對它進行研究的論著數量很大，但是其中不少是單純從思想史、文獻校勘等角度入手的。下面，我們主要介紹與本課題研究相關的論著。

一、帛書《老子》的各時期研究成果

（一）1973 年至 1976 年的主要研究成果

1973 年，帛書《老子》甲、乙本在湖南長沙馬王堆三號漢墓出

---

① 高明《帛書老子校注》，中華書局 1996 年版，第 106 頁。

土。這一考古發現，意義重大，《光明日報》1974 年 8 月 19 號特予以報導：“長沙馬王堆漢墓第二、三號漢墓發掘出大批珍貴文物，出土的帛書有十二萬多字，大部分是已經失傳了一兩千年的古籍，其中有《老子》《戰國策》《易經》及其他秦漢以前古書。”相關研究工作在發掘之後陸續展開。

1974 年，翟青《〈老子〉是一部兵書》①是最早將帛書《老子》引入《老子》研究領域的一篇較爲重要的論文。翟氏引唐代王真“五千之言”之“《老子》未嘗有一章不屬意於兵也”②、明末清初王夫之“（《老子》）尤爲言兵者師之”③、近代國學大家章太炎“（《老子》）約《金版》《六韜》之旨”④，認爲三家論斷的一致絕非巧合。另外，針對王真所言《老子》是“數十章之後，方始正言其兵”，翟氏一方面認爲“這話説得也不錯”；另一方面又指出王真所據通行本乃“道”經在前、“德”經在後的形式，若證之以帛書《老子》，則這一困難渙然冰釋。《老子》論兵的精髓在“德”經，而“德”經正是帛書《老子》的上篇。由於帛書本近古，又係出土文獻，未經刪改，因此翟青得出這樣的結論，其理據是非常充分、有力的。

同年稍晚發表的高亨、池曦朝的《試談馬王堆漢墓中的帛書〈老子〉》⑤是首次針對帛書《老子》進行的研究。首先，根據避諱字等確定其抄寫年代，甲本爲“劉邦稱帝以前抄寫的”，乙本爲“劉邦稱帝以後，劉盈、劉恒爲帝以前抄寫的”。其次，指出帛書《老子》“德”前“道”後這一異於今本的重要格局特徵。高氏認爲不能僅僅據此就確定《老子》原書編次如此，而更傾向於認爲《老

---

① 《學習與批判》，1974 年第 10 期。

② （唐）王真《道德經論兵要義述》，四庫全書本。

③ （明）王夫之《宋論》，四庫全書本。

④ 章太炎《訄書·儒道》，徐復《訄書詳注》，上海古籍出版社 2000 年版，第 64 頁。

⑤ 見《馬王堆漢墓研究》，湖南人民出版社 1981 年版，第 95 頁。原載《文物》1974 年第 11 期。

子》傳本在戰國就已經有兩種，一爲"道"先"德"後、以《老》《莊》
爲代表的道家傳本，一爲"德"先"道"後、以《韓非子》爲代表的法
家傳本，而帛書《老子》正是屬於後一系統的傳本。第三，判斷帛
書《老子》不分章，並由之舉例糾正了今本中的一些章次錯亂。
第四，比照帛書《老子》甲、乙本，發現雖然兩本各章次序相同，且
"相同的地方很多，但也有許多歧異"，因此斷定，年代稍後的乙
本並不是抄自甲本，"兩本是根據不同的傳本而抄寫的"。第五，
指出帛書《老子》甲、乙本時代最古、手跡最真，可以訂正今本章
次文字的一些錯誤，並舉例以證之。第六，由帛書《老子》多用借
字及古人喜用借字的情況，判斷"有些文字肯定還保存或接近本
書的原樣"，根據它"不僅可以解決老子書中的一些字義問題，而
且可以看到一些《老子》原書或其古本用借字的情況，以一反三，
觸類旁通，有助於研究其他古書"。最後，作者得出結論：《帛
書》老子並非"處處比今本好"，"但是以全書來說，帛書本多勝
於今本"，此後整理《老子》當"用帛書本校勘今本，判別今本的
正與誤，用帛書本研讀今本，審定舊注的是與非"。這篇文章首
次對帛書《老子》進行了整體的研究，使其面貌及價值初露
端倪。

　　1976 年，礪冰的《"法令滋彰"還是"法物滋彰"？——讀帛書
本〈老子〉札記》①，首次利用帛書《老子》糾正了傳本文字上一個存
在千年的謬誤。王弼本第 57 章有(帛書本第 20 章)"法令滋彰，盜
賊多有"，諸本多從之，但是宋刻河上公本卻爲"法物"，並注釋曰
"珍好之物"。作者據帛書乙本保存的"物滋彰"等字，認爲"這一發
現是很重要的，由此不僅說明從六朝、唐到宋以來有些本子作'法
物滋彰'是有根據的，同時也看出《老子》原文作'法物'的可能性要

---

　　① 《歷史研究》，1976 年第 2 期。

比作‘法令’大得多”,因爲帛書本更爲近古。另外,他又參第 3 章(帛書本第 47 章)“不貴難得之貨,使民不爲盜”、第 17 章(帛書本第 56 章)“難得之貨,使人行妨”、第 19 章(帛書本第 63 章)“絶巧棄利,盜賊无有”,指出“這些話和‘法物滋彰,盜賊多有’是一個意思。即在老子看來,凡屬奇巧珍好難得之物都必須禁止,否則會成爲社會動亂的一個重要根源”。從而得出結論:與帛書本一致的河上公本方是正確的,他本作“法令”者皆誤。雖然因受當時政治形勢影響,文章不免帶有批儒傾向,且認爲“法物”到“法令”是由儒家改竄,未必盡爲信實,但是以帛書本爲論據,非常有力,論證令人信服。

同年 3 月,文物出版社出版了《馬王堆漢墓帛書〈老子〉》一書。這是第一部整理性質的著作,由馬王堆漢墓帛書整理小組作了釋文及標點注釋工作。整理盡可能地保持了帛書原貌,爲讀者的閱讀、理解提供了較大幫助。

總體來說,1973 年至 1976 年三年間,由於政治環境的影響,帛書《老子》的研究沒有得到大力開展,有限的論著中也有一些只是假學術之名爲“大批判”造勢。但是 1976 年“文化大革命”的結束,終結了這種局面,之後的帛書《老子》研究開始逐漸深入、全面地展開。

(二) 1977 年至 1990 年的主要研究成果

1977 年復旦大學哲學系的《老子注釋》是較早的一部對帛書《老子》進行注釋的著作。它以帛書乙本爲底本,參考前人校注,注釋出版。據通行本分章,次序則依帛書。該書側重於老子哲學思想與軍事思想的闡述。此時“文革”剛剛結束,所以帶有明顯的時代烙印,而且由於帛書出土不久未及深入研究,而傳世本影響太深,故在兩可甚至帛書更爲合理的情況下,注者仍多依舊說。此外,某些難點當注不注,亦略顯粗疏。但是,該書作爲第一部注釋帛書《老子》的著作,篳路藍縷之功不可抹煞。

1978 年 3 月,任繼愈的《老子新譯》①雖然是對今本《老子》作今注今譯,卻以帛書《老子》爲重要參考依據。也是在這一年,高亨《關於老子的幾個問題》②、周采泉《馬王堆漢墓帛書〈老子甲本〉爲秦楚間寫本説》③,高明《帛書〈老子〉甲乙本與今本〈老子〉勘校札記》④相繼發表,對帛書《老子》的一些關鍵性問題作了解説。

二十世紀八十年代以後,隨着對帛書《老子》研究的深入、系統展開,學界對其價值逐漸有了較爲明確的認識,確定它對訂正世傳今本文字上的訛脱倒衍及章次上的錯誤混亂有重要作用,對恢復《老子》原貌及正確解讀有重要意義。

1981 年,張松如將他在 1978 年於《社會科學戰線》發表的《老子》系列論文結集爲《老子校讀》⑤出版。這是張氏對自己帛書《老子》研究的一個總結。該書以帛書《老子》甲、乙本爲標準,用來校讀後世諸本,主要有河上公本、王弼本、傅奕本、李約本等。張氏根據帛書章次,認爲"先秦之際,原以《德經》部分爲上篇,《道經》部分爲下篇,不分章";而世傳今本以上篇爲《道經》、下篇爲《德經》,且分上篇爲三十七章、下篇爲四十四章的結構,是大約在漢以後迄於晉宋方始逐步演變而成的。校讀原則"以帛書爲權衡,而不泥古;以各家作參考,而不執一。"⑥校讀形式先列經文,而後附今譯,下列校釋。一方面,此書以淺顯通俗的語言進行今譯,爲讀者提供了便利;另一方面,扎實且不乏新意的校釋羅列異文,博考舊注,擇善而從,也很適合專業人員的使用。

---

① 任繼愈《老子新譯》,上海古籍出版社 1978 年版。
② 《社會科學戰線》1978 年第 1 期。
③ 《社會科學戰線》1978 年第 2 期。
④ 《文物資料叢刊》第 2 輯,文物出版社 1978 年版。
⑤ 張松如《老子校讀》,吉林人民出版社 1981 年版。
⑥ 參張松如《老子校讀·序》,吉林人民出版社 1981 年版。

　　1982 年，劉殿爵《馬王堆漢墓帛書老子初探》①、鄭良樹《從帛書老子論嚴遵道德指歸之真僞》②面世。鄭氏另一篇重要論文《論帛書〈老子〉》收入《竹簡帛書論文集》③出版。該文據帛書《老子》糾正傳世的老子哲學思想。鄭氏認爲：在帛書《老子》這方面，因爲文字上和今本的差異，與其說它對老子哲學産生新的影響，不如說它對老子訓詁提供了新的解決資料。它們對古代語音、訓詁、文字演變及校勘學將會開導出一條可以預期的新路子。在這一指導思想下，鄭氏以帛書《老子》校勘今本，研究結果有六：第一，今本《老子》有衍文；第二，今本《老子》有奪文；第三，今本《老子》有錯字；第四，今本《老子》句讀有誤；第五，帛書可澄清被誤解之文字；第六，帛書可解決聚訟多時之文字。自這篇文章始，帛書《老子》的主要價值已基本明晰。

　　許抗生《帛書老子注譯與研究》④也在這一年面世。這是一部較早對帛書《老子》進行系統研究的著作。該書以帛書甲、乙本爲底本，相互比照，又參以他本，擇善而從，重新加以校訂，一定程度地糾正了帛書本訛脱倒衍的情況，爲恢復此抄寫本原貌做出了一定貢獻。這一研究成果對研究者瞭解帛書《老子》的本來面目與隨後之演變提供了便利條件。同時，相對通俗易懂的注釋，也爲今人閱讀掃除了相當數量的障礙，對帛書《老子》的傳播頗有裨益。許著的特點是將經文注釋與思想分析結合起來。因此，除了一般的文字注釋以外，許著更側重於對老子的思想體系的研究。

　　另外，除對帛書《老子》進行針對性研究之外，舉凡八十年代後所出關於《老子》注釋、校訂及其他研究著作，多以帛書《老子》爲重

---

① 《明報月刊》1982 年 9 月號。
② 《古文字研究》第七輯，中華書局 1982 年版。
③ 《竹簡帛書論文集》，中華書局 1982 年版。
④ 許抗生《帛書老子注譯與研究》，浙江人民出版社 1982 年版。

要的參考依據，如張舜徽的《老子疏證》①、徐梵澄的《老子臆解》②、
羅尚賢的《老子通解》③、張松如的《老子説解》④、陳鼓應的《老子今
注今譯及評介》⑤等等。其中，徐梵澄的《老子臆解》雖然以傅奕本
爲底本，但參以帛書甲、乙本及今通俗本楊樹達《增補老子古義》，
並據帛書本對傅奕本作一定的增删。是書偏重義理的闡説，但是
在文字上也有獨特的見解。如《老子》通行本第 1 章“道可道，非常
道”，歷來强爲辭者代不乏人。徐氏注意到，帛書《老子》甲、乙本對
應之第 45 章皆有“也”字，將之補入傅奕本，且以“也”古爲疑問詞，
同“邪”亦即“耶”；據此，徐氏將這句經文句逗爲自問句：“道，可道
也[耶]？ 非恒道也[耶]？ 名，可名也[耶]？ 非恒名也[耶]？”⑥這
種判斷雖然未必正確，但確也獨出心裁，能夠起到拓寬思路，引人
深想的作用。

　　（三）1991 年至今的主要研究成果

　　1991 年，黄釗《帛書老子校注析》面世⑦。這是有一部較有深
度的系統研究帛書《老子》的著作。該書在參考諸本的基礎上，對
帛書《老子》進行了文字校訂，詞語闡釋，以及義理解析。黄著的主
要成就是對文字進行的校訂。他的特點是在以帛書《老子》訂正世
傳今本錯誤的同時，又以世傳今本校正帛書之誤。前者如帛書第
52 章（王弼本第 8 章）有“予善天”，今本作“予善仁”，黄氏據老子
對“仁”所持的否定態度及對天道自然的推崇，以帛書本爲是，今本

　　① 張舜徽《老子疏證》，載《周秦道論發微》，中華書局 1982 年版。後收入《張舜徽
集》，華中師範大學出版社 2005 年版。

　　② 徐梵澄《老子臆解》，中華書局 1988 年版。

　　③ 羅尚賢《老子通解》，廣東高等教育出版社 1989 年版。

　　④ 張松如《老子説解》，齊魯書社 1998 年版。

　　⑤ 陳鼓應《老子今注今譯及評介》，商務印書館 1999 年版。

　　⑥ 參徐梵澄《老子臆解·序》，中華書局 1988 年版，第 1—2 頁。

　　⑦ 黄釗《帛書老子校注析》，臺灣學生書局 1991 年版。

當據改。後者如參考今本,對帛書本殘毀處進行校補,假借字進行注釋,奪字衍字進行增删等等。黄釗的觀點較某些學人更爲辯證,他同時看到了帛書本《老子》的價值與缺陷。這種研究態度是比較科學的。

　　1996年,高明《帛書老子校注》①出版。這是一部研究帛書《老子》的扛鼎之作。張岱年先生在書前序言評價道:"此書考校之細,勘察之精,俱超過近年同類的著作,對於許多疑難問題提出自己獨到之見,可謂帛書《老子》研究的最新成就。"②高氏以王弼本爲主校本,又取河上公本、傅奕本、敦煌寫本、道觀碑本等歷代刊本共三十三種作爲參校本,對帛書《老子》進行縝密校勘和深入考證。這本書是迄今相對較爲系統且開掘縱深的一部著作,有重要的學術價值,是研究帛書《老子》不可忽略的參考文獻。

　　高氏對帛書《老子》的認識相當客觀。首先,他推斷帛書《老子》甲、乙本來源不同,代表漢初兩種不同古本。因爲第一,甲本字體近小篆而乙本字體爲隸書,甲本無諱字而乙本避"邦"字,可知兩本抄寫年代不同,甲本當在劉邦稱帝前而乙本在劉邦稱帝后;第二,在文字上兩本各有特點,句型、虛詞、假借字等均有明顯差别。句型如第30章(王弼本第80章),甲本作"小邦寡(寡)民,使十百人之器毋用",乙本作"小國寡民,使有十百人器而勿用";虛詞如第9章(王弼本第46章),甲本作"罪莫大於可欲",乙本作"罪莫大可欲";假借字方面,第27章(王弼本第64章)甲本作"九成(層)之台,作於羸土",乙本則作"九成(層)之台,作於藥土"。類似的差别有兩百多處,散見於全書,足證兩本各有淵源。綜上,高氏認爲"帛書《老子》甲、乙本在當時只不過是一般的學習讀本,皆非善本。書中不僅有衍文脱字、誤字誤句,而且使用假借字也極不慎重。出土

---

　　① 高明《帛書老子校注》,中華書局1996年版。
　　② 參高明《帛書老子校注·序》中華書局1996年版,第3頁。

時又因自然損壞,經文均有殘缺。它之所以珍貴,主要是抄寫的時間早。近古必存真,因而較多地保存了《老子》原來的面貌。尤其是同墓出土兩個來源不同的古本,不僅可相互印證,而且同時用兩個古本一起勘校今本,對訂正今本訛誤,更有價值"①。因爲帛書本近古,所以寶用之;然而又因其並非善本,所以要詳加考校。高氏的觀點是非常符合科學精神的。

在這一指導思想下,高著主要有以下特點。

第一,力圖恢復《老子》原本舊貌。他在序言中自陳:"勘校此書的目的,只求依據帛書《老子》甲、乙本勘正今本僞誤,澄清其中是非,以恢復《老子》經文真旨。"具體做法就是,取傳本中較優的王弼本爲主校本,再參歷代刊本三十三種,詳加考校。在校勘時,又注意力避以今量古。如王弼本第 1 章"常無欲以觀其妙,常有欲以觀其徼",歷來有兩種句讀,王弼等讀作"常無欲,以觀其妙;常有欲,以觀其徼",而以王安石、蘇轍、司馬光等宋人爲代表的觀點則是讀作"常無,欲以觀其妙;常有,欲以觀其徼"。這一分歧使得釋義聚訟紛紜。驗之帛書本,正作"故恒无欲也,以觀其眇;恒有欲也,以觀其所噭"。"欲"後的"也"字表明當從"欲"斷開,王弼本是。本來如此有利證據一出,疑問自當冰釋,可是仍有一些學者存有懷疑。如嚴靈峰依然認同宋人説法,而以"也"字爲帛書本衍文②,陳鼓應也從其説③。對於這種情況,高明認爲"嚴氏爲衛護己見,不惜否定古本"④,不是可取的科學態度。

第二,見解周嚴,目光獨到。高氏在博稽群書的基礎上,參考諸家之説,依靠自身深厚的古文字學功力,提出不少極有創意的論

---

①　參高明《帛書老子校注・序》,中華書局 1996 年版,第 1—3 頁。

②　轉引自高明《帛書老子校注》,中華書局 1996 年版,第 225 頁。

③　陳鼓應《老子今注今譯及評介》,商務印書館 1999 年版,第 48—49 頁。

④　高明《帛書老子校注》,中華書局 1996 年版,第 225 頁。

斷。側重文字考證，發前人所未發，解決發現了今本《老子》的不少
疑難與謬誤。如帛書甲本第 41 章有（王弼本第 76 章）"兵强則不
勝，木强則恒"。其中"木强則恒"乙本作"木强則競"，王弼本作"木
强則兵"，世傳今本多同傅奕本作"木强則共"，唯有黄茂才《老子
解》作"木强則折"。由於文字的差異，對其解釋也衆説紛紜。黄茂
才、俞樾等人均提出了自己的看法。俞樾、易順鼎、劉師培、奚侗、
馬敘倫、蔣錫昌、高亨、朱謙之幾家説法較爲統一，舉《列子·黄
帝》、《文子·道原》、《淮南子·原道訓》均引作"木强則折"爲證，從
而認爲黄茂才本正而他本誤。高明則從帛書本出發，認爲帛書甲
本的"'恒'字從'亙'得音，與'競'字同爲見紐字。古韻'亙'字在蒸
部，'競'字在陽部，'蒸'、'陽'屬旁轉。'恒'、'競'古音同可互假，但
與'折'字音義絶遠。從而證明原文絶非'木强則折'，'則'下一字，
亦必爲一見紐並與'恒'、'競'通韻之字。由此看來，嚴遵、傅奕諸
本所云'木强則共'不誤。'共'字與'恒'、'競'古讀音相同，在此均
當假借爲'烘'。《爾雅·釋言》：'烘，燎也。'《詩經·小雅·白華》：
'樵彼桑薪，卬烘于煁'，毛傳：'卬，我。烘，燎也。'鄭箋：'桑薪，薪
之善者也。''木强則烘'，猶言木强則爲樵者伐取，燎之於煁灶也。
俞樾所謂'折'字而誤爲'兵'耳，'共'字則又'兵'字之誤也。今據
帛書勘校，實情則同俞説恰恰相反。初將'共'字誤寫作'兵'，《列
子》等諸古籍又將'兵'誤寫成'折'。"高明以相對可靠的帛書本《老
子》爲據，憑藉深厚的古音學功力，發前人所未發，使千載疑案一旦
澄清。類似的發明書中還有相當數量，其中不少證據確鑿，令人深
爲嘆服。

　　第三，爲《老子》的文獻學研究提供範例。自唐玄宗開元御注
出，首創異本勘合之風，此後各注家無不選擇"善本"，並參考他本，
進行"校定"，其實卻是以通行本校通行本，很難解決實質性問題。
高著則采取新的形式：按照帛書甲本、帛書乙本、王弼本的順序，
先抄録經文於前，而後再進行校注。校注時，先將帛書本與王弼本

勘校，再將主校本與參校本比照，接着辨正異文，最後解釋經義。
這一體例充分發揮了帛書《老子》的文獻價值，顯得條理層次相當
分明。

　　要之，《帛書老子校注》在研究觀念、全書體例、文字考證上，都
做得相當成功，對帛書《老子》研究整理工作也有較大的貢獻。

　　1998 年，專門從事帛書《老子》研究近二十年的尹振環出版了
他的《帛書老子釋析》①。是書結合先秦相關典籍及《老子》舊注，
對帛書《老子》采取近乎逐字研究的精細方式進行考證。研究結論
主要有五點。一，今本《老子》以"道經"、"德經"命名上下篇名實不
符，因爲《老子》並不是通篇論"道"或者通篇論"德"。二，今本《老
子》"道經"在前"德經"在後的篇次顛倒，而帛書"德"先"道"後的格
局才是原始道家的古本原型。三，今本《老子》有四分之一的章分
章不妥。因爲帛書乙本一氣呵成，没任何分章標誌，證明老子原不
分章；帛書甲本有以少量圓點或空一格來點斷的情況，這又説明
《老子》的結構不是渾然一體的。四，帛書《老子》爲糾正今本《老
子》錯亂的章次提供了原始合理的順序。因爲今本《老子》上下篇
顛倒直接影響各章順序。《老子》的章次當據帛書本重新排列以恢
復原貌。五，帛書本《老子》爲糾正今本《老子》的文字謬誤，提供了
較爲近古信實的文本依據。今本《老子》在長久的傳世過程中，由
於政治環境、哲學思想、宗教信仰的影響，産生各種形式的誤解及
有意改竄。驗之帛書《老子》，相當數量都可以得到糾正。

　　2000 年，鄒安華《楚簡與帛書老子》②以竹簡《老子》爲藍本，依
竹簡編段分爲十五篇，有少量注釋，用現代自由詩體對譯。每章後
附相應章次帛書《老子》甲、乙本及陝西周至縣樓觀台道德經碑本
的原文與譯文。鄒著名爲《楚簡與帛書老子》，但所涉帛書本内容

---

　　①　尹振環《帛書老子釋析》，貴州人民出版社 1998 年版。
　　②　鄒安華《楚簡與帛書老子》，民族出版社 2000 年版。

並不算多,且側重哲學思想而非訓詁,不再詳細介紹。

2002 年,徐志鈞《老子帛書校注》①出版。徐氏對帛書《老子》評價非常之高。他認爲《老子》帛書具有無可比擬的善本價值。它比善本書目規定的善本年代還要早一千五百多年。可以説是善本中之善本,是完整的最古又最好的版本。對甲乙本俱有殘毀的情況,他認爲乙本並不存在"錯簡"、"脱文"。手抄本雖有很少筆誤,卻可用甲本對照補入。小疵大醇,人所共見。基於以上考慮,徐氏校注時,直接采用老子帛書原文,未作任何改動。

尹振環在 1998 年出版《帛書老子釋析》之後,又先後有以下關於帛書《老子》的論著面世:2000 年《帛書老子與老子術》②,着重於老子"君人南面之術"的闡説。2001 年《楚簡老子辨析:楚簡與帛書老子的比較研究》③,通過簡帛本的對比,補充修正了早年的一些觀點。此後尹氏還在 2006 年、2007 年出版了《今本老子五十七個章中的模糊點——帛書老子今譯》④、《帛書老子再疏義》⑤。

可以看出,1973 年至 1976 年,學界主要是從校勘等方面解決帛書《老子》一些基本的問題,如書寫年代、篇章順序、字句錯訛等;1976 年至 1990 年則展開對帛書《老子》的全面研究,一批校注類的專著面世;1991 年至今,帛書《老子》的研究向縱深發展,出現了高明《帛書老子校注》這樣精專的扛鼎之作,而 1993 年郭店楚簡本的出土也爲帛書《老子》研究提供了極好的參照物,使這項工作得以更科學地開展。

①　徐志鈞《老子帛書校注》,學林出版社 2002 年版。

②　尹振環《帛書老子與老子術》,貴州人民出版社 2000 年版。

③　尹振環《楚簡老子辨析:楚簡與帛書老子的比較研究》,中華書局 2001 年版。

④　尹振環《今本老子五十七個章中的模糊點——帛書老子今譯》,貴州人民出版社 2006 年版。

⑤　尹振環《帛書老子再疏義》,商務印書館 2007 年版。

二、帛書《老子》出土引發的學術爭鳴

（一）評定帛書《老子》價值

二十世紀末二十一世紀初，關於簡帛本《老子》與今本《老子》的關係以及各自價值的問題，各家紛紛發表看法。

有學者認爲帛書本價值非常之高，可以之律今本，代表爲尹振環等。相關論文有尹振環《再論馬王堆漢墓帛書〈老子〉》[①]、《帛書〈老子〉與今本〈老子〉之優劣》[②]、《驚人之筆　驚人之誤　驚人之訛——楚簡〈老子〉異於帛、今本〈老子〉的文句》[③]、《王弼本〈老子〉絕非權威本——古代學術史必須重寫的典型案例》[④]、《論〈老子〉必須研究簡帛〈老子〉》[⑤]、《古籍整理要吸收簡帛研究成果》[⑥]、《也談帛簡〈老子〉之研究》[⑦]，《論〈老子〉需要驗之出土文獻與歷史》[⑧]；呂茂烈《馬王堆帛書〈老子〉優於傳世諸本的實例剖析》[⑨]等。

也有學者認爲帛書本頗有殘毀及錯漏，當以今本校之，如嚴靈峰等。代表論著有嚴氏《馬王堆帛書老子試探》[⑩]，陳鼓應《老子今注今譯及評介》[⑪]等。

以黃釗爲代表的持中者則認爲應當辯證看待帛書本，不可過

[①] 《文獻》，1995 年第 1 期。

[②] 《傳統與現代文化》，1997 年第 5 期。

[③] 《復旦學報》（社會科學版），1999 年第 6 期。

[④] 《文獻》，2002 年第 2 期。

[⑤] 《貴州社會科學》，2002 年第 2 期。

[⑥] 《光明日報》，2002 年 9 月 5 號。

[⑦] 《中國哲學史》，2002 年第 3 期。

[⑧] 《哲學研究》，2003 年第 1 期。

[⑨] 《東方論壇》，1998 年第 1 期。

[⑩] 嚴靈峰《馬王堆帛書老子試探》，河洛出版社 1976 年版。

[⑪] 陳鼓應《老子今注今譯及評介》，商務印書館 1999 年版。

於抬高,也不宜輕視。相關論文主要有黃釗《關於研究出土簡帛文獻的方法論思考——回顧簡帛〈老子〉研究有感》①、《關於古文獻研究中的"存真"與"失真"之我見——再談研究簡帛文獻的方法論問題兼答尹振環先生》②;聶中慶《王弼本〈老子〉訛誤之"典型案例"獻疑——與尹振環先生商討》③等。

這些論著(文)的發表、出版有助於撥開帛書《老子》的神秘面紗,澄清模糊概念,從而對深入、正確瞭解其本來面目大有裨益。

(二)《老子》結構的討論

對《老子》結構的研究,古已有之。在帛書《老子》出土之前,主要共識是:今本分章多有謬誤:或將多章誤合,或將一章誤分,章序也不盡合理。相關研究是"對今本《老子》分章、章序等進行了重新的組織"④。但是,由於材料的不完全充分可靠,此項研究雖然頗有創見出現,可是卻無法求證或者找到有力佐證,不乏推測成分。

1973 年長沙馬王堆帛書《老子》甲、乙本出土,引發了學者的重新考慮。帛書《老子》在結構方面與今本有明顯不同:(1) 篇序。甲、乙二本均是"德"上"道"下的順序,與今本正相反。(2) 分章。甲本有似乎作爲分章符號的圓點,據之查看,與今本不盡相同。乙本沒有任何分章符號,連章直書。(3) 章次。帛書本章次絶大部分與今本相同,但有三處差異:今本 24 章在 21、22 章之間,今本 40、41 章的次序互倒,今本 80、81 章整體移至 66、67 章之間。如果説此前的《老子》結構研究有很大推測成分的話,那麼帛書本的出土就爲此項研究提供了確實的文本作爲强有力的證據。

---

① 《中國哲學史》,2001 年第 3 期。

② 《中國哲學史》,2003 年第 4 期。

③ 《中國哲學史》,2003 年第 4 期。

④ 見寧鎮疆《〈老子〉結構研究史平議》,《學燈》創刊號。

高亨①、鄭良樹②、高明③、張松如④、饒宗頤⑤、韓禄伯⑥、古棣、周英⑦、嚴靈峰⑧、張學方⑨等人就這一問題都提出了自己的觀點。

由帛書《老子》引發的對《老子》分章狀況的討論,加深了人們對《老子》組章原則的認識,使得學者對《老子》"章"的把握也更加準確,從而將《老子》研究更推進一步。

三、海外帛書《老子》研究

馬王堆漢墓帛書《老子》甲、乙本的出土不僅在國内引發研究熱潮,在海外漢學界也引起極大關注。

(一) 西方的帛書《老子》研究

1989 年美國韓禄伯(Robert G. Henricks)主編《古代中國經典》,即將帛書《老子》譯注出版,名爲《老子〈德道經〉:新出馬王堆本注譯與評論》⑩。這個譯注版於 1989 年至 1993 年間在美國、歐洲連續出版七種版本,受歡迎程度可以想見。除此之外,韓氏還在美、英、德、法、中國大陸及臺灣等重要學術刊物發表帛書《老子》的

---

① 高亨、池曦朝《試談馬王堆漢墓中的帛書老子》,《文物》,1974 年第 11 期。

② 鄭良樹《論帛書本老子》,《竹簡帛書論文集》,中華書局 1982 年版。

③ 高明《帛書老子校注》,中華書局 1996 年版,第 19 頁。

④ 張松如《老子説解·引言》,齊魯書社 1998 年版,第 2 頁。

⑤ 饒宗頤《先老學初探》,《中國宗教思想史研究新頁》,北京大學出版社 2000 年版。

⑥ 韓禄伯《論〈老子〉的分章》,《簡帛研究譯叢》第 2 輯,湖南人民出版社 1998 年版,《再論〈老子〉的分章問題》,《道家文化研究》第 14 輯,三聯書店 1998 年版。

⑦ 古棣、周英《老子通》(上),吉林人民出版社 1991 年版,第 26 頁。

⑧ 嚴靈峰《馬王堆帛書老子試探》,(臺北)河洛出版社,1976 年版。

⑨ 張學方《〈老子〉古本道德順序試探》,《北京社會科學》,1994 年第 2 期。

⑩ Robert G. Henricks,《*Lao-tzu Te-tao ching: A New Translation Based on the Recently Discovered Mawang-tui Texts, Translated, with introduction and commentary*》,(紐約)巴蘭坦圖書公司(Ballantine Books),麥克米蘭出版公司(The MacMillan Co.),1989。

相關論文十餘篇。如《馬王堆帛書〈老子〉考察：與王弼本的比較
研究》①、《馬王堆帛書〈老子〉的分章問題》②、《馬王堆帛書〈老子〉
及其時代》③、《馬王堆本〈老子〉的異體字》④、《馬王堆本〈老子〉異
體字全表》⑤、《馬王堆本〈老子〉及其文獻流傳的線索》⑥等。在郭
店楚簡本《老子》問世後，韓禄伯又有專著《簡帛老子研究》對簡、帛
本《老子》進行比較研究，主要側重在哲學思想方面⑦。

　　劉殿爵（D. C. Lau）《老子：〈道德經〉》⑧也對帛書《老子》進行
了譯注工作。此書的第一部分對作者 1963 年依據世傳今本所作
的譯本做了少量的修訂。第二部分是馬王堆帛書甲、乙本的譯本。
該書功力深厚，是研究帛書《老子》的重要參考。

　　鮑則嶽（William G. Boltz）撰有《文本批評和馬王堆〈老子〉》⑨、
《王弼和河上公所沒見過的〈老子〉文本》⑩，側重帛書《老子》與王

---

　　①　《Examining the Ma-wang-tui Silk Texts of the Lao-tzu：With Special Note of their
Differences from the Wang Pi Text》，《通報》（*Toung Pao*）65：4－5(1979)，pp. 166－199。

　　②　《A Note on the Question of Chapter Divisions in the Ma-wang-tui Manuscripts
of the Lao-tzu》，《古代中國》（*Early China*）4(1979. 6)，pp. 49－51。

　　③　《The Ma-wang-tui Manuscripts of the Lao-tzu and the Problem of Dating the
Text》，《中國文化》（*Chinese Culture*）20：2(1979. 6)，pp. 1－15。

　　④　《Character Variants in the Ma-wang-tui Texts of Lao-tzu》，《清華學報》（*Tsing
Hua Journal of Chinese Studies*；*Tsing Hua hsuen-pao*，簡稱 *THHP*）新刊 8：1－2
(1981. 12)，pp. 221－234。

　　⑤　《A Complete List of the Character Variants in the Ma-wang-tui Texts of Lao-
tzu》，《中國語言學學報》（*Journal of Chinese Linguistics*）10(1981. 6)，pp. 207－275。

　　⑥　《The Ma-wang-tui Texts of Lao-tzu and Lines of Textual Transmission》，《中國
文化》（*Chinese Culture*）26：2(1985. 6)，pp. 29－43。

　　⑦　韓禄伯《簡帛老子研究》，學苑出版社 2002 年版。

　　⑧　劉殿爵《Lao Tzu：Tao de ching》，香港中文大學出版社 1982 年版。

　　⑨　《Textual criticism and the Ma-wang-tui Lao tzu》，《哈佛亞洲研究》（*Harvard
Journal of Asiatic Studies*）44：1(1984)，pp. 185－224。

　　⑩　《The Lao tzu text that Wang Pi and Ho-shang Kung never saw》），《亞非學院院刊》
（*Bulletin of the School of Oriental and African Studies*）48：3(1985)，pp. 493－501。

弼本、河上公本的文字對比分析。瑞典漢學家何莫邪《馬王堆漢墓〈老子〉手抄本和〈秦律〉殘卷中的"弗"》考察馬王堆帛書《老子》和秦簡律文中"弗"字用法的異同①。

西方學者對帛書《老子》的譯介、評論、注釋工作不但擴大了《老子》在歐美的影響，促進了東西方文化交流；更重要的是他們能夠站在較爲客觀的立場另闢蹊徑提出頗爲獨到的意見，推動了帛書《老子》乃至《老子》的研究工作。

（二）日本的帛書《老子》研究

帛書本《老子》甫一出土，日本學界立即作出反應。

金谷治《帛書〈老子〉について——その資料性の初步的吟味》②將王弼本第五十一章中"物形之，勢成之"與帛書本相應的第十四章中"物刑之而器成之"比較，認爲帛書本的"器"較王本的"勢"爲優。通過這樣很有説服力的舉例論證了帛書《老子》在版本上的優越性。

波多野太郎也在帛書《老子》出土之後立即對之進行研究，並將研究成果《馬王堆出土老子考》附到了自己的漚心瀝血之作《老子道德經》③書後。在這篇文章中，波多從宏觀上對帛書《老子》的價值給與充分肯定，認爲帛書中普遍存在的簡體字、同音假借字等，對音韻學、文字學等研究都是極爲寶貴的資料，並從具體例證出發，證明以上觀點。如以帛書乙本的"朘怒"來正世傳本的"全作"。論證有理有據，令人信服。

池田知久在其《中國思想史における"自然"の誕生》④、《老子

---

①　何莫邪《馬王堆漢墓〈老子〉手抄本和〈秦律〉殘卷中的"弗"》，《古漢語研究》，1992 年 4 期。

②　木村英一博士頌壽紀念事業會《中國哲学史の展望と模索》，創文社 1976 年版。

③　波多野太郎《老子道德經》，（東京）國書刊行會昭和 54 年版，第 625 頁。

④　見《中國——社会と文化》，1993 年第八號。

的“道器論”——基于馬王堆漢墓帛書本》①討論了帛書《老子》的抄寫年代，認爲甲本當在漢高祖末年至漢景帝時期或至呂后時期，乙本是漢文帝前期，並對《老子》的成書年代提出了自己的看法。

另外，今枝二郎②、福宿孝夫③、澤田多喜男④等也多帛書《老子》研究成果。

以上是我們在目力所及的範圍内，對帛書本《老子》研究的主要成果作的簡要介紹。由於能力及條件有限，一定會有不少疏漏，希望日後有機會得以補充。

大致看來，先賢時彥對帛書《老子》的研究已經取得了很大成績。由最初的主要從文獻校勘方面着手，到其後的更深入地從文字、音韻、訓詁等方面開展注釋工作，這些研究都結出了豐碩果實。但是，針對帛書《老子》詞彙進行現代語言學式而非傳統小學式的、系統的而非零散的研究工作，還未充分展開，而這些工作對更爲科學地把握帛書《老子》乃至《老子》至關重要。因此，我們以此爲切入點，作爲本書努力的方向。在先賢時哲研究的基礎之上，窮盡性考察帛書《老子》中的詞語，選取幾個角度作深入的研究，試圖從中發現詞語的發展規律。希望這樣的工作能有助於整個漢語詞彙史的發展。

---

　　① 《池田知久簡帛研究論》，中華書局 2006 年版，第 16 頁。

　　② 《馬王堆出土〈老子〉古寫本について》，《大正大學研究紀要》(文學部)，1975 年。

　　③ 《馬王堆漢墓の綜合研究——その2：補正譯の再揭と書法に關する考察》，《宮崎大學教育學部紀要》(人文科學)，1978 年。

　　④ 《馬王堆漢墓帛書・德篇・道篇——原初的〈老子〉試探》，《千葉大學人文研究》，1991 年。

第一章　帛書《老子》單音詞研究

正如王力在《漢語史稿》中所説，上古漢語是以單音詞爲主的①。作爲帛書《老子》詞彙重要組成部分的單音詞，是我們的研究重點之一。

第一節　帛書《老子》單音詞與複音詞的切分

研究帛書《老子》詞彙，首要的基礎性工作即是對全書的單音詞、複音詞進行切分。它直接影響到其後的統計、分類等相關數據資料的準確性。但是要將字、單音詞、複音詞嚴格分開，並不是一件容易的事。參考前人觀點②，結合帛書《老子》實際，我們努力將三者區分開來。

一、字與單音詞的區別

一般認爲，詞是最小的能夠獨立活動的有意義的成分，字是

---

① 王力《漢語史稿》，中華書局 2002 年版，第 341 頁。
② 參張雙棣《〈吕氏春秋〉詞彙研究》，山東教育出版社 1989 年版。馬真，《先秦複音詞初探》，《北京大學學報》（哲社版），1980 年第 5 期，1981 年第 1 期。趙克勤《古代漢語詞彙學》，商務印書館 1994 年版。許威漢《漢語詞彙學引論》，商務印書館 1992 年版。程湘清《漢語史專書複音詞研究》，商務印書館 2003 年版。朱廣祁《〈詩經〉雙音詞論稿》，河南人民出版社 1985 年版。

記錄詞的文字符號。兩者有聯繫但並非一個層面的概念。古漢語詞彙研究工作當然應以詞爲研究對象,而非字。但是,由於對詞的認識受到漢字字形的束縛,傳統語言學常將字與詞等同,影響所及,"直到今天,在古漢語的研究中,還常有不自覺地把字和詞混同起來,或者把漢字直接和詞的概念聯繫起來的"①,導致研究結果不盡科學。因此,區別兩者的重要性可以想見。參考前賢觀點,結合帛書《老子》實際,我們確定字與單音詞的區分標準如下:

1. 自身重疊構成疊音詞,且單獨使用時詞義與此疊音詞無關,這個字不是單音詞。如:

"祿祿"(象玉聲。BJ02W39)、"硌硌"(象石聲。BJ02W39)、"愮愮"(無所區分貌。BJ12W49。《玉篇·心部》:"愮,心熱也。"《集韻·緝韻》:"愮,心熱貌"。)、"夬夬"(狡詐義。BJ21W58)、"屯屯"(敦厚貌。BY21W58)、"尋尋"(茫茫無際貌。BJ58W14)、"雲雲"(多、盛貌。BJ60W16)等都是疊音詞。構成此類詞語的字,或可單獨使用,或可與他字成詞,但唯有疊音成詞時方有以上相應詞義。

2. 與另一漢字形體不同但音義相同,都可以獨立使用,兩字是同一個單音詞。如:

(1)淺,通"賤"。BJ19W56:"不可[得]而貴,亦不可得而淺。"賤,BJ02W39:"必貴矣而以賤爲本。"

"淺"、"賤"通假字,義同,表示一個詞。

(2)怠,通"殆"。BJ60W16:"沒身不怠。"

殆,BJ07W44:"知止不殆。"

"怠"、"殆"通假字,義同,表示一個詞。

---

① 蔣紹愚《古漢語詞彙綱要》,北京大學出版社 1989 年版,第 27 頁。

（3）爲，通"僞"。BJ63W19："此三言也，以爲文未足，故令之有所屬。"

僞，BJ62W18："知（智）快（慧）出，案有大僞。"

"爲"、"僞"通假字，義同，表示一個詞。

3. 可獨立使用，表示一個或幾個意義，表示幾個意義時，這些意義聯繫緊密，這個字所記録的是一個單音詞。如：

敗，失敗。BJ27W64："民之從事也，恒於其（幾）成事而敗之。""敗"，單音單義詞。

存。一爲存在義，BJ50W06："玄牝之門，是胃（謂）［天］地之根。緜緜呵若存，用之不堇（勤）。"一爲保全義，BJ51W07："是以聲（聖）人芮（退）其身而身先，外其身而身存。"一爲記住義，BY03W41："中士聞道，若存若亡。""存"，單音多義詞。

4. 可獨立使用，表示幾個意義，且意義之間沒有聯繫，這是一個字記録幾個單音詞。如：

能，能夠。BJ51W07："天地之所以能［長］且久者，以其不自生也，故能長生。"又有"寧可"義，BY59W15："葆（保）此道［不］欲盈，是以能襲（敝）而不成。"兩者是音同義異的單音詞。

居，一音 jū，表示四個意義。居所義，BJ30W80"樂其俗，安其居。"居處義，BJ01W38："是以大丈夫居其厚而不居其泊（薄），居其實不居其華。"；占據義，BY42W77："成功而弗居也。"處理義，BJ75W31："言以喪禮居之也。"一音 jī，充當語氣助詞，BJ74W30："果而毋得已居。"前者有四個相關意義，是一個單音詞；後者與之音義皆異。兩者是同形單音詞。

按照以上標準統計，帛書《老子》共有單音詞 724 個。

二、複音詞與短語的區别

複音詞的切分關鍵在與短語相區别，而這並非易事。王力説：

“一切都可以説明，詞和仍語之間没有絶對的界限的。”①吕叔湘也認爲：“在詞和短語的劃分上，語法原則和詞彙原則有時候有矛盾。……語法上可以認爲是一個詞，而詞彙上寧可認爲是一個短語，……詞彙上可以認爲是一個詞，而語法上寧可認爲是一個短語。”②足見嚴格區分兩者之難。這裏，我們參考先賢時彦的研究成果，結合帛書《老子》實際，制定標準如下：

一、意義標準

學界多將意義標準置於確定古漢語複音詞的首要地位，這是由古漢語的實際情況所決定的。張雙棣説：“確定先秦漢語複音詞，意義標準是至關重要的，是決定性的。即使判斷結構上結合得緊密不緊密，也要靠意義。”③馬真也持相同觀點，他説：“劃分先秦的複音詞，主要應從詞彙意義的角度來考慮問題，即考察複音短語的結合程度是否緊密，它們是否已經成爲具有完整意義的不可分割的整體。這是最可行的辦法，其他方面的標準都只能作爲參考。”④毛遠明也强調意義標準的重要性，他認爲應該把意義的融合性、整體性放到首要的位置來考察。⑤ 我們同意上述觀點，制定如下具體操作標準：

1. 兩個語素結合後，各語素的原義融合構成新的整體意義，這樣的複音組合是複音詞，不是短語。如“萬物”BY14W51：“道生之，德畜之，物刑（形）之而器成之。是以萬物尊道而貴德。”語素“萬”與“物”結合後所表示的新的整體意義不是它們原來意義的簡

① 王力《詞和仍語的界限問題》，《王力文集》（第十六卷），山東教育出版社1990年版，第241頁。
② 吕叔湘《漢語語法分析問題》，商務印書館1979年版，第30頁。
③ 張雙棣《〈吕氏春秋〉詞彙研究》，山東教育出版社1989年版，第171頁。
④ 馬真《先秦複音詞初探》，《北京大學學報》（哲社版），1980年第5期，1981年第1期。
⑤ 毛遠明《〈左傳〉詞彙研究》，西南師範大學出版社2000年版，第82頁。

單結合,即並非表示"一萬個物體",而是指宇宙間的一切事物。所以"萬物"是複音詞而非短語。

2. 兩個同義或同類語素結合,意義互補,凝結成一個更概括的意義,這樣的複音組合是詞,不是短語。如"盜賊",BJ20W57:"[法物滋彰,而]盜賊[多有]",BJ63W19:"絶巧棄利,盜賊无有"。單獨使用時,"盜"、"賊"均兼有動、名兩種詞性,前者指"偷東西"或"偷東西的人",後者指"損害"或"叛亂之臣"。如《荀子·君道》:"禁盜賊,除奸邪",楊倞注:"盜賊通名,分而言之,則私竊謂之盜,劫殺謂之賊。"但結合之後,它們便成爲"通名",凝結爲一個更概括的意義,泛指劫奪和偷竊財物的人。因此,"盜賊"是複音詞,不是短語。

二、語法標準

在確定意義標準爲主導的前提之下,我們也應注意它與形式標準的結合。因爲"詞總是有其語法特點的,句中詞與詞的結合都不是任意的,總是爲一定的語法關係所制約,據此,也可以判定詞與短語的區別"①。

根據帛書《老子》實際情況,我們制定標準爲:語素組合前後的語法性質發生改變則是詞,不是短語。因爲一般來講,詞義的變化和詞性的轉變是同步的,詞性改變了則當看作複音詞,而不是短語。如"忌諱",BY20W57:"夫天下多忌諱,而民彌貧"。"忌"指顧忌,"諱"指避忌,都用作動詞;"忌諱"則是指須避忌的事物,爲名詞。組合前後詞性發生了變化,因此"忌諱"是詞。

三、修辭手段

詞語産生新義的情況很多是由修辭手段造成的,我們認爲如果一個組合的意義不是它的本義,而是比喻義或借代義,那麽這個組合是詞,不是短語。

---

① 周生亞《世説新語中的複音詞問題》,《吉林大學社會科學學報》,1982 年第 2 期。

如"瑕適"，BJ71W27："善行者无徹（轍）迹，[善]言者无瑕適（謫）。"河上公注："善言謂擇言而出之，則無瑕疵謫過於天下。"此處"瑕適"指人的過錯。而《管子·水地》："夫玉，溫潤以澤，仁也……瑕適皆見，精也。"尹知章注："瑕適，玉病也。"帛書《老子》所用爲其比喻義，所以它是詞。

四、出現頻率

實際證明，使用頻率高是使短語穩定、固化成詞的必要條件。因此，我們將使用頻率作爲判斷是否爲詞的重要參考。考慮到帛書《老子》的篇幅不足萬字，且爲觀察全面計，我們還將考察比之更早及與之同時期的文獻典籍中的使用情況。這一標準是對意義標準的有益補充。如"貴富"在帛書《老子》僅出現 1 次，但《墨子》用 1 次、《莊子》用 4 次、《商君書》用 3 次、《吕氏春秋》用 11 次，所以我們認爲它是詞[①]。又如"天子"、"草木"、"毫末"等詞的意義，就是它們組成成分的意義疊加，但是使用頻率比較高，所以我們認爲是詞。

五、從寬原則

上古漢語是漢語複音詞發展的起始階段，處在可確定的詞與非詞之間的臨界和過渡性組合不在少數，假如統統判爲非詞，那麼必然會對複音詞的歷時研究帶來很大損失，使詞彙史呈現出一刀切的非正常面貌。另一方面，帛書《老子》中有些組合有其獨特性，爲後世沿用，完全忽視，也於漢語史研究無益。有鑒於此，我們贊同魏德勝"堅持原則，適度放寬"的提法。[②]

確定了字與詞、詞與短語的區分標準，單音詞和複音詞的數量就便於統計了。另外，結構比較穩定的三音節複音詞，如"大丈夫"、"偏將軍"、"上將軍"的區分不大困難，就不再贅述。

---

① 具體論證可參伍宗文《先秦漢語複音詞研究》，巴蜀書社 2001 年版，第 135 頁。
② 魏德勝《睡虎地秦墓竹簡語法研究》，首都師範大學出版社 2000 年版，第 21 頁。

按照以上標準進行統計,帛書《老子》有單音詞 724 個,複音詞 166 個,複音詞中雙音詞 163 個,三音節詞 3 個。單音詞表見節後附錄。要特別説明的一點是,我們的統計只是初步的,在切分的過程中,難免會出現一些失誤,不過這並不影響全書詞語的整體面貌。

附録: 帛書《老子》單音詞表

説明: 字後的數字"2"表示該字形表示的另一個詞;"( )"前的字是"( )"中字的借字。

一、名詞 214

邦	本	臂	璧	兵	病	采	倉	草	策	常	朝	車
徹	塵	臣	尺	籌	芻	楚	川	春	疵	次	寸	道	盜
德	敵	氏	地	帝	冬	動	垗	兒	耳	餌	伐	紛	糞
風	蜂	夫	福	輻	父	腹	弓	公	功	攻	共(拱)	狗
詬	古	浴	骨	轂	關	官	官(觀)	光	鬼	國	果	海
行	毫	褐	後	虎	户	華	梡(患)	貨	禍	基	極	紀
家	間	間2	匠	郊	角	今	金	筋	蓳(筋)	解(徑)
咎	爵	軍	君	客	口	贏(籯)	禮	力	枌	鄰	凌	陵
流	門	民	名	命	末	纆	母	牡	牧	木	目	難	鳥
牝	魄	介(契)	氣	器	前	人	刃	仞2	日	戎	色
上	尚(上)	蛇	身	神	生	聲	繩	師	石	時	食	始
士	式	室	事	手	首	獸	水	矢(眔)	述(隧)	台	貣(忒)
天	田	徒	土	外	王	網	畏(威)	味	文	物	昔	溪
瑕	下	先	鮮	鄉	祥	象	心	央	陽	一	義	音	陰
憂	尤	右	牖	魚	隅	雨	玉	譽	約	樂2	蚤(早)	賊
朝2	兆	適(謫)	轍	政	埴	志	中	周(舟)	主	注	狀
資	子	宗	足	罪	朘	左

二、動詞 232

　　愛　拔　敗　保　葆　襃　報　抱　負（倍）　被　杯　比
閉　辟（避）　幣（敝）　賓　搏　補　藏　陳　稱　成　盈2　乘
持　龍（寵）　出　處　刺　從　存　挫　達　代　帶　得　登
修（滌）　奪　擶（墮）　發　法　反　妨　廢　費　奉　伏　服
輔　負　復　覆　改　敢　割　觀　歸　過　孩　咳　害　含
號　好　合　闔　恒（烘）　化　懷　環　還　混　栝（活）　雞
積　稽　及　濟　寄　賀（加）　兼　見　建　交　教　噭　結
解　進　救　居　舉　絶　蹶　攫　克　窺　離　菭　立　令
免　揗　沒　謀　能　判　配　亨　被（披）　俾（譬）　啟　起
炊（企）　立（菭）　棄　挈　求　淈（屈）　取　去　卻　攘　乃（扔）
容　入　如　若　散　嗇　塞　殺　燃（埏）　傷　上（尚）　舍
涉　勝　失　識　使　市　恃　視　澤（釋）　筮　螫　守　受
屬　數　司　死　食2　　隨　遂　損　楯（投）　同　圖　退
搏　托　脱　亡　忘　爲　爲（僞）　畏　謂　遺　聞　握　母（侮）
惡2　拾（翕）　徙　見（現）　鄉（饗）　學2　　笑　歇　行
刑（形）　修　畜　學　厭　養　倚　益　印（抑）　迎　贏　應
用　有　俞（雨）　予　遂（育）　欲　御　垣　曰　宰　在　載
鑿　責　且（挏）　戰　張　長2　召　鎮　争　知　執　止　至
治　致　制　置　終　揣　斲　字　佐　作　坐

三、形容詞 204

　　哀　安　白　暴　悲　敝　泊　泊（薄）　博　憯　長　昭（超）
赤　沖　除　挫　慈　大　殆　淡　定　督（篤）　毒　沌　多
方　豐　富　甘　剛　高　孤　固　寡　廣　貴　寒　和　恒
厚　忽　涣　會　昏　渾　淆（混）　惑　饑　畸　吉　幾　繡（寂）

堅　賢(堅)　檢(儉)　賤　建(健)　強(僵)　驕　攸(曒)　渴(竭)
矜　近　驚　靜　炅　久　懼　均　孔　狂　淒(曠)　遺(匱)
恐　老　樂　贏　纍　纇　悝(鄙)　利　廉　繆(寥)　靈　聾
亂　美　昧　猛　迷　眇(妙)　名　明　鳴(冥)　炴(朒)　寧
怒　飄　貧　平　樸　奇　強　巧　親　堇(勤)　輕　清　請(情)
窮　曲　詘(屈)　全　缺　仁　日(榮)　柔　辱　辱(黥)　兌(銳)
閱(銳)　弱　喪　善　少　楮(奢)　深　慎　聖　實　視(示)
壽　疏　爽　順　數2　私　緆(肆)　俗　素　數(速)　彈(坦)
亭　偷　洼　頑　晚　枉　妄　望　微　爲2　僞　蕉　希　細
聞(狎)　賢　小　孝　宵(肖)　畜(孝)　新　信　凶　虛　玄
嚴(儼)　妖　要　眺(耀)　夷　宜　他(迆)　異　易　盈　勇
幽　嚘　猶　餘　愚　與(豫)　欲(裕)　遠　淵　怨　蚤　趮
湛　章　真　正　直　知(智)　質　忠　眾　重　壯　贅　拙　尊

四、代詞 18

彼　此　夫2　何　或　己　莫　其　然　是　孰　誰　訾(斯)
我　吾　相　之　自

五、數詞 9

百　二　九　兩　卅　三　十　四　五

六、副詞 25

必　不　誠　重2　獨　非　弗　古(固)　既　將　皆　可
況　彌　乃
旁(並)　甚　太　未　无　毋　又　有(又)　愈　滋

七、連詞 12

案　而　故　即　且　雖　唯　惟　亦　與　則　者

八、介詞 2

所　於

九、語氣詞 8

呵　蓋　乎　焉　也　矣　已　哉

第二節　帛書《老子》單音詞詞義

　　研究詞彙,詞義是重要的考察對象。從事詞義研究,不能不關注以下兩个方面。一方面,是詞的多義性。因爲"詞一般都具有概括性,而且詞所概括的往往是若干特徵,而不是一個特徵;同時,在一個概念所包含的特徵裏往往有若干特徵跟其他概念的某些特徵相通──這就構成了詞的多義性(ploysemy)的基礎"①。另一方面,是詞的新義。由於詞義並非一成不變,隨着社會不斷發展,人們對客觀事物認識不斷深化,詞義就會產生相應變化,於是"有些詞在原有的意義之外獲得了新的意義和新的用法"②。進而在新義仍然不能滿足現實需要的情況下,還會產生新詞。下面,我們重點從以上兩方面來研究帛書《老子》單音詞詞義。另外,帛書《老子》單音詞中有一些詞、義很具特色,也在此一併討論。

一、帛書《老子》單音詞的義項

　　帛書《老子》中一個意義的單音詞數量最多。單音多義詞的意義則一般集中在二、三個間,最多的有十個,其中四個意義以上的

---

① 張永言《詞彙學簡論》,華中工學院出版社 1982 年版,第 47 頁。
② 同上。

單音多義詞有 51 個。根據單音詞意義個數,統計相應單音詞數量及在單音詞總數中所占比例,列表如下:

數量/比例＼意義數	一	二	三	四	五	六	七	八	九	十
單音詞數	532	103	41	16	14	17	一	1	1	2
所占%	73.3	14.2	5.6	2.2	1.9	2.3	一	0.1	0.1	0.3

以下選取代表性詞語進行研究,以求能夠對上古時期單音詞面貌有所發現。

例一:【爲】

"爲"(wéi)在帛書《老子》中共出現 66 次,其中單獨使用 63 次。

(一)實詞,義項 10 個。

1. 做;從事。

帛書《老子》中共 12 例,如:

BY01W38:"上禮爲之而莫之癮(應)也,則攘臂而乃(扔)之。"

BJ10W47:"[是以聖人不行而知,不見而明,弗]爲而[成]。"

BJ27W64:"[是以聖人]欲不欲,而不貴難得之腷(貨);學不學,復衆人之所過;能輔萬物之自然,而弗敢爲。"

BY39W74:"使民恒且畏死,則爲畸(奇)者[吾]得而殺之,夫孰敢矣。"

BJ68W23:"飄風不冬(終)朝,暴雨不冬(終)日。孰爲此?"

此義很早即已出現。如《詩經·小雅·北山》:"或出入風議,或靡事不爲。"

2. 製作。

帛書《老子》中共 1 例:

BJ55W11:"撚(埏)埴爲器,當其无,有埴器[之用也]。"

此義在《尚書》、《詩經》中均有使用。《尚書·金縢》:"爲壇於南方北面,周公立焉。"《詩經·周南·葛覃》:"爲絺爲綌,服之無斁。"

3. 治理。

帛書《老子》中共 4 例,如:

BJ57W13:"故貴爲身於爲天下,若可以迬(託)天下矣。"

4. 謀取。

此義爲《老子》新出。同時期用例如《孟子·盡心上》:"雞鳴而起,孳孳爲利者,蹠之徒也。"帛書《老子》中共 3 例:

BY27W64:"爲之者敗之,執之者失之。"

BJ40W75:"夫唯无以生爲者,是賢貴生。"

BJ73W29:"[夫天下,神]器也,非可爲者也。"

此義多見於春秋戰國時期,如《論語·子路》:"善人爲邦百年,亦可以勝殘去殺矣。"

5. 施爲;惠澤。

帛書《老子》中共 3 例:

BJ14W51:"爲而弗寺(恃)也。"

BY42W77:"是以耵(聖)人爲而弗又(有)。"

BJ46W02:"爲而弗志(恃)也。"

此義春秋戰國即以習見,如《左傳·襄公二十三年》:"齊侯將爲臧紇田。"

6. 充當;擔任。

帛書《老子》中共 25 例,如:

BJ33W68:"善爲士者不武。"

BJ34W69:"吾不敢爲主而爲客。"

BJ72W28:"知其雄,守其雌,爲天下溪。"

BJ78W34:"萬物歸焉而弗爲主。"

此義最早見於《尚書·微子》:"我罔爲臣僕。"

7. 作爲;當作。

帛書《老子》中共 3 例:

BJ02W39："故必貴矣而以賤爲本,必高矣而以下爲基。"

BJ12W49："[聖人恒无心],以百[姓]之心爲[心]。"

BJ49W05："天地不仁,以萬物爲芻狗;聲(聖)人不仁,以百省(姓)爲芻狗。"

此義春秋戰國多見,如《墨子·公輸》："子墨子解帶爲城,以牒爲械。"

8. 成爲。

帛書《老子》中共 7 例,如:

BY21W58："[其]无正也,正[復爲奇],善復爲[妖]。"

BY58W14："視之而弗見,[名]之曰(微);聽之而弗聞,命(名)之曰希;捪之而弗得,命(名)之曰夷。三者不可至(致)計(詰),故絑(混)而爲一。"

BY72W28："樸散則爲器。"

此義更早用例見於《詩經·小雅·十月之交》："高岸爲谷,深谷爲陵。"

9. 算作。

帛書《老子》中共 1 例:

BJ44W79："和大怨,必有餘怨,焉可以爲善?"

此義最早見於《詩經·豳風·七月》："嗟我婦子,曰爲改歲,入此室處。"

10. 是。

帛書《老子》中共 2 例:

BJ70W26："[重]爲巠(輕)根,清(静)爲趮(躁)君。"

BJ75W31："故兵者非君子之器也,[兵者]不祥之器也,不得已而用之,銛襲(恬淡)爲上。"

此義春秋戰國已開始使用,如《左傳·宣公三年》："余爲伯儵,余,而祖也。"

以上各義項,基本將單音詞"爲"在春秋戰國及之前的絕大多數用法都反映了出來。其中實詞義項"3. 治理"、"4. 謀取"、"7. 作爲;當作",與同時期例比較,都以《老子》爲更早。

（二）虛詞。介詞。被。

帛書《老子》中共 2 例:

BJ19W56:"故不可得而親,亦不可得而疏;不可得而利,亦不可得而害;不可[得]而貴,亦不可得而淺(賤);故爲天下貴。"

BJ25W62:"古之所以貴此者何也? 不胃(謂)求以得,有罪以免輿(與)? 故爲天下貴。"

此義春秋戰國時期頗多使用,如《論語·子罕》:"出則事公卿,入則事父兄,喪事不敢不勉,不爲酒困,何有於我哉?"

例二:【以】

"以"在帛書《老子》中共出現 85 次,其中單獨使用 23 次。

（一）實詞,義項 2 個。

1. 施用;用。

帛書《老子》中共 3 例:

BY64W20:"衆人皆有以,我獨閜以鄙。"

BJ71W27:"善數者不以檮(籌)筭(策)。"

BJ74W30:"以道佐人主,不以兵[强於]天下。"

此義早有,如《尚書·立政》:"繼自今立政,其勿以憸人。"

2. 可以。

帛書《老子》中共 2 例:

BJ10W47:"不出於户,以知天下;不規(窺)於牗,以知天道。"

《詩經·齊風·猗嗟》即有:"四矢反兮,以御亂兮。"

（二）虛詞

1. 介詞。表示對事物的處置,相當於"用"、"拿"、"把"。

帛書《老子》中共 41 例,如:

BJ12W49:"[聖人恒无心],以百[姓]之心爲[心]。"

BJ26W63:"報怨以德。"

BJ39W74:"[若民恒且不畏死],奈何以殺愳(懼)之也?"

BJ49W05:"天地不仁,以萬物爲芻狗;聲(聖)人不仁,以百省(姓)爲芻狗。"

BY81W37:"吾將闠(鎮)之以无名之樸。"

此義春秋戰國使用頗多,如《左傳・僖公二十三年》:"(公子)醒,以戈逐子犯。"

2. 介詞。表示動作行爲的憑藉或前提。猶言憑。

此義首見於《老子》。帛書《老子》中共 2 例:

BJ24W61:"牝恒以靚(静)勝牡。"

BJ74W30:"以道佐人主,不以兵[强於]天下。"

3. 連詞。因而。

帛書《老子》中共 1 例:

BJ60W16:"萬物旁(並)作,吾以觀其復也。"

此義先秦多有,如《禮記・緇衣》:"昔吾有先正,其言明且清,國家以寧,都邑以成,庶民以生。"

4. 連詞。表並列,相當於"和"。

帛書《老子》共 1 例:

BY02W39:"侯王毋已貴以高將恐欿(蹶)。"

此義很早即有,如《周易・鼎》:"得妾以其子,無咎。"

5. 連詞。表承接,相當於"而"。

帛書《老子》中共 11 例,如:

BJ09W46:"天下有[道,卻]走馬以糞。"

BJ59W15:"濁而情(静)之余(徐)清;女(安)以重(動)之余(徐)生。"

此義先秦多有使用,較早見於《尚書・金縢》:"秋,大熟,未獲,天大雷電以風。"

6. 連詞。表承接，相當於“則”。

帛書《老子》中共 4 例：

BJ15W52：“愍(既)得其母，以知其［子］”。

BJ17W54：“善建［者不］拔，［善抱者不脱］，子孫以祭祀 ［不絶］。”

BJ25W62：“不胃(謂)求以得，有罪以免輿(與)？”

此義見於先秦，如《國語·吴語》：“今大夫老，而又不自安恬逸，而處以念惡，出則罪吾衆。”

7. 連詞。因爲。

帛書《老子》中共 18 例，如：

BY28W65：“民之難治也，以其知(智)也。”

BJ40W75：“百姓之不治也，以其上有以爲［也］”。

此義先秦使用頗多，如《左傳·僖公十五年》：“鄭以救公誤之，遂失秦伯。”

8. 助詞。用在單純方位詞前，組成合成方位詞，表示方位。

首見於《老子》。帛書《老子》中共 1 例：

B25W62：“雖有共(拱)之璧以先四(駟)馬，不善(若)坐而進此。”

以上各義項以“介詞。表示對事物的處置”、“連詞。表承接，相當於‘而’”、“連詞。因爲”三種用法爲最常見；“介詞。表示動作行爲的憑藉或前提”與“助詞。用在單純方位詞前，組成合成方位詞表示方位”兩種用法則首見於帛書《老子》。

例三：【於】

“於”在帛書《老子》中共出現 49 次，其中單獨使用 46 次。

（一）實詞，義項相當於“爲(wéi)”

此義爲《老子》新出，其後漸有使用。帛書《老子》中共 2 例：

BJ78W34：“萬物歸焉而弗爲主，則恒无欲也，可名於小。萬物歸焉［而弗］爲主，可名於大。”

（二）虛詞

1. 介詞。表示地點、處所，相當於"在"。

帛書《老子》中共 3 例，如：

BJ09W46："天下无道，戎馬生於郊。"

BY16W53："使我介（挈）有知，行於大道，唯他（迤）是畏。"

此義早有，如《尚書·君奭》："其集大命於厥躬。"

2. 介詞。從，自。

此義首見於《老子》。帛書《老子》全書共 12 例，如：

BY04W40："天下之物生於有，有[生]於无。"

BJ26W63："天下之難作於易，天下之大作於細"。

BJ27W64："[合抱之木，生於]毫末；九成（層）之台，作於羸（虆）土；百仁（仞）之高，台（始）於足[下]。"

3. 介詞。至，到。

此義首見於《老子》。帛書《老子》全書共 9 例，如：

BJ06W43："无有入於无間。"

BJ26W63："[夫輕諾必寡信，多易]必多難，是[以聖]人猶難之，故終於无難。"

BJ60W16："天（夫）物雲雲，各復歸於其[根]。"

4. 介詞。表示比較，相當於"比"。

帛書《老子》中共 8 例，如：

BJ09W46："罪莫大於可欲，禍（禍）莫大於不知足，咎莫憯於欲得。"

BJ34W69："禍（禍）莫於大於无適（敵）。"

BY43W78："天下莫柔弱於水。"

先秦多有此用法，如《禮記·檀弓下》："苛政猛於虎也。"

5. 介詞。表示被動，相當於"被"。

帛書《老子》共 1 例：

BJ24W61："大邦[以]下小[邦]，則取小邦；小邦以下大邦，則取於大邦。"

此義先秦使用頗多,如《論語·公冶長》:"御人以口給,屢憎於人,不知其仁,焉用佞!"

6. 介詞。引入比較異同的,相當於"跟"。

帛書《老子》共 7 例,如:

BJ18W55:"[含德]之厚[者],比於赤子。"

BJ64W20:"吾欲獨異於人。"

BJ68W23:"故從事而道者同於道,德者同於德,者(失)者同於失。"

同時期例,《論語·子路》:"吾黨之直者異於是。"

7. 連詞。而。

此義首見於本書,共 2 例:

BJ38W73:"勇於敢者[則殺,勇]於不敢者則栝(活)。"

8. 助詞。無義。

帛書《老子》共 2 例:

BJ49W05:"多聞數窮,不若守於中。"

BJ64W20:"眾人凞(熙)凞(熙),若鄉(饗)於大牢。"

此義最早見於《尚書·堯典》:"百姓昭明,協和萬邦,黎民於變時雍。"春秋戰國多有,如《論語·學而》:"夫子至於是邦也,必聞其政,求之與? 抑與之與?"

以上各義項以"介詞。至,到"、"介詞。表示比較,相當於'比'"三者用法爲最常見。"爲(wéi)"、"介詞。至,到"等,則以帛書《老子》使用較早。

以上所舉爲帛書《老子》中的三個常見單音詞。它們既保存了更早的《詩》、《書》時代的詞義,也體現了春秋戰國時期的常用義,同時又產生了新義。另外,相對於《呂氏春秋》單音多義詞一般集中於二、三、四個意義之間,最多有九個意義的情況①,上列詞語的

---

① 張雙棣《呂氏春秋詞彙簡論》,《北京大學學報》,1989 年第 5 期。

多義項也反映了《老子》時代單音詞義項的豐富性。

二、帛書《老子》單音詞中的新詞新義舉例

下面針對帛書《老子》單音詞中的新詞新義進行個案研究①，希望能够通過詞語的變化，探求春秋戰國時期詞彙的斷代面貌。

【安】猶乃、於是。用於複句的後一分句，表示承接關係。BJ79W35："往而不害，安平太。"上古表示承接關係的连詞，一般用"乃"、"遂"，如《尚書·堯典》："乃命羲和，欽若昊天。"蔡沈集傳："乃者，繼事之辭。"《左傳·僖公四年》："春，齊公以諸侯之師侵蔡，蔡潰，遂伐楚。"杜預注："遂，兩事之辭。"也有用"焉"的，《禮記·祭法》："壇墠有禱，焉祭之，無禱乃止。"《老子》用"安"，與"焉"均爲上古影母元部字，兩者實際是同一个詞，但"安"出現的時間更早。

【塵】塵世，塵俗。BY48W04："銼（挫）其兑（鋭），解其芬（紛），和其光，同其塵。"河上公注："同其塵，當與眾庶同垢塵，不當自別殊。"即當與塵世同俯仰，不自離俗。

【會】交合。BY18W55："[含德]之厚[者]，比於赤子。蠭（蜂）癘（蠆）虺（虺）蛇弗赫（螫），據（攫）鳥猛獸弗搏，骨弱筋柔而握固，未知牝牡之會而朘怒，精之至也。"朘，男孩生殖器。

【匠】木工。BJ39W74："夫伐（代）司殺者殺，是伐（代）大匠斲也。"該詞首見於此。

【噯】氣逆。BY18W55："冬（終）日號而不噯。""噯"，王弼、范應元、蘇轍、吳澄等本做"嗄"，傅奕本做"歐"。前者形誤，後者同"噯"。

---

① 新詞新義的定義參見本書第四章。

三、帛書《老子》單音詞的生僻詞、義

　　帛書《老子》中還存在一些相對生僻的詞、義，下面姑且转录一些考釋。需要説明的是，其中有些是産生的新義但比較希見，也録於此。

　　【存】心存，記得。BY03W41：“中士聞道，若存若亡。”高亨《老子正詁》云：“‘若’猶‘或’也。留於心之謂存，去於心之謂亡。言‘中士聞道’，有時則留之於心，有時則去之於心也。”並舉例證《禮記·祭儀》：‘致愛則存，致愨則著。’鄭注：‘存、著，謂其思念也。’”另《周易略例》有：“存言者，非得象者也；存象者，非得意者也。忘象者，乃得意者也；忘言者，乃得象者也。”“存”、“忘”相對，足證高氏解釋至確。

　　【毒】安定。BY14W51：“道生之畜之，[長之育]之，亭之毒之，養之復（覆）之。”“毒”，顧歡、司馬光、蘇轍、吳澄等本作“熟”，河上公本作“孰”。《廣雅·釋詁》：“毒，安也。”此義早有，《周易·師》：“以此毒天下，而民從之。”王引之《經義述聞》：“毒天下者，安天下也。”

　　【光】智慧。BY19W56“和其光”，河上公注曰：“雖有獨見之明，當和之使闇昧，不使曜亂人也。”光，獨見之明，即個人智慧。李嘉謀《道德真經義釋》“和其光者，抑其在己也”，意謂“和其光”爲收斂智慧於自身之內之義。另，BY21W58“光而不眺（燿）”，王弼注“以光鑒其所以迷”，意即以智慧鑒查迷蒙；河上公與十九章注同。此外，BJ48W04亦有“和其光，同[其塵]”，“光”義同上兩例。

　　【渴】jié，“竭”的古字。水乾涸；盡。BJ02W39：“胃（謂）浴（谷）毋已盈將恐渴（竭）。”

　　【容】形容、描摹。動詞。BJ59W15：“[古之善爲道者，微妙玄達]，深不可志（識）。夫唯不可志（識），故强爲之容。曰：與（豫）

呵其若冬[涉水。猶呵其若]畏四[鄰。嚴呵]其若客。渙呵其若淩（凌）澤（釋）。敦呵其若樸（樸）。湷（混）[呵其若濁，湉（曠）呵其]若浴（谷）。”吕吉甫《老子道德經傳》曰：“唯不可識，則其形容安得以擬議哉？强爲之容而已。”易順鼎《讀老札記》：“‘强爲之容’猶‘强爲之狀’。”“强爲之容”即勉强形容、描摹善爲道者狀貌之義。下文的“與呵”至“其若浴”，均以可見、相類的形象來摹狀“爲道者”“深不可志”的樣貌。

　　從以上抽取的例子可以看出，帛書《老子》中既有詞義豐富的單音詞，又保存了更早時期的某些生僻詞；既承繼了久已有之的詞、義，又産生了新詞、特别是産生了不少新義。

第三節　帛書《老子》單音詞的方言色彩

　　吴金華先生在《老子韻讀》凡例中曾指出：“《老子》的作者（李耳）是楚人，要判斷哪些地方有韻，哪些地方無韻，哪些地方是通韻，哪些地方是合韻，不僅必須注意先秦韻例和韻部的一般特點，還應當考慮楚方言的特點。”[1]事實上，不唯音韻研究要特别關注這一點，詞彙研究上也不可輕視，從這個角度切入往往能發現爲多數前賢忽略的問題。在此要明確一點，老子是楚國苦縣屬鄉人，《史記·老子列傳》早有明言；但要注意的是裴駰集解説“苦縣屬陳國”，與司馬遷記載抵牾；而司馬貞索隱則反駁裴氏：“苦縣屬陳國，誤也。苦縣本屬陳，春秋時楚滅陳，而苦又屬楚，故云楚苦縣。”限於篇幅我們不打算在此討論幾種説法孰是孰非，我們只需要確定苦縣在陳楚之間就可以了。另外還要明確一點，劉君慧説“在《方言》中，陳出現了 72 次，其單獨出現僅三次，陳與楚並舉爲 51

---

① 吴金華《老子韻讀》手稿。

次”①,所以劉氏將陳定爲楚方言的次方言,稱“北楚方言”。我們認爲這是符合實際情況的。老子在陳楚之間,此間方言泛言爲“楚方言”,可;析言爲“北楚方言”,亦可。下列舉例以證關注帛書《老子》的方言色彩對相關詞彙研究的重要性。

【其】

BJ02W39:“故必貴而以賤爲本,必高矣而以下爲基。夫是以侯王自胃(謂)[孤]寡不彀(穀)。此其[賤之本與? 非也]?”最後之問句,王弼本作“此非以賤爲本邪? 非乎?”嚴遵本作“唯斯以賤爲本與? 非耶?”傅奕、范應元本作“是其以賤爲本也,非歟?”敦煌戊戌本作“是其以賤爲本與,非乎?”景福本作“此其以賤爲本,悲乎?”世傳本雖頗多歧異,但因此句義較淺顯,所以各家注並没有大的差失,結果無形中卻忽略了“其”字的重要性,導致句義、句法、校勘等方面出現了一系列問題。直至蔣錫昌、朱謙之從方言角度出發,方才發現並解決了這些問題。針對傳世本異文,蔣氏解釋道:“《史記》高祖紀‘其以沛爲朕湯沐邑’,集解引《風俗通》:‘其者,楚言也。’老子楚人,當用楚言。五十八章‘其無正’,猶言‘無正’也。七十七章‘其不欲見賢’,猶不欲見賢也。‘是其以賤爲本也,非歟’,猶言是以賤爲本也,非歟也。”②朱氏亦云:“作‘其’是也。此經文中用楚方言。”③證之帛書本,兩人之説至確。“此其賤之本與? 非也?”“其”字無義,前句發問,後句以反問的形式回答,等於强調説“此其賤之本!”這種句式安排,使得語氣更强烈、肯定,富於説服力。而王弼等本“此非以賤爲本邪? 非乎?”,改“其”爲“非”,變前句的肯定發問爲否定發問,如此一來則僅前句本身即已構成反問句,句義已經自足,後句的“非也?”適足以構成冗贅而已。老子楚

---

① 劉君慧《揚雄〈方言〉研究》,巴蜀書社 1992 年版,第 230 頁。
② 蔣錫昌《老子校詁》,成都古籍出版社 1988 年版,第 262 頁。
③ 朱謙之《老子校釋》,龍門聯合書局 1958 年版,第 104 頁。

國苦縣人,正鄰近沛縣,故蔣氏之證據非常有力。正是由於獨闖蹊徑從方言角度考慮,蔣、朱兩家才能在未見帛書本的情況下對文字做出正確判斷,校正他本訛誤,發前人未發。

另外,要說明的是,以方言爲證據不可輕率。朱謙之《老子校釋》是首部特別注意從方言中尋找證據以注釋《老子》的著作,對"爽"、"兮"、"鍵"、"左"、"其"、"父"、"躁"、"闕"、"兕"、"嘎"共 10 個字從楚方言角度加以解釋,但或版本誤導或判斷差失,可靠者不過二三。特別是朱氏還多次用《方言》中記載的南楚方言爲據,未免失之太寬。須知當時的楚方言區是最大的一個方言片,從今河南、湖北交界處以南基本都屬於這個區,而南楚方言與北楚方言則差別不小[1],如此一來失誤也就難免。故以方言爲據時不可不慎。

關於帛書《老子》單音詞的其他幾個問題:

一、單音詞的詞性

掌握某時期詞彙的詞性面貌是瞭解該階段詞彙發展情況的重要門徑。研究專書單音詞時對其詞性進行研究,可以幫助我們窺見該書單音詞在共時上的平面位置,在歷時上的線性發展。確定帛書《老子》單音詞詞性,我們的前提是儘量全面、細緻,在此前提下遵循以下原則:1. 兼類詞以在帛書《老子》中使用頻率和穩定程度最高的意義和用法爲基準,進行詞類劃分,不重復計算;2. 假借字和本字同時出現時,只錄入本字,參第一條原則確定所屬詞類;只有借字出現,則以借字在文中所表示的意義爲標準進行詞類劃分;3. 異體字記錄同一個詞,但書面形式不同,不計入統計。

---

[1] 劉君慧《揚雄〈方言〉研究》,巴蜀書社 1992 年版,第 227—228 頁。

根據以上原則，統計各項數據，列表如下：

詞類	名詞	動詞	形容詞	代詞	數詞	副詞	連詞	介詞	語氣詞	總計
數量	214	232	204	18	9	25	12	2	8	724
％	29.6	32.0	28.2	2.5	1.2	3.4	1.7	0.3	1.1	100

考察帛書《老子》單音詞的構成，可以得出以下幾點結論：

第一，詞彙比較豐富，各種詞類都已出現，既對其先的《詩經》時代有所繼承，又有新的發展，豐富了漢語詞彙。各類詞的用法有了進一步的分工，獨立性、區別性相對加強。

第二，名詞、動詞、形容詞占絕對優勢。動詞、名詞數量接近，而形容詞所占比例較同時期文獻爲高。從人類思維發展的趨勢由具體到抽象來看，這一情況反映了該時期漢語書面語的進一步成熟，因爲通常名詞、動詞、形容詞的抽象性依次遞增。

第三，單音詞占絕對優勢。在迄今爲止最早的漢語材料甲骨文中，單音詞占絕對優勢，複音詞極少。單音詞在上古漢語裏占優勢也是學界主流觀點，我們的調查再次驗證了這一觀點的正確性。同時，也正如人所共知的，漢語詞彙發展的重要特點之一就是複音化。將《老子》與其前的《詩經》、其後的《論語》、《左傳》、《孟子》、《呂氏春秋》①中的單音詞、複音詞數量相比較，這一趨勢非常明顯。列表如下：

---

① 《詩經》資料見向熹《〈詩經〉裏的複音詞》，《〈詩經〉語文論集》，四川民族出版社2002年版，第37頁。《論語》資料見程湘清《先秦漢語研究》，山東教育出版社1982年版，第110頁。《左傳》資料見毛遠明《〈左傳〉詞彙研究》，西南師範大學出版社1999年版，第97頁。《孟子》資料見廖集玲《論〈韓非子〉複音詞》，《廣西大學學報》（哲社版），1991年第4期。《呂氏春秋》資料見張雙棣《〈呂氏春秋〉詞彙研究》，山東教育出版社1989年版，第4頁。《韓非子》資料見車淑婭《〈韓非子〉詞彙研究》，浙江大學博士學位論文2003年版，第34頁。

書名	《詩經》		帛書《老子》		《論語》		《左傳》		《孟子》		《呂氏春秋》		《韓非子》	
項目	單音詞	複音詞	單音詞	複音詞	單音詞	複音詞	單音詞	複音詞	單音詞	複音詞	單音詞	複音詞	單音詞	複音詞
數量	約4 430	1 329	724	166	1 126	378	4 234	1 512	1 379	525	2 972	1 074	2 182	2 038
百分比	約77	約23	81.3	18.7	74.9	25.1	73.69	26.31	72.43	27.57	73.46	26.54	51.71	48.29
合計	約5 759		890		1 504		5 746		1 904		4 046		4 220	

表中《詩經》複音詞比例較高，一方面與所收作品年代跨度大有關，一方面也與其詩歌體裁故大量使用雙音詞有重要聯繫。總之，雖然由於一些原因，某些書中複音詞所占比例有所起伏，但整體趨勢在逐漸增加，這是毫無疑問的。

第二章　帛書《老子》複音詞研究

　　詞語複音化是漢語詞彙發展的大趨勢。複音詞是漢語詞彙系統的重要組成部分。對帛書《老子》詞彙展開研究,複音詞是我們研究的重點。

第一節　帛書《老子》複音詞的構成方式

　　詞語複音化是漢語詞彙系統發展的大趨勢,因此複音詞是詞彙研究的重點,對其研究應當源流並重。作爲處在源頭階段的帛書《老子》複音詞,是我們要着重考察的。帛書《老子》複音詞都是由聯綿詞和凝固化的短語組成的,沒有詞頭加詞尾形式的複音詞。這些複音詞從構詞上看,有單純詞和合成詞兩類,單純詞分爲疊音詞和非叠音詞,合成詞分爲聯合式、偏正式、支配式、表述式。全書各種構詞方式的詞語數量及所占百分比列表如下:

帛書《老子》複音詞　166						
單純詞 16 9.6%		合成詞 142 85.6%				其他 8 4.8%
疊音詞	非疊音詞	聯合式	偏正式	支配式	表述式	
14	2	47	80	8	7	
8.4%	1.2%	28.4%	48.2%	4.8%	4.2 %	

一、單純詞

16 個，占複音詞總數的 9.6％，分爲疊音詞和非疊音詞。

（一）疊音詞

14 個，約占複音詞總數的 8.4％，占單純詞總數的 87.5％，均爲形容詞。

【察察】

清楚、明辨的樣子。BJ21W58：“其正（政）察察，其邦（民）夬夬（狹狹）。”“察察”，傅奕、范應元本作“督督”。王弼注：“立刑名，明賞罰，以檢奸僞，故曰察察也。”如漢王充《論衡·自紀》：“三年盲子，卒見父母，不察察相識，安肯説喜？”

【惷惷】

蒙昧無知的樣子。BJ64W20：“我禺（愚）人之心也，惷惷（沌沌）呵。”王弼等本作“沌沌”，景龍、遂州等本作“純純”。河上公注：“沌沌兮，無所分別。”

【恢恢】

寬闊廣大的樣子。BY38W73：“天罔祍祍（恢恢），疏而不失。”“祍祍”即“恢恢”。世傳今本多作“恢恢”。河上公注：“天所網羅，恢恢甚大。”成玄英疏：“恢恢，寬大也。”《史記·滑稽列傳序》有：“天道恢恢，豈不大哉！”

【夬夬】

狡詐、數薄的樣子。BJ21W58：“其正（政）察察，其邦（民）夬夬（狹狹）。”嚴遵、王弼、傅奕、范應元本作“缺缺”，景龍碑、景福本作“軟軟”。王弼注：“殊類分析，民懷爭競，故曰其民缺缺也。”作“缺缺”者，如唐獨孤及《唐故尚書庫部郎中滎陽鄭公墓誌銘》：“衆人缺缺，鄭公見樸；衆人昭昭，鄭公若濁。”《漢語大詞典》此條僅釋爲“果決貌”、“斷絶貌”，義項不足。

【禄禄】

珍貴的樣子。BY02W39：“是故不欲禄禄若玉，硌硌若石。”河上、王弼本作“琭琭”，嚴遵、蘇轍本作“碌碌”，景福本作“淥淥”。作不同字而義同者，“蓋重言形容詞只取其聲，不取其形，皆隨主詞及上下文以見意，不必辨其誰是誰非也。①”《漢語大詞典》此條僅釋爲“平凡貌”，義項不足。

【硌硌】

平凡的樣子。BY02W39：“是故不欲禄禄若玉，硌硌若石。”王弼本作“珞珞”，河上、顧歡、司馬光、焦紘等本作“落落”。《文子·符言》有：“故無爲而寧者，失其所寧即危；無爲而治者，失其所治即亂。故不欲碌碌如玉，落落如石。”《漢語大詞典》此條僅釋爲“堅硬貌”，義項不足。

【悶悶】

昏昧、寬厚的樣子。BY21W58：“其正（政）閔閔（悶悶），其民屯屯（惇惇）。”“閔閔”，王弼本作“悶悶”，傅奕、范應元本作“閔閔”。河上公注：“其政教寬大，悶悶昧昧，似若不明也。”王弼注：“言善治政者，無形無名，無事無政可舉，悶悶然，卒至於大治。”

【縣縣】

連綿不絕的樣子。BJ50W06：“玄牝之門，是胃（謂）[天]地之根。縣縣呵若存，用之不堇（勤）。”蘇轍《老子解》：“縣縣，微而不絕也。”

【熙熙】

和樂的樣子。BJ64W20：“衆人巸（熙）巸（熙），若鄉（饗）於大牢，而春登臺。”世傳本多作“熙熙”。河上公注：“熙熙，放淫多情欲也。”後世亦有使用，如《漢書·禮樂志》：“衆庶熙熙，施及夭胎；群

---

① 蔣錫昌《老子校詁》，成都古籍書店1988年版，第264頁。

生喧喧,唯春之祺。"顏師古注:"熙熙,和樂貌也。"

【慴慴】

無所區分的樣子。BJ12W49:"[聖人]之在天下,慴慴焉,爲天下渾心。"河上、顧歡本作"怵怵",王弼、傅奕本作"歙歙",蘇轍、焦竑本作"惵惵"。王弼注:"歙歙焉,心無所主也"。高明《帛書老子校注》:"'心無所主'即無所區分。"

【尋尋】

茫茫無涯際的樣子。BJ58W14:"一者,其上不攸(皦),其下不忽(昧),尋尋呵不可名也,復歸於无物。"王弼本作"繩繩",遂州、想爾注本作"蠅蠅"。河上公注:"繩繩者,動行無窮極也。"《説文通訓定聲·升部》釋"蠅蠅"引梁簡文帝注:"無涯際之貌。"

【雲雲】

衆多、茂盛的樣子。BJ60W16:"天(夫)物雲雲,各復歸於其[根]。"王弼、河上公本作"芸芸",傅奕、范應元本作"賦賦"。《莊子·在宥》有:"萬物云云,各複其根。"成玄英疏:"云云,衆多也。"另,河上公注:"芸芸者,華葉盛也。"

【屯屯】

敦厚的樣子。BY21W58:"其正(政)閩閩(悶悶),其民屯屯(惇惇)。"王弼本作"淳淳",嚴遵、傅奕、范應元本作"俸俸",景龍、景福、河上公本作"醇醇",遂州本作"蠢蠢"。王弼注:"其民無所爭競,寬大淳淳,故曰,其民淳淳也。"《漢語大詞典》引首證爲漢董仲舒《春秋繁露·五行相生》:"(孔子)爲魯司寇,斷獄屯屯,與衆共之,不敢自專。"時代晚。

【昭昭】

光耀自見的樣子。BJ64W20:"鬻(俗)人昭昭,我獨若閭(昏)呵。"王弼注:"耀其光也。"蔣錫昌《老子校詁》:"'昭昭'即自見之義。"

(二) 非疊音詞

2個,占複音詞總數的1.2%,占單純詞總數的12.5%。

【忽望】

混沌不清。BY58W14:"是胃（謂）无狀之狀，无物之象。是謂汋（忽）望（恍）。"王弼本作"惚恍"，河上公本、景龍碑作"忽恍"，遂州本作"忽恍"，傅奕、范應元本作"芴芒"。河上公注:"若存若亡，不可見之也。"①

【强梁】

强勁有力；勇武。BJ05W42:"故强良（梁）者不得死，我［將］以爲學父。"世傳本多做"强梁"。河上公注:"强梁者，謂不信玄妙，背叛道德，不從經教，尚勢任力也。"後世沿用，如漢桓寬《鹽鐵論·訟賢》:"剛者折，柔者卷，故季由以强梁死，宰我以柔弱殺。"

二、合成詞

142 個，占複音詞總數的 85.6%，包括聯合式、偏正式、支配式、表述式等主要四種格式。

（一）聯合式

47 個，占複音詞總數的 28.4%。其中有名詞、動詞、形容詞。按照結合的意義分爲兩類:

---

① 需説明的是，"忽望"在帛書《老子》中有拆分及顛倒的用法，第64章:"忽呵，其若海；望呵，其若无所止"（王弼本作"澹兮，其若海；飂兮，若無止"），第65章:"道之物，唯望唯忽。忽呵望呵，中有象呵。望呵忽呵，中有物呵"。我們認爲一方面是爲了追求對偶的工整及滿足押韻的需要（可參伍宗文，《先秦漢語複音詞研究》p199—200，巴蜀書社，成都，2001），一方面是因爲它"是由兩個獨立同義詞個構成的。起初單用合用同時存在，由於凝固久遠，'兩個原始語素凝結成一個新的語素''一個合成詞由於語音和結構發生了大的變化而成了單純詞'"（徐振邦，《聯綿詞概説》p13，大衆文藝出版社，北京，1998。徐引文自胡正式，《十餘年來的聯綿詞研究》，台州師專學報（社會科學版），1992年第3期）。《老子》中的類似用法並非僅見，如第五十九章:"與呵其若冬涉川，猶呵其若畏四鄰"（"與呵"諸本多作"豫"）即是"猶"、"豫"分用。考慮到"忽望"在帛書《老子》實際的使用情況，我們把它歸入聯綿詞。

1. 相類意義聯合,共 40 個。

【邦家】

國家。"邦"指諸侯的封國,"家"卿大夫的埰地,同屬封地類。BJ62W18:"邦家閔(昏)亂,案有貞臣。"

【草木】

草本植物和木本植物。BJ41W76:"萬物草木之生也柔脆;其死也椊(枯)槁(藳)。"

【長久】

時間長,持久。BJ07W44:"故知足不辱,知止不殆,可以長久。"

【籌策】

古代計數用的竹制工具。BJ71W27:"善數者不以檮(籌)筴(策)。"

【盜賊】

偷竊劫奪之人。BJ20W57:"[法物滋彰,而]盜賊[多有]。"

【耳目】

耳朵和眼睛。指視聽。BJ12W49:"[聖人]之在天下,惵惵焉,爲天下渾心。百姓皆屬耳目焉,聖人[皆孩子]。"

【蜂蠆】

泛指毒蟲。蜂指蜜蜂,蠆指蠍子。BJ18W55:"逢(蜂)欗(蠆)蝎(虺)地(蛇)弗螫。"世傳今本多作"毒蟲"。

【谷神】

"谷"喻虛懷處卑,"神"謂變化莫測,均指"玄牝"的特點。BJ50W06:"浴(谷)神不死,是胃(謂)玄牝。"司馬光《道德真經論》:"中虛故曰谷,不測故曰神。"

【貴富】

顯貴而富有。BJ53W09:"貴富而驕(驕),自遺咎也。"

【侯王】

泛指諸侯。BJ02W39:"侯王毋已貴[以高將恐蹶]。"

【虺蛇】

泛指毒蛇。"虺"，蝮蛇。BJ18W55："逢(蜂)蠆(蠆)虺(虺)地(蛇)弗螫。"此句景龍、河上、蘇轍、吳澄、焦竑本作"毒蟲不螫"。

【忌諱】

禁忌，顧忌。BY20W57："夫天下多忌諱，而民彌貧。"

【祭祀】

對陳物供奉神鬼祖先的通稱。BJ17W54："善建[者不]拔，[善抱者不脱]，子孫以祭祀[不絶]。"

【甲兵】

偏用"兵"義，泛指兵器。BJ13W50："蓋[聞善]執(攝)生者，陵行不[避]矢(累)虎，入軍不被甲兵。"

【堅强】

僵硬。BJ41W76："堅强者死之徒也；柔弱微細生之徒也。"

【江海】

江和海。"江"本指長江，"海"本指大海，連用以指納百川者。BY29W66："江海之所以能爲百浴(谷)[王者，以]其[善]下之也。"

【金玉】

泛指珍寶。BJ53W09："金玉盈室，莫之守也。"

【枯槁】

枯萎。BJ41W76："萬物草木之生也柔脆；其死也棹(枯)槁(薨)。"

【明白】

通曉，瞭解。BY54W10："明白四達，能毋以知乎？"

【强大】

力量雄厚。BJ41W76："强大居下，柔弱微細居上。"

【請靚】

清静。BJ08W45："請(清)靚(静)，可以爲天下正。"

【仁義】

仁愛與正義。BJ62W18："故大道廢，案有仁義。"

【柔弱】

柔軟，細弱。BJ41W76：“人之生也柔弱，其死也菣（筋）仞（朋）賢（堅）强。”

【社稷】

土神和穀神。用爲國家的代稱。BJ43W78：“受邦之詢（垢），是胃（謂）社稷之主。”

【田臘】

打獵。“田”，打獵，字後作“畋”；“臘”通“獵”。BJ56W12：“馳騁田臘（獵）使人［心發狂］。”土弼本作“畋獵”，河上、傅奕、蘇轍、吳澄等本作“田獵”。

【橐籥】

古時冶煉用以鼓風吹火的裝置，猶今之風箱。“橐”爲外之櫝，“籥”爲内之管。BJ49W05：“天地［之間，其］猶橐籥與？虛而不淈（屈），蹱（動）而俞（愈）出。”

【王公】

天子及諸侯。BJ05W42：“天下之所惡唯孤寡不橐（穀），而王公以自名也。”

【微眇】

精微奧妙。BY59W15：“古之善爲道者，微眇（妙）玄達，深不可志（識）。”王弼本作“微妙”。

【微明】

微隱而明著。BJ80W36：“將欲拾（翕）之，必古（固）張之；將欲弱之，［必固］强之；將欲去之，必古（固）與（舉）之；將欲奪之，必古（固）予之。是胃（謂）微明。”《韓非子·喻老》：“起事於無形，而要大功於天下，是謂微明。”

【微細】

細小；瑣屑。BJ41W76：“堅强者死之徒也；柔弱微細生之徒也。兵强則不勝；木强則恒（烘）。强大居下，柔弱微細居上。”

【瑕適】

喻人的缺點、過錯。瑕，玉斑；“適”通“謫”，過失。BJ71W27：“[善]言者无瑕適(謫)。”《管子·水地》有：“夫玉，温潤以澤，仁也……瑕適皆見，精也。”

【飲食】

飲料和食品。BY16W53：“服文采、帶利劍、猒飲食而齎(資)財[有餘]。”

【嬰兒】

初生幼兒。BJ54W10：“[搏氣至柔]，能嬰兒乎?”BY64W20：“我博(泊)焉未垗(兆)，若嬰兒未咳。”

【營柏】

魂魄。“營”通“魂”，“柏”通“魄”。BY54W10：“載營柏樹(魄)抱一，能毋离(離)乎?”今本多作“營魄”。河上公注：“營魄，魂魄也。”

【轍迹】

泛指行走留下的痕迹。轍，車轍；迹，足迹。BJ71W27：“善行者无勶(轍)迹。”

【至計】

究詰，追究。“至”通“致”，追究；“計”通“詰”，探究。BJ58W14：“視之而弗見，名之曰朠(微)；聽之而弗聞，名之曰希；捪之而弗得，名之曰夷。三者不可至(致)計(詰)，故圉(混)[而爲一]。”今本多作“致詰”。

【忠信】

忠誠信實。BJ01W38：“夫禮者，忠信之薄也]而亂之首也。”

【資財】

錢財物資。BY16W53：“服文采、帶利劍、猒飲食而齎(資)財[有餘]。”

【輜重】

指外出時攜載的物資。“輜”、“重”均載重車名。BJ70W26：“是以君子彖（終）日行，不蘿（離）其甾（輜）重。”“甾”通“輜”。

【子孫】

泛指後代。BJ17W54:“善建［者不］拔，［善抱者不脫］，子孫以祭祀［不絕］。”

2. 相反意義聯合，共 7 個。

【大小】

大產生於小。動詞。BJ26W63:“大小，多少，報怨以德。”《韓非子·喻老》:“有形之類，大必起於小。”

【關籥】

鎖匙。“關”指門閂，“籥”指鑰匙。BJ71W27:“善閉者无閟（關）籥（鑰）而不可啟也。”王弼本作“關楗”。

【牝牡】

男性和女性。BJ18W55:“［含德］之厚［者］，比於赤子。逢（蜂）䗪（蠆）蠆（虺）地（蛇）弗螫，攫（攫）鳥猛獸弗搏，骨弱筋柔而握固，未知牝牡［之會而朘怒］，精［之］至也。”河上公注:“赤子未知男女合會而陰作怒。”

【啟闔】

開啟與閉合。BY54W10:“天門啟闔，能爲雌乎?”王弼本作“開闔”。

【曲全】

委曲求全。BY67W22:“古之所胃（謂）曲全者，幾（豈）語才哉!”

【天地】

天和地。特指自然。BJ49W05:“天地不仁，以萬物爲芻狗。”BJ51W07:“天地之所以能［長］且久者，以其不自生也，故能長生。”

【往來】

交往，交際。BY30W80:“翌（鄰）國相望，雞犬之［聲相］聞，民至老死不相往來。”

關於帛書《老子》聯合式複音詞,我們注意到:

1. 以相類意義的聯合爲主,大約是相反意義聯合的 4 倍。

2. 沒有同素異序詞。比如"復歸"在書中共出現 6 處,BJ15W52"用其光,復歸其明";BJ58W14"一者,其上不攸(皦),其下不忽(昧),尋尋呵不可名也,復歸於无物";BJ60W16"天(夫)物雲雲,各復歸於其[根]",BJ72W28"恒德不雞(離),復歸嬰兒";BY72W28"恒德乃足,復歸於樸";BJ72W28"恒德不貣(忒),復歸於无極"。這當中沒有一處寫作"歸復"的形式。"歸復"要更晚一些才作爲一個詞出現,如:《漢書·劉向傳》:"骨肉歸復於土,命也。"詞義與"復歸"相同。

(二)偏正式

80 個,占複音詞總數的 48.2%。有兩類,一類由兩個語素構成,一類由三個語素構成。

1. 由兩個語素構成

共 76 個。根據中心成分的意義,分爲關於人或事物、關於動作行爲兩類。

(1)中心成分的意義是關於人或事物的,70 個

根據修飾、限制、說明成分與中心成分的意義關係,又分爲如下 5 類:

① 表示狀貌、質地、性質,46 個:

【暴雨】

大而急的雨。BJ68W23:"飄風不冬(終)朝,暴雨不冬(終)日。"王弼、傅奕等本作"驟雨"。

【赤子】

初生的嬰兒。BJ18W55:"[含德]之厚[者],比於赤子。"

【芻狗】

古代祭祀時用草紮成的狗。用畢即棄。BJ49W05:"天地不仁,以萬物爲芻狗。"

【大白】

極白,最白。BY03W41:"大白如辱。"

【大邦】

大國。BJ24W61:"大邦者,下流也。"

【大道】

大路。亦指不經人力干預的自然法則。BJ16W53:"使我摞(挈)有知,[行於]大道,唯[迆是畏]。"陸希聲注:"夫'大道'之云,猶亨衢也。"

【大國】

大的國家。指大的諸侯國。BY23W60:"治大國若亨(烹)小鮮。"

【大梡】

大的禍患。"梡"通"患"。BJ57W13:"吾所以有大梡(患)者,爲吾有身也。"王弼本作"大患"。

【大匠】

技藝高超的木工。BJ39W74:"夫伐(代)司殺者殺,是伐(代)大匠斲也。夫伐(代)大匠斲者,則[希]不傷其手矣。"

【大牢】

太牢。古代祭祀,牛羊豕三牲具備謂之太牢。BJ64W20:"衆人配(熙)配(熙),若鄉(饗)於大牢,而春登臺。"

【[法]物】

珍貴美好之物。BY20W57:"[法]物兹(滋)章(彰),而盜賊[多有]。"此處帛書甲本殘。王弼本作"法令",世傳本多同王本,據之補足帛書乙本。河上公注:"法物,好物也。"

【吉事】

吉祥之事。古指祭祀、冠禮、婚嫁等。BJ75W31:"是以吉事上左,喪事上右。"

【攫鳥】

以爪搏鬥的鳥。意謂兇猛的鳥。BJ18W55:"擢(攫)鳥猛獸弗搏。”成玄英疏:“攫鳥,鷹鸇類也。”

【孔德】

大德,盛德。BJ65W21:“孔德之容,唯道是從。”

【利劍】

鋒利的劍。BY16W53:“服文采、帶利劍、猒飲食而齎(資)財[有餘]。”

【利器】

精良的工具。亦指國家政權。BJ20W57:“民多利器,而邦家茲(滋)昏。”BJ80W36:“魚不[可]脫於瀟(淵),邦利器不可以視(示)人。”

【美言】

美好的言辭。BJ25W62:“美言可以市,尊行可以賀(加)人。”另有“華麗的言詞”義。貶義。BY31W81:“信言不美,美言不信。”河上公注:“美言者,滋美之華辭。”

【猛獸】

體碩大而性兇猛的獸類。BJ18W55:“攫(攫)鳥猛獸弗搏。”

【飄風】

狂風。BJ68W23:“飄風不冬(終)朝,暴雨不冬(終)日。”

【奇物】

珍奇之物。BJ20W57:“人多知,而何(奇)物兹(滋)[起]。”

【戎馬】

戰馬。BJ09W46:“天下无道,戎馬生於郊。”

【喪事】

泛指人死後殮奠殯葬等事宜。BJ75W31:“是以吉事上左,喪事上右。”

【喪禮】

喪儀。BJ75W31:“戰勝,以喪禮處之。”

【善人】

有道德的人;善良的人。BJ44W79:“夫天道无親,恒與善人。”

BJ71W27："故善[人，善人]之師；不善人，善人之齎（資）也。"

【上德】

至德；盛德。BY01W38："上德不德，是以有德。"河上公注："德大無上，故言上德也。"徐大椿《道德經注》："上德，德之最上者也。"

【上禮】

至禮。最高的禮。BJ01W38："上禮[爲之而莫之應也，則]攘臂而乃（扔）之。"

【上仁】

至仁。BJ01W38："上仁爲之[而无]以爲也。"

【上[士]】

最上等的知識階層。此指道德高尚的人。BY03W41："上[士聞]道，堇（勤）能行之。"該詞帛書甲本殘，乙本存一"上"字；王弼本作"上士"，據之補足乙本。

【上義】

至義。BJ01W38："上義爲之而有以爲也。"

【神器】

神物。BY73W29："夫天下，神器也，非可爲者也。"河上公注："器，物也。"

【聖人】

指修養達到最高境界的人。BJ23W60："非其申（神）不傷人也，聖人亦弗傷[也]。"BJ26W63："天下之難作於易，天下之大作於細，是以聖人冬（終）不爲大，故能[成其大]。"

【死地】

死亡之地。BJ13W50："[生之徒十]有[三。死之]徒十有三；而民生生，動皆之死地十有三。"

【太上】

最上，最高。BJ61W17："太上，下知有之；其次，親譽之。"吳澄《道德真經注》："'太上'猶言最上。"福永光司《老子》："太上，即至高,最善的意思。"

【文采】

以花紋彩色裝飾的絲織品或華麗的衣服。BJ16W53:"服文采、帶利[劍]。"王弼本"采"作"綵"。河上公注:"好飾僞,貴外華。"

【下德】

下等之德。BY01W38:"下德不失德,是以无德。"河上公注:"下德,謂號謚之君,德不及上德,故言下德也。"

【下流】

江河的下游。BJ24W61:"大邦者,下流也。"

【下士】

才德差的人。BY03W41:"下士聞道,大笑之。"

【小邦】

小國。BJ24W61:"大邦[以]下小[邦],則取小邦;小邦以下大邦,則取於大邦。"

【小鮮】

小魚。BY23W60:"治大國若亨(烹)小鮮。"

【信言】

真實的話。BY31W81:"信言不美,美言不信。"

【玄德】

深奧玄妙之德。BJ14W51:"[生而]弗有也,爲而弗寺(恃)也,長而弗宰也,此之謂玄德。"

【玄鑒】

猶玄鏡。指人的内心。BJ54W10:"脩(滌)除玄藍(鑒),能毋疵乎?"王弼本作"玄覽"。高亨《老子正詁》:"覽鑒古通用。……玄鑒者,内心之光明,爲形而上之鏡,能照察事物,故謂之玄鑒。"

【玄牝】

孳生萬物之本源。BJ50W06:"浴(谷)神不死,是胃(謂)玄牝。"

【鬻人】

俗人。BJ64W20:"鬻(俗)人昭昭,我獨若閔(昏)呵。鬻人蔡(察)蔡(察),我獨閔(悶)閔(悶)呵。"王弼本作"俗人"。

【走馬】

善跑的馬。BJ09W46:"天下有[道,卻]走馬以糞。"吳澄《道德真經注》:"走馬,善走之馬。"

【尊行】

高尚的德行。BJ25W62:"美言可以市,尊行可以賀(加)人。"

② 表示領屬關係,9個:

【[盜]竽】

盜賊的首領。BY16W53:"[是謂盜]杤(竽)。"王弼等本作"是謂盜誇"。此句,帛書甲本全部殘毀,乙本僅存一"木"字形符。帛書整理小組據《韓非子·解老》作"盜竽",隸定"杤"爲"杅"①。我們補以世傳本的"盜"字,立爲一詞。《韓非子·解老》:"竽也者,五聲之長者也,故竽先則鍾瑟皆隨,竽唱則諸樂皆和。今大奸作則俗之民唱,俗之民唱則小盜必和。"

【毫末】

毫毛的末端。喻極其細微。BJ27W64:"[合抱之木,生於]毫末。"傅奕、范應元、焦竑本作"豪末"。

【君子】

指才德出衆的人。BJ75W31:"君子居則貴左,用兵則貴右。"

【人主】

人君,君主。BJ74W30:"以道佐人主,不以兵[強於]天下。"

【天道】

天之道。指自然規律。BJ10W47:"不規(窺)於牖,以知天

---

① 具體論證參《馬王堆漢墓帛書》整理小組,《〈老子〉乙本及卷前古佚書》,文物出版社 1974 年版,第 130 頁。

道。"BJ44W79:"夫天道无親,恒與善人。"

【天門】

口鼻等感官。BY54W10:"天門啟闔,能爲雌乎?"

【天網】

上天布下的羅網。BY38W73:"天罔(網)袿袿(恢恢),疏而不失。"

【天子】

天之子。指帝王。BJ25W62:"故立天子,置三卿,雖有共(拱)之璧以先四(駟)馬,不善(若)坐而進此。"

【學父】

教戒的開始。指可資學習的榜樣。BJ05W42:"故强良(梁)者不得死,我[將]以爲學父。"今本作"教父"。河上公注:"父,始也。老子以强梁之人爲教,誡之始也。"朱謙之《老子校釋》:"'教父'即'學父',猶今言師傅。"

③ 表示數量,這一類的修飾限制成分除具體數字外,還有形容詞性的"衆",共 12 個:

【百仞】

古以七尺爲一仞。一說,八尺爲一仞。百仞,形容極高。BJ27W64:"百仁(仞)之高,台(始)於足[下]。"

【百姓】

民衆。BJ12W49:"百姓皆屬耳目焉,聖人[皆孩子]。"BJ40W75:"百姓之不治也,以其上有以爲[也],是以不治。"

【九成】

九重。喻極高。BJ27W64:"九成(層)之台,作於贏(蔂)土"。嚴遵、敦煌辛本作"九重",王弼本作"九層",敦煌壬本作"九曾"。

【三卿】

指司徒、司馬、司空。BJ25W62:"故立天子,置三卿,雖有共(拱)之璧以先四(駟)馬,不善(若)坐而進此。"

【四鄰】

四方鄰國。BY59W15:"猶呵其若畏四叟(鄰)。"王弼注:"四鄰合攻,中央之主,猶然不知所趣向者也。"

【四馬】

即"駟馬"。指駕一車之四馬。BJ25W62:"雖有共(拱)之璧以先四(駟)馬,不善(若)坐而進此。"王弼等本作"駟馬"。

【萬乘】

指能出兵車萬乘的大國。BJ70W26:"若何萬乘之王而以身巠(輕)於天下?"

【萬物】

統指宇宙間的一切事物。BJ14W51:"道生之而德畜之,物刑(形)之而器成之。是以萬物尊道而貴[德]。"BJ25W62:"[道]者萬物之注(主)也。"

【五色】

青、赤、黃、白、黑五色。亦泛指多種顏色。BJ56W12:"五色使人目明(盲)。"

【五味】

酸甜苦辣鹹五種味道。泛指多種味道。BJ56W12:"五味使人之口啪(爽)。"

【五音】

古代五聲音階中的五個音級,即宮、商、角、徵、羽。泛指多種音聲。BJ56W12:"五音使人之耳聾。"

【眾人】

一般人。BJ27W64:"學不學,而復眾人之所過。"BJ52W08:"上善治(似)水,水善利萬物而有静。居眾人之所惡,故幾於道矣。"

④ 表示範圍,2個:

【國中】

疆域之内。BJ69W25:"國中有四大,而王居一焉。"世傳今本多作"域中"。

【天下】

泛指全國；也指國家政權。BJ05W42："天下之所惡唯孤寡不
羮（穀），而王公以自名也。"BJ06W43："天下之至柔［馳］騁於天下
之致（至）堅。"

⑤ 表示否定，1 個：

【不穀】

國君謙虛的自稱。穀，美，善。BJ02W39："故必貴而以賤爲
本，必高矣而以下爲基。夫是以侯王自胃（謂）孤寡不羮（穀）。"又
BJ05W42："天下之所惡唯孤寡不羮（穀），而王公以自名也。"

（2）中心成分表示動作、行爲，6 個

① 表情態、行爲方式，5 個：

【獨立】

不依靠其他事物而存在。BJ69W25："有物昆（混）成，先天地
生。繡（寂）呵繆（寥）呵，獨立［而不改］，可以爲天地母。"河上公
注："獨立者，無匹雙。"

【前識】

謂先見之明。BY01W38："前識者，道之華也而愚之首也。"
《韓非子·解老》："先物行先理動之謂前識，前識者，無緣而忘意度
也。"王弼注："前識者，前人而識也。"

【強行】

勉力行事。BJ77W33："強行者，有志也。"王弼注："勤能行之，
其志必獲，故曰強行者有志矣。"

【玄同】

與萬物混同。BJ19W56："塞其悶（堄），閉其［門，和］其光，同
其軫（塵），坐（挫）其閱（銳），解其紛，是胃（謂）玄同。"

【燕處】

安閒居住。BJ70W26："唯（雖）有環（營）官（觀），燕處［則昭］

若。"焦紘《老子翼》:"燕處,猶燕居。"

② 表動作持續時間,1 個:

【長生】

長久生存。BY22W59:"是胃(謂)[深]根固氐(柢)、長生久視之道也。"BJ51W07:"天長地久。天地之所以能[長]且久者,以其不自生也,故能長生。"

2. 由三個語素構成

共 4 個,中心成分均是表示人或事物的。按首層結構形式分爲兩類:

(1)"A+BC"式,3 個:

【大丈夫】

達到順應自然境界的、有智慧的男子。BJ01W38:"是以大丈夫居其厚而不居其泊(薄),居其實不居其華。"

【偏將軍】

行軍作戰時軍中主帥的輔助性軍官。與上將軍對應。BY75W31:"是以偏將軍居左,而上將軍居右。"

【上將軍】

行軍作戰時軍中的主帥。BY75W31:"是以偏將軍居左,而上將軍居右。"

(2)"AB+C"式,1 個:

【百谷王】

指江海。百谷之水必趨江海,故稱。BJ29W66:"[江]海之所以能爲百浴(谷)王者,以其善下之。是以能爲百浴(谷)王。"

考察上列偏正式複音詞,可以看到:修飾、限制成分與中心成分的關係已經比較複雜,有表示狀貌、質地、性質、領屬關係、數量、範圍、否定、情態、行爲方式、時間等十種(爲節省篇幅,我們做了適當歸併)。產生這樣的情況,正是由於詞義的發展對偏正式複音詞施加了影響。

（三）支配式

8 個,占複音詞總數的 4.8％:

【成功】

成就功業或事業。BJ46W02:"［萬物作而弗始］也,爲而弗志（恃）也,成功而弗居也。"王弼本作"功成"。

【得死】

謂得善終。BJ05W42:"故强良（梁）者不得死,我［將］以爲學父。"河上公注:"不得其死者,爲天命所絕,兵刃所伐,王法所殺,不得以壽命死。"

【建言】

立言。立論,即提出某種見解或主張。BY03W41:"是以建言有之曰:明道如費（昧）,進道如退,夷道如纇。"

【結繩】

上古無文字,結繩以記事。BY30W80:"又（有）周（舟）車无所乘之,有甲兵无所陳之,使民復結繩而用之。"

【知足】

謂自知滿足,不作過分的企求。BJ09W46:"罪莫大於可欲,旤（禍）莫大於不知足,咎莫憯於欲得。"

【終日】

竟日,整天。BJ18W55:"終日號而不发（嗄）。"BJ70W26:"［重］爲至（輕）根,清（静）爲趮（躁）君,是以君子衆（終）日行,不蘿（離）其甾（輜）重。"

【終身】

一生;終竟此身。BJ15W52:"塞其閲（兑）,閉其門,終身不堇（勤）。啟其悶（兑）,濟其事,終身［不救］。"

【終朝】

整個早晨。從天亮到早飯時。B68W23:"飄風不冬（終）朝,暴雨不冬（終）日。"焦竑《老子翼》:"自旦及晡爲終朝。"

（四）表述式

7 個，占複音詞總數的 4.2%，均以"自"爲首個語素：

【自愛】

珍重自己。BY37W72："是以耶（聖）人自知而不自見也，自愛而不自貴也。"

【自伐】

自我誇耀。BJ66W24："自伐者无功。"又 BJ67W22："不自伐故有功。"

【自矜】

自負。BJ66W24："自矜者不長。"

【自然】

天然，非人爲的。BJ14W51："[道]之尊，德之貴也，夫莫之（时）爵，而恒自然也。"BJ61W17："成功遂事，而百省（姓）胃（謂）我自然。"

【自視】

自以爲是。"視"通"是"。BJ66W24："自視（是）者不章（彰）。"河上公注："自以爲是而非人，衆共蔽之，使不得彰明。"又 BY67W22："不自視（是）故章（彰）。"

【自見】

自我表現。"見"同"現"。BY37W72："是以耶（聖）人自知而不自見也，自愛而不自貴也。"又 BY66W24："自見者不明。"

【自知】

瞭解自己。BY37W72："是以耶（聖）人自知而不自見也，自愛而不自貴也。"又 BJ77W33："自知[者，明也]。"

三、通過歷時比較看漢語複音詞的構成及發展情況

上面分析討論了帛書《老子》各種結構的複音詞，下面將之與先秦至近代的九種文獻的複音詞的有關資料列表進行比較，試從

中發現先秦漢語複音詞的構成情況及階段性發展軌跡:

構詞方式 數量與% 書名	聯合式	偏正式	支配式	表述式	附加式	重疊式	單純式	其他	總計
《詩經》	209 15.59	484 36.09	13 0.97		184 13.72	353 26.32	98 7.31		1 341
帛書 《老子》	47 28.4	80 48.2	8 4.8	7 4.2	—	—	16 9.6	8 4.8	166
《論語》	60 32.79	67 36.61	2 1.09	1 0.55	20 10.92	29 15.85	1 0.55	3 1.64	183
《孟子》	146 43.45	100 29.76	9 2.68	2 0.60	23 6.85	41 12.2	12 3.57	3 0.89	336

分析上表,可以得出以下結論:

(1)帛書《老子》已經具備主要的五種構詞方式,與其稍後的《論語》、《孟子》比較,還未產生附加式。

(2)先秦時期,聯合式、偏正式是相對能產的構詞方式。在包括帛書《老子》在內的上列四部典籍中都占絕對優勢。

(3)比較聯合式與偏正式,《詩經》、帛書《老子》中的偏正式在比例上占優,《論語》中兩者數量、比例均相當,《孟子》中則變爲聯合式爲多。

(4)帛書《老子》中的單純詞所占比例較大,《詩經》亦同,而《論語》、《孟子》則出現不多。

(5)相對篇幅來講,帛書《老子》的複音詞數量較多。

第二節　帛書《老子》複音詞的詞類調查

按照語法意義和語法功能,帛書《老子》複音詞可以分爲四類：名詞、動詞、形容詞、數量詞。其中名詞98個,動詞34個,形容詞28個,數量詞6個。結合各類詞的詞性與結構方式討論如下①。

一、名詞

98個,占複音詞的59.0%,均爲合成詞,有聯合式、偏正式、其他三種類型。

（一）聯合式

33個,分爲"名詞＋名詞"、"動詞＋動詞"兩類:

1. 名詞＋名詞,30個

邦家　草木　籌策　盜賊　耳目　蜂蠆　侯王　虺蛇　甲兵　江海　金玉　仁義　社稷　槖籥　王公　瑕適　音聲　嬰兒　營柏　轍迹　忠信　資財　輜重　子孫　長短　高下　關籥　牝牡　天地　先後

2. 動詞＋動詞,3個

忌諱　无有　飲食

（二）偏正式

59個。分爲"名詞＋名詞"、"形容詞＋名詞"、"動詞＋名詞"、"數詞＋名詞"四類:

1. 名詞＋名詞,13個

赤子　芻狗　君子　戎馬　文采　[盜]竽　毫末　人主　天道　天門　天網　天子　學父

2. 形容詞＋名詞,39個

暴雨　大白　大邦　大道　大國　大梡　大匠　大牢　太上　[法]物　吉事　喪事　喪禮　孔德　利劍　利器　美言　猛獸

---

① 詞性的確定一般以其在《老子》中的主要意義、用法來歸類。

飄風　奇物　善人　上德　上禮　上仁　上士　上義　神器　聖人　下德　下流　下士　小邦　小鮮　信言　玄德　玄鑒　玄牝　鬻人　尊行

3. 動詞＋名詞,3 個

攫鳥　死地　走馬

4. 數詞＋名詞,4 個

百姓　三卿　四鄰　四馬

（三）其他

6 個,結構較特殊者。

1. 否定詞＋形容詞,1 個

不穀

2. 數詞＋名詞,1 個

萬物

3. 形容詞＋［名詞＋名詞］,1 個

大丈夫

4. 形容詞＋［動詞＋名詞］,2 個

偏將軍　上將軍

5. ［數詞＋名詞］＋名詞,1 個

百谷王

二、動詞

共 34 個,占複音詞的 20.5％,除一個單純詞"馳騁"外,均爲合成詞。

（一）聯合式

9 個,均爲"動詞＋動詞"的形式：

復歸　祭祀　明白　田臘　至計　大小　啟闔　曲全　往來

（二）偏正式

10 個,有"副詞＋動詞"、"名詞＋動詞"兩類：

1. 副詞＋動詞,9 個

獨立　長生　强行　輕諾　日益　同出　妄作　希言　玄同
燕處

2. 名詞＋動詞,1 個

前識

(三) 支配式,8 個

成功　得死　建言　結繩　知足　終日　終身　終朝

(四) 表述式,7 個

自愛　自伐　自矜　自然　自視　自見　自知

三、形容詞

28 個,占複音詞的 16.9％,有單純詞和合成詞兩種。

(一) 單純詞

16 個,包括 14 個疊音詞,2 個非叠音詞:

察察　恙恙　恢恢　夬夬　禄禄　硌硌　悶悶　緜緜　熙熙
惝惝　尋尋　雲雲　屯屯　昭昭　忽望　强梁

(二) 合成詞

12 個,均爲聯合式,只有"形容詞＋形容詞"一種形式,共
12 個:

長久　谷神　貴富　堅强　枯槀　强大　請靚　柔弱　銛襲
微眇　微明　微細

四、數量詞

6 個,占複音詞的 3.6％,均爲合成詞。

百仞　九成　萬乘　五色　五味　五音

從以上資料我們可以看出,《老子》複音詞中名詞、動詞、形容
詞共占 96.39％的比例,其中名詞數量最多,動詞、形容詞次之。

沒有代詞，只有一個"不榖"介於名詞、代詞之間；沒有副詞、介詞、連詞、語氣詞。特別要注意的是，在句子中調節結構的還是連詞短語、介詞短語等，它們尚未凝固成詞。

關於帛書《老子》複音詞的幾點結論：

一、帛書《老子》複音詞的意義比較單一。相對於書中單音詞普遍的一詞多義現象，複音詞的意義要單一很多。其原因與複音詞產生的動因有直接聯繫。詞語複音化是漢語詞彙發展的大趨勢。我們知道，聲韻系統的簡化在上古即已開始，它使得單音詞的區別性越來越差。爲彌補這一缺陷，漢語自然地選擇爲原有的單音詞加上一個相同、相關、相反的語言成分，或者加上限定、修飾等說明成分，來表示一個具體意義。如此一來，複音詞便產生了。這些複音詞原本就是爲詞義明晰而創造的，因此它們的意義有很強的單一性也是自然的事情。

帛書《老子》中也有多義複音詞。如：美言（1）美好的言辭。褒義。BJ25W62："美言可以市，尊行可以賀（加）人。""美"作爲一個修飾成分加在"言"之前，表示美好言辭之義。並在具體的語境當中，與"尊行"相對，進一步爲它增加了褒揚的感情色彩。（2）華麗的言辭。貶義。BY31W81："信言不美，美言不信。"由於與上句的"信言"構成反義，於是增加了貶斥的感情色彩。

二、帛書《老子》複音詞體現了漢語詞彙複音化的發展趨勢。在帛書（甲、乙本互補的）五千字左右的篇幅中有166個複音詞，比例很大。值得我們注意的是，其中有些複音詞所表示的意義更早的時候以單音詞表示，如：

【田臘】

"田"、"臘"（通獵）上古均有"打獵"義，最初多分別使用這兩個單音詞表達此義。《周易·恒》："田無禽。"王弼注："田，獵也。"《詩經·魏風·伐檀》："不狩不獵，胡瞻爾庭有縣貆兮。"但是到帛書

《老子》，就開始使用由兩詞構成的聯合式複音詞"田臘"，BJ56W12："馳騁田臘（獵）使人[心發狂]。"同時期例如，《莊子·逍遙游》："夢飲酒者，旦而哭泣；夢哭泣者，旦而田獵。"《左傳·襄公三十一年》："譬如田獵，射御貫，則能獲禽。"此後沿用，如《詩經·齊風·還》序："哀公好田獵，從禽獸而無厭，國人化之，遂成風俗。"揚雄《長楊賦》："淫荒田獵，陵夷而不御也。"《三國志·吳志·張昭傳》："權每田獵，常乘馬射虎。"

【長久】

"長"、"久"義近，均可指時間跨度大。《尚書·盤庚中》："汝不謀長。"孔安國傳："汝不謀長久之計。"《詩經·邶風·旄丘》："何其久也，必有以也。"上古早期兩詞多各自單用，但帛書《老子》中就已經有使用聯合式複音詞"長久"來表達相同意思的例子了，BJ07W44："故知足不辱，知止不殆，可以長久。"BJ22W59："有國之母，可以長久。"值得注意的是，帛書《老子》中還有單用"久"者，如BY21W58："[人]之悉（迷）也，其日固久矣。"BJ32W67："若宵（肖），細久矣。"BY68W23："飄風不冬（終）朝，暴雨不冬（終）日。孰爲此？天地；而弗能久，有（又）兄（況）於人乎？"BJ77W33："不失其所者，久也；死不忘（亡）者，壽也。"數量遠超"長久"，表明此時表示"時間跨度大"的意義時還是以使用單音詞爲主；與此同時，書中又有"長"、"久"在短語中對應使用的情況，如BY22W59"長生久視"，BY51W07"天長地久"，以及同章"天地之所以能長且久"，這三例又説明"長"、"久"兩單音詞間的關係越來越緊密，正在朝着固定地凝結爲一個複音詞的方向發展。因此，帛書《老子》中的"長久"一詞正處於剛剛形成的階段。同時期例如，《管子·白心》："内固之一，可爲長久。"《國語·越語下》："其君臣上下皆知其資財之不足支長久也。"

這些例子明確顯示了上古漢語從單音詞向複音詞的快速發展。促成這種發展的原因，既出於語言系統内部的調整變化，也與社會環境劇變、文化快速發展等有密切關係。

　　三、構成複音詞的主要手段是句法構詞。雖然帛書《老子》複音詞還對聯綿詞、疊音詞有所依賴,但一方面我們應該認識到這在一定程度上與文本的韻文化有關,另一方面則應清楚看到大量使用的正是聯合、偏正、支配等句法構詞方式,特別是偏正式複音詞所占比例最高。"這説明句法構詞符合漢語詞彙發展的實際,適應了漢語複音詞發展的需要。"①時至今日,它也仍然是漢語新詞産生的主要方式。

　　四、結構層次比較簡單。帛書《老子》複合詞的結構層次簡單,通常只有一個層次,不可繼續下分。這表明複音詞還處於初始階段。

　　五、構詞方式發展不平衡。名詞的結構相對多樣,有聯合式、偏正式,甚至雙層結構如"大丈夫"、"百谷王"者。動詞也有聯合式、偏正式兩種結構。形容詞還没有偏正式。

---

　　① 毛遠明《〈左傳〉詞彙研究》,西南師範大學出版社 1999 年版,第 147 頁。

第三章　帛書《老子》中的新詞新義

Bloomfield 認爲:"要研究語義變化,我們所關心的恰好就是一個形式向一種新意義的伸展。"①有學者進一步解釋:"詞彙的發展包括兩大方面:作爲資訊的載體,隨着社會政治經濟文化的發展,詞彙負荷量增大,勢必産生許多新詞;二是作爲詞的核心——詞義的發展。即'一個形式向一種新意義的伸展'。"②簡言之,詞彙的發展有兩點,一是新詞,一是新義。每個時代都會産生大量的新詞新義,而每個時代的新詞新義又各具特色。對這兩者進行研究,探究新詞的來源,新的詞義又是如何演變的,有助於揭示一個時期的詞彙面貌。再將之與其他時期的詞彙面貌比較,就可以發現不同時期之間詞彙的發展變化,進而爲詞彙史的分期提供科學依據。所以,最大程度地確定每一個詞語、詞義的産生時間是詞彙史研究中的一項重要内容。對於新詞新義的研究,學界多側重於中古。事實上,即使是上古也有關注之必要。春秋戰國時期,戰亂頻仍,社會矛盾加劇,在這種時代背景下,諸子興起,各立其説。爲明確闡述各自思想並使其具備説服力,各家在著述中多采用雄辯的言辭、獨特的比喻,因此不少新詞新義也就隨之産生。其中,哲

---

① ［美］布龍菲爾德(Bloomfield)《語言論》,趙世開等譯,商務印書館 1997 年版,第538 頁。
② 董志翹《〈入唐求法巡禮行記〉詞彙研究》,中國社會科學出版社 2000 年,第 90 頁。

學思想獨樹一幟的《老子》情況更加特殊。一方面，書中引入了相當多全新的哲學概念，常以辯證法解說清靜無爲、順遂自然等理念；另一方面，爲助理解又頻繁使用比喻，爲求句式嚴正而大量使用對偶，以致全書接近韻文。如此一來，大量新詞新義的產生也就勢所必然①。雖然對這一時期詞彙研究的論著很多，但多因篇幅、傳本等問題而忽略《老子》。我們認爲，《老子》篇幅固然不長，但其詞彙無論是從價值上還是數量上看，都絕對有研究的必要；同時，以世傳本爲研究，在可信度上自不能與出土文獻相比，因此我們采用距春秋戰國未遠的帛書《老子》爲研究對象，盡可能接近此書原貌。另外，儘管前賢時哲及時編纂辭書，嘔心瀝血者亦或有之，但是從新出土的文獻來看，書證存在年代滯後、數量不足等問題，而埋藏近兩千年的帛書《老子》正可幫助解決。所以，研究帛書《老子》新詞新義是非常必要的。這項工作既有助於對春秋戰國時期斷代詞彙面貌有更全面、更準確的瞭解，對整個漢語史的研究也有所裨益，還可幫助解決辭書編纂中遇到的一些實際問題。

第一節　新詞新義的定義和確定標準

一、新詞新義的定義

學界對新詞新義的界定，始終存在不同意見。參考前人觀點，並從可操作性考慮，我們定義如下：新詞指的是在一定歷史時期內新產生的、反映了當時人們認識變化的、穩定性較強的詞語。新義指的是在一定的歷史時期內，某個已經存在的詞語在所包容的

---

① 這個"大量"是與《老子》篇幅相對而言的，但數量上亦不可小覷。

某一義位基礎上,通過引申或其他方式孳生出的、與原義位之間有着明顯意義聯繫的新的意義。這樣的定義是考慮了以下幾個方面:"1. 對新詞和新義兩個概念作了明確區分,兩者屬於不同的範疇,既有區別又有聯繫,應該區分而且可以區分。新詞在形式和意義上都是新的;新義在意義是新的,但在形式上是舊的,而且與已有意義之間的聯繫是顯然的。2. 突出了歷時性,指出兩者都是'在一定的歷史時期新產生的',這是新詞和新義成立的基本前提;明確了新詞新義的内涵,指出新詞是'反映了當時人們認識變化的、穩定性較强的詞語',新義是'已經存在的詞語在所包容的某一義位基礎上,通過引申或其他方式孳生出的、與原義位之間有着明顯意義聯繫的新的意義',這是新詞和新義的本質屬性。3. 這兩個定義具有普遍意義,適用於衡量判斷任何專書、任何時代中的新詞新義,而不僅僅局限於某一專書或時代。"①

二、新詞新義的確定標準

學界確定新詞新義一般堅持兩條標準,一是以往語料,一是辭書詞例。如殷正林《〈世説新語〉中反映的魏晉時期的新詞新義》②、王小莘《〈顔氏家訓〉實詞及其時代特色的研究》等③。同時,根據實際情況,各家對兩條標準也常有一定的傾向性。重前者的,如魏德勝《睡虎地秦墓竹簡詞彙研究》,以同時期語料作爲判定的下限④。重後者的,如董志翹《〈入唐求法巡禮行記〉詞彙研究》認爲"《漢語大詞典》是當前最具權威性的'古今兼收,源流並重'的語

---

① 閻玉文《〈三國志〉複音詞研究》,復旦大學博士學位論文,2003 年,第88 頁。

② 殷正林《〈世説新語〉中反映的魏晉時期的新詞新義》,《語言學論叢》第 12 輯,商務印書館 1984 年版,第 132 頁。

③ 王小莘《〈顔氏家訓〉實詞及其時代特色的研究》,《中國語言學報》,1995 年第 7 期。

④ 魏德勝《睡虎地秦墓竹簡詞彙研究》,華夏出版社 2003 年版,第 58 頁。

文工具書"，故以新詞新義爲"早於詞典的始見例的時代爲標準"①；張顯成《論簡帛文獻的新詞新義研究價值》也"以體現當前語文辭書編纂最新成果的《大字典》、《大詞典》二種中最早書證和個別權威性的漢語史著作爲主要參照系"②。

　　針對帛書《老子》的實際情況，我們將時間下限定爲春秋戰國之交，新詞新義就是指在這個時期出現的詞、義。參照文獻爲《孫子》、《春秋》、《論語》、《左傳》等。凡是在這些文獻和帛書《老子》中都出現的詞、義，如果不見於更早的文獻，如《詩經》、《尚書》、《周易》、《周禮》、《儀禮》等，就表明它是新詞新義；凡是見於帛書《老子》而不見於上述參照文獻，但是見於戰國末期、漢代文獻的，或者由於各種原因而在後世消亡的，我們也把它定做新詞新義。必須承認，這種方法是不盡科學的。我們能夠見到的文獻有限，口語中實際早已使用而沒有被記錄在冊，或者不見於現有文獻的詞，應該都是存在的。這種情況，正如帛書《老子》的出土才使我們發現不少詞語，過去認爲它們最早出現在戰國末期、秦漢甚至唐宋以後的現象一樣。因此，我們只是根據現有語料，特別是帛書《老子》這部出土文獻，審視舊有認識，修正其中的局限，以期能夠相對準確地認識春秋戰國之交漢語詞彙的面貌。如果又有新材料的出現，那麼這個工作還會繼續進行。

　　説明：

　　一、詞頭下列舉帛書《老子》中的所有用例，例前加"()"，"()"內數字表示它是第幾個例子；

　　二、涉及的典籍，其年代依高小方《漢語史語料學》；

　　三、爲便於查檢，新詞新義均按音序排列。

---

　　① 董志翹《〈入唐求法巡禮行記〉詞彙研究》，中國社會科學出版社 2000 年版，第 91 頁。
　　② 張顯成《論簡帛文獻的新詞新義研究價值》，《漢語史研究集刊》第 2 輯，巴蜀書社 2000 年版，第 195 頁。

第二節　帛書《老子》單音詞中的新義

帛書《老子》單音詞中沒有出現新詞，共出現新義 82 個，以下舉例討論：

【博】

（1）［知］者不博，［博］者不知。(BJ31W81)

特指知識淵博豐富。河上公注：“博者，多見聞也。”同時期例如《左傳·昭西元年》：“晉侯聞子產之言，曰：‘博物君子也。’”戰國末例如：《荀子·修身》：“多聞曰博，小聞曰淺。”

【常】

（1）用其光，復歸其明，毋遺身央（殃），是胃（謂）襲常。(BJ15W52)

（2）和曰常，知和（常）曰明。(BJ18W55)

（3-6）復命常也，知常明也；不知常，市（妄）；市（妄）作，兇。知常容。(BJ60W16)

規律。先秦用例如《荀子·天論》：“天行有常，不爲堯存，不爲桀亡，應之以治則吉，應之以亂則凶。”

【存】

（1）中士聞道，若存若亡。(BY03W41)

心存、記得。高亨：“留於心謂之存，去於心謂之亡。言中士問道，有時則留之於心，有時則去之於心。留於心謂之存者，《禮記·祭儀》：‘至少則存，至愨則著。’鄭注：‘存著謂其思念也。’是其例也。去於心謂之亡者，亡讀爲忘。”① “存”的“思念”義很早即有，如《詩經·鄭風·出其東門》：“出其東門，有女如雲。雖則如雲，匪我思存！” 後引

---

① 高亨《〈老子〉正詁》，中國書店出版社 1988 年版，第 92 頁。

申爲"心存"、"記得"義。如《素問・寶命全形論》:"能存八動之變。"王冰注:"存,謂心存。"義與《老子》同。這個詞義後世也有沿用,如王弼《周易略例》:"存言者,非得象者也;存象者,非得意者也。忘言者,乃得象者也;忘象者,乃得意者也。""存"、"忘"相對,正如《老子》。

【多】

(1) 名與身孰亲(親)? 身與貨孰多? 得與亡孰病? (BJ07W44)

重。《説文・多部》:"多,重也。從重夕。夕者,相繹也,故爲多,重夕爲多,重日爲疊。"後産生"重"義,如《左傳・襄公三十一年》:"子有美錦,不使人學制焉。大官大邑,身之所庇也,而使學者制焉。其爲美錦不亦多乎?"杜預注:"言官邑之重多於美錦。""多"義同《老子》。

【故】

(1) 三者不可至(致)計(詰),故園(混)[而爲一]。(BJ58W14)

本來。高亨《老子注譯》曰:"故,……本來。"先秦例如《荀子・性惡》:"凡禮義者,是生於聖人之僞,非故生於人之性也。"楊倞注:"故,猶本也。"

【光】

(1) 用其光,復歸其明。(BJ15W52)

(2) [和]其光,同其墾(塵)。(BJ19W56)

(3) 和其光,同[其塵]。(BJ48W04)

智慧。"和其光",河上公注:"雖有獨見之明,當和之使闇昧,不使曜亂人也。"獨見之明,即個人智慧。李嘉謀《道德真經義釋》:"和其光者,抑其在已也。"意謂收斂智慧於自身之内。李贄《老子解》曰"彼騁能挾才露光駴衆者,皆自以其有,而求通於物者也,非萬物之宗","能"、"才"、"光"皆屬智慧類。"用其光,復歸其明",義指使用大智慧,而不用小聰明;有似"和其光"——有智慧而將其内斂不顯現於外,雖用而近於不用。這個用法還見於《莊子・天地》:

"上神乘光",成玄英疏:"光,智也。"

【貴】

(1)［道］之尊,德之貴也,夫莫之叴(爵)而恒自然也。(BJ14W51)

(2)［知我者希,則］我貴矣。(BJ35W70)

重要,貴重。同時期例如,《論語·學而》:"禮之用,和爲貴。"《孟子·盡心下》亦有:"民爲貴,社稷次之,君爲輕。"

【華】

(1-2)道之華也,而愚之首也。……居其實不居其華。(BJ01W38)

浮華。河上公注"(前識者)失道之實,得道之華",以"華""實"相對。王弼注亦云"竭其聰明以爲前識,役其智力以營庶事,雖德其情,奸巧彌密,雖豐其譽,愈喪篤實","實"者篤實也,則"華"者"浮華"也。先秦多有這種用法,如《莊子·列御寇》:"從事華辭,以支爲旨。"

【既】

(1)用之不可既也。(BJ79W35)

盡,窮盡。先秦例如《莊子·應帝王》:"吾與汝既其文,未既其實。"

【寄】

(1)愛以身爲天下,女(如)可以寄天下矣。(BJ57W13)

委託,託付。同時期例如《論語·泰伯》:"可以托六尺之孤,可以寄百里之命,臨大節而不可奪也——君子人與?君子人也。"

【匠】

(1-2)夫伐(代)司殺者殺,是伐(代)大匠斲也。夫伐(代)大匠斲者,則［希］不傷其手矣。(BJ39W74)

木工。這種用法先秦多見,如《孟子·告子上》:"大匠誨人必以規矩,學者亦必以規矩。"又《孟子·盡心上》:"大匠不爲拙工改廢繩墨。"

【驚】

(1-5) 龍(寵)辱若驚　苟(何)胃(謂)龍(寵)辱若驚　得之若驚　失[之]若驚　是胃(謂)龍(寵)辱若驚(BJ57W13)

驚慌,恐懼。先秦例如《楚辭》宋玉《招魂》:"宮廷震驚,發激楚寫。"《莊子・達生》:"譬之若載鼷以車馬,樂鴙以鐘鼓也。彼又惡能無驚乎哉?"

【輕】

(1) 夫輕若(諾)[必寡]信(BY26W63)

輕易,輕率。先秦多用,如《孟子・梁惠王上》:"然後驅而之善,故民之從之也輕。"又如《荀子・議兵》:"重用兵者強,輕用兵者弱。"

【容】

(1) [古之善爲道者,微妙玄達],深不可志(識)。夫唯不可志(識),故強爲之容。(BJ59W15)

形容。動詞。"容"很早就有"儀容"、"相貌"義,名詞,如《詩經・周頌・振鷺》:"振鷺于飛,于彼西雝。我客戾止,亦有斯容。"《老子》這裡引申爲"形容"義,作動詞。呂吉甫《老子道德經傳》曰:"唯不可識,則其形容安得以擬議哉? 強爲之容而已。""擬議""其形容"即是形容、描摹他的狀貌。高明:"(易順鼎):'強爲之容'猶'強爲之狀',此之謂善爲道者,將以成盛而盡神,容狀不可識,勉強言之,則如下文。"①意謂"強爲之容"即勉強形容、描摹"善爲道者"狀貌之義。本章下文緊接的"與(豫)呵其若冬[涉水。猶呵其若]畏四[鄰。嚴呵]其若客。渙呵其若淩(凌)澤(釋)。敦呵其若楃(樸)。涽(混)[呵其若濁,湆(曠)呵其]若浴(谷)",都是在用可見的、相似的形象來形容"爲道者""深不可志"的樣子,借直觀印象以助理解。

---

① 高明《帛書〈老子〉校注》,中華書局 2004 年版,第 291 頁。

【神】

(1)〔治大國若亨(烹)小鮮。以道蒞〕天下,其鬼不神。(BJ23W60)

靈驗。先秦例如《晏子春秋·諫上十二》:"上帝神,則不可欺;上帝不神,祝亦無益。"

【屬】

(1)此三言也,以爲文未足,故令之有所屬。(BJ63W19)

歸屬。先秦例如,《莊子·德充符》:"眇乎小哉,所以屬於人也!"《荀子·王制》:"雖庶人之子孫也,積文學,正身行,能屬於利益,則歸之卿相士大夫。"

【枉】

(1)曲則金(全),枉則定(正)。(BJ67W22)

彎曲。河上公注:"枉,屈己而伸人,久久自得直也。"先秦例如《荀子·王霸》:"辟之是猶立直木而求其景之枉也。"

【唯】

(1)唯與訶,其相去幾何?(BJ64W20)

應答聲。同時期例如《論語·里仁》:"子曰:'參乎! 吾道一以貫之。'曾子曰:'唯。'"

【味】

(1)味无未(味)(BJ26W63)

(2)故道之出言也,曰談(淡)呵其无味也。(BJ79W35)

指物質使舌頭得到某種味覺的特性。同時期典籍多有使用,如《孫子·勢》:"味不過五,五味之變不可勝嘗也。"《論語·述而》:"子在齊聞《韶》,三月不知肉味。"

【握】

(1)骨弱筋柔而握固(BJ18W55)

屈指成拳。陸德明《經典釋文》:"握,李云:捲曰握。""捲"意即屈指。魏源《老子本義》:"握固,謂以四指握拇指也。"先秦例如《莊子·庚桑楚》:"終日握而手不掜,共其德也。"

【希】

（1）不［天］下希能及之矣（BJ06W43）

（2）知我者希（BY35W70）

（3）夫代大匠斲者，則希不傷其手（BY39W74）

（4）希言自然（BJ68W23）

少。河上公注："希，少也。"同時期用例，如《論語·公冶長》："伯夷、叔齊不念舊惡，怨是用希。"

【夷】

（1）夷道如纇（BY03W41）

（2）［大道］甚夷（BJ16W53）

平坦。河上公注："夷，平也。"先秦例如，《韓非子·外儲説右下》："椎鍛者所以平不夷也。"又《韓非子·五蠹》："十仞之城，樓季弗踰者，峭也；千仞之山，跛牂易牧者，夷也。"

【盈】

（1）［道盅，而用之又弗］盈也。（BJ48W04）

窮盡。王弼注："沖而用之，用乃不能窮滿以造實，實來則溢，故沖而用之，又復不盈，其爲無窮亦已極矣。"李嘉謀《道德真經義解》亦云："道沖虛，……，其深妙愈用而愈不窮。"基本上各家注都同意"盈"在這裏是"窮盡"義，但是一者這種用法在《老子》中爲僅見，二者在其他先秦文獻中也難找到佐證，所以始終令人稍感疑惑。高明則從上下文的角度解釋説"四十五章'大盈若沖，其用不窮'，然則'不盈'猶言'不窮'矣"①，相對比較有説服力。這是《老子》中的新義基本可以無疑。

【欲】

（1）罪莫大於可欲（BJ09W46）

---

① 高明《帛書〈老子〉校注》，中華書局 2004 年版，第 240 頁。

（2）不見可欲，使民不亂。（BY47W03）

貪欲。陸希聲《道德真經傳》曰："可欲，非理而求，故罪莫大焉。"同時期如《論語·憲問》："克、伐、怨、欲不行焉，可以爲仁矣？"

【宰】

（1）長而弗宰也。（BJ14W51）

（2）長而弗宰也。（BY54W10）

主宰。陸希聲《道德真經傳》注："長之而不宰制。""宰制"即"主宰"、"控制"義。先秦例如《莊子·齊物論》："若有真宰，而特不得其朕。"

【賊】

（1）故以知（智）知（治）邦，邦之賊也。（BJ28W65）

禍害。王弼本作"故以智治國，國之賊；不以智治國，國之福"。"德"義同"福"。"賊"與"德"相對，意爲"禍害"。先秦例多見，如《荀子·大略》："能除患則爲福，不能除患則爲賊。"

【主】

（1）用兵有言曰：吾不敢爲主而爲客，不敢進寸而芮（退）尺。（BJ34W69）

指軍事上采取攻勢的一方。此處與"客"（指軍事上采取守勢的一方）相對。"主"、"客"作爲古代軍事術語中一對相對的概念，在春秋戰國這個戰爭不休的時期經常使用。"主"有時作"主人"，如《孫子兵法》："凡爲客之道，深入則專。主人不克，掠於饒野，三軍足食"，又如銀雀山漢墓竹簡《孫臏兵法·客主人分》："兵有客之分，有主人之分……客倍主人半，然可敵也"。但是他們所說的"主人"、"客"分別指防御方、進攻方，與《老子》的"主"、"客"意義恰好相反。所以產生分歧，與兵家積極主動而老子持静守雌的不同指導思想有關。"主"的這種用法首見於《老子》。另外，《老子》用"主"、"客"兩個單音詞相對，《孫子兵法》則變單音詞"主"爲複音詞"主人"與"客"相對，說明前者到後者之間經歷了單音詞到複音詞的發展,可知《老子》年代至少確實應當在春戰之際。

產生新義的單音詞還有:

安(BJ79W35)　　裹(BY03W41)　　泊(BJ64W20)

慉(BJ09W46)　　朝(BJ16W53)　　除(BJ16W53)

雌(BJ72W28)　　大(BJ69W25)　　餌(BJ79W35)

二(BY03W41)　　發(BY02W39)　　紛(BJ19W56)

糞(BJ09W46)　　根(BJ60W16)　　谷(BJ29W66)

寡(BJ02W39)　　畸(BJ20W57)　　及(BJ57W13)

君(BJ35W70)　　客(BJ34W69)　　枌(BJ74W30)

母(BJ15W52)　　樸(BY63W19)　　强(BJ18W55)

清(BJ70W26)　　取(BJ11W48)　　缺(BJ08W45)

三(B03W41)　　士(BJ33W68)　　市(BJ25W62)

生(BY05W42)　　首(BJ01W38)　　疏(B38W73)

素(BY63W19)　　脫(BJ80W36)　　王(BJ29W66)

望(BY30W80)　　无(BY04W40)　　唯(BJ59W15)

希(BJ58W14)　　先(BJ32W67)　　祥(BJ18W55)

象(BJ65W21)　　虛(BJ60W16)　　玄(BJ45W01)

一(BY05W42)　　噯(BJ18W55)　　猶(BJ59W15)

於(BJ78W34)　　淵(BY48W04)　　垣(BJ32W67)

湛(BY48W04)　　正(BJ08W45)　　真(BJ65W21)

拙(BJ08W45)等

第三節　帛書《老子》複音詞中的新詞新義

一、帛書《老子》複音詞中的新詞

根據對帛書《老子》複音詞中的新詞所作統計來看,新詞 64

個,占帛書《老子》複音詞的 37.6％。以下舉例討論。

【大道】

(1) 故大道廢,案有仁義。(BJ62W18)

指自然法則。先秦用例如《莊子·天下》:"天能覆之而不能載之,地能載之而不能覆之,大道能包之而不能辯之,知萬物皆有所可,有所不可。"

【大丈夫】

(1) 是以大丈夫居其厚而不居其泊(薄)(BJ01W38)

對男子的美稱,指"有智慧"、"有志向"、"有節操"等義。《韓非子·解老》:"所謂大丈夫者,謂其智之大也。"先秦用例,如《孟子·滕文公下》:"富貴不能淫,貧賤不能移,威武不能屈,此之謂大丈夫。"

【[法]物】

[法]物茲(滋)章(彰),而盜賊[多有]。(BY20W57)

珍貴美好之物。帛書本出土之前,除景龍碑、河上公本作"法物"外,世傳本大都同王弼本作"法令"。由於"法令"在這裡似乎也解釋得通,而且是多數派意見,所以世代沿襲,但也不是沒有不同意見。蔣錫昌根據版本及上下文義提出自己的觀點,他說:"'令'字景龍、河上公本皆作'物',……三章'不貴難得之貨,使民不爲盜',十九章'絕巧棄利,盜賊无有',五十三章'財貨有餘,是謂盜誇',皆以貨物與盜賊連言,均其例證。"[①]這個解釋是很有道理的,但是由於沒有更有力的版本依據,令人還不敢遽從。所幸,帛書的出土爲我們提供了相對來説更爲近古可靠的本子,據之考察該詞,雖然甲本殘損,但是乙本存一"物"字,表明王本一派作"法令"是不正確的,大概是緣自後人改竄。而所以如此,當是因爲"法物"是很

---

① 蔣錫昌《〈老子〉校詁》,成都古籍書店 1988 年版,第 353 頁。

具春秋戰國時代特色的詞,在那之後就不大使用,詞義也漸漸難解,所以河上公才會特意加注説明:"法物,好物也。珍好之物滋生彰著,則農事廢,饑寒並至,而盜賊多有也。"到了中古以後,這個詞就更加不爲人知,因此被改爲當時人們更易理解而且表面看起來也講得通的"法令"。蔣氏僅據景龍碑、河上公本即判斷準確,可謂洞察纖毫。現在又有帛書乙本的有力證據,可知蔣説不誤。就目力所及,"法物"在先秦其他文獻中都不見使用,它是《老子》獨有的一个新詞。

【關籥】

(1) 善閉者无閜(關)籥(鑰)而不可啟也(BJ71W27)

鎖匙。先秦例如《墨子·備城門》:"五十步一方,方尚必爲關籥守之。"

【江海】

(1) 江海之所以能爲百浴(谷)[王](BY29W66)

(2) 俾(譬)道之在[天下也,猶小]浴(谷)之與江海也。(BJ76W32)

江和海。先秦多有使用,如《荀子·勸學》:"不積小流,無以成江海。"

【牝牡】

(1) [含德]之厚[者],比於赤子。蠭(蜂)癘(蠆)虺(虺)蛇弗赫(螫),據(攫)鳥猛獸弗搏,骨弱筋柔而握固,未知牝牡之會而朘怒,精之至也。(BJ18W55)

男和女。河上公注:"赤子未知男女合會而陰作怒者,由精氣多之所致也。""牝牡"最初指獸類。如,《詩經·邶風·雄雉》:"雊鳴求其牡。"毛亨傳:"飛曰雌雄,走曰牝牡。"也兼指飛禽,如《列子·黃帝》:"禽獸之智有自然與人童者,其齊欲攝生,亦不假智於人也:牝牡相偶,母子相親,避平依險,違寒就温。"《老子》開始有"男和女"之義。這種用法也見於先秦其他典籍,如《荀子·非相》:

"夫禽獸有父子而無父子之親,有牝牡而無男女之別。""父子"對"父子",同詞同義相應,"牝牡"對"男女",異詞同義相應。

【强梁】

(1) 故强良[梁]者不得死,我[將]以爲學父。(BJ05W42)

强勁有力;勇武。"强良"即"强梁"。先秦多有使用,如《墨子·公孟》:"有游於子墨子之門者,身體强良,思慮徇通。"《庄子·应帝王》:"陽子居見老聃,曰:'有人於此,嚮疾强梁,物徹疏明,學道不勌。如是者,可比明王乎?'"

【死地】

(1-2)而民生生動皆之死地亦十有三　以其无死地焉(BJ13W50)

死亡之地。先秦例如《孟子·梁惠王上》:"王曰:'舍之。吾不忍其觳觫,若無罪而就死地。'"

【五音】

(1) 五音使人之耳聾(BJ56W12)

"五音",我國古代五聲音階中的五個音級,即宫、商、角、徵、羽。先秦例如《孟子·離婁上》:"不以六律,不能正五音。"

【下流】

(1) 大邦者,下流也。(BJ24W61)

"下流",本指河流的下游,此指卑下的地位。王弼注:"大國者下流,江海居大而處下,則百川流之,大國居大而處下,則天下流之,故曰,大國下流也。"此以"江海"喻"大國"。江海處於百川下游,而百川彙聚;大國居天下下位,而天下歸之。同時期用例,如《論語·子張》:"是以君子惡居下流,天下之惡皆歸焉。"

複音詞中的新詞還有:

百谷王(BJ29W66)	長生(B51W07)	馳騁(BJ06W43)
籌策(BJ71W27)	芻狗(BJ49W05)	復歸(BJ58W14)
復命(BJ60W16)	谷神(BJ50W06)	毫末(BJ27W64)

侯王(BJ81W37)	虺蛇(BJ18W55)	忌諱(BY20W57)
孔德(BJ65W21)	枯槁(BJ41W76)	美言(BY31W81)
明白(BY54W10)	前識(BY01W38)	强大(BJ41W76)
輕諾(BY26W63)	曲全(BJ67W22)	柔弱(BJ41W76)
善人(BJ25W62,BJ44W79)		上將軍(BJ75W31)
上士(BY03W41)	神器(BY73W29)	天門(BJ54W10)
天網(BY38W73)	同出(BJ45W01)	橐籥(BJ49W05)
妄作(BJ60W16)	微明(BJ80W36)	微細(BJ41W76)
五味(BJ56W12)	熙熙(BJ64W20)	襲常(BJ15W52)
下士(BY03W41)	信言(BY31W81)	學父(BJ05W42)
玄鑒(BJ54W10)	玄牝(BJ50W06)	玄同(BJ19W56)
嬰兒(BY64W20)	昭昭(BJ64W20)	轍迹(BJ71W27)
知足(BY77W33)	輜重(BJ70W26)	自愛(BY37W72)
自伐(BJ66W24)	自矜(BJ66W24)	自見(BY37W72)
自然(BY69W25)	自知(BJ77W33)	尊行(BJ25W62)

二、帛書《老子》複音詞中的新義

帛書《老子》複音詞中的新義共 2 個。

【天道】

(1) 不規(窺)於牖,以知天道。(BJ10W47)

(2) 夫天道无親,恒與善人。(BJ44W79)

自然界變化規律。先秦例子有《莊子・庚桑楚》:"夫春氣發而百草生,正得秋而萬寶成。夫春與秋,豈無得而然哉? 天道已行矣。"

【衆人】

(1) [是以聖人]欲不欲,而不貴難得之膒(貨);學不學,復衆人之所過。(BJ27W64)

（2）水善利萬物而有静，居衆人之所惡，故幾於道矣。（BJ52W08）

（3－5）衆人甿（熙）甿（熙）（BJ64W20）　衆人皆有以（BY64W20）

大家，一般人。《老子》中以"聖人"、"上善"、"我"等與"衆人"相對，以顯示前者的異於尋常。先秦用例，如《孟子·告子下》："君子之所爲，衆人固不識也。"

第四節　帛書《老子》新詞新義産生的原因和方式

考察專書中新詞新義産生的原因和方式，有助於發現其所處時代的詞義發展變化軌跡，對漢語史研究有重要意義。

一、帛書《老子》新詞新義産生的原因

新概念的影響是帛書《老子》單音詞新義産生的重要原因。《老子》總的來説是一部哲學著作，其中包含很多全新的理念。用已有單音詞表達這些理念，新的詞義便産生了。如"一"，表示數字的起始，《老子》用以表示宇宙的本初狀態①。又如，"主"、"客"原本分别爲"主人"、"客人"義，老子爲闡明他守静不造作事端的思想，以兵法比喻"吾不敢爲主而爲客，不敢進寸而芮尺"②。"主"，指軍事上采取攻勢的一方；"客"，指戰争中防守的一方。老子更有在文中解釋所創概念者，如"視之不見名曰夷，聽之不聞名曰希"③。

新概念的影響也是帛書《老子》複音詞新詞産生的原因之一。

---

① 道生一，一生二，二生三，三生萬物（帛書本第五章，王弼本第四十一二章）。

② 見 BJ34W69。

③ 見 BJ58W14。

用已有單音詞表示新理念,有時會碰到義位過多導致歧義産生的問題,而概念的表達一定要求確定。爲解決這一矛盾,進一步追求詞義的明確和豐富,複音詞的産生就是順理成章的事情了。如"不窺於牖,以知天道"①、"天道无親,恒與善人"②中的"天道"指順遂無爲的自然規律,與造作有爲的人世之道相對,是老子提出的重要概念。

二、帛書《老子》新詞新義産生的方式

(一) 新詞的産生方式

由於單音詞僅有一個新詞,我們主要討論複音詞新詞的産生方式。

相類意義或相反意義相結合

1. 相類意義結合,如:

【籌策】

竹碼子。古時計算用具。"籌"、"策"均爲竹制計算工具。BJ71W27:"善數者不以檮(籌)筴(策)。""籌"字古來習見,《禮記·射鄉禮》:"箭籌八十。"鄭玄注:"籌,算也。""策"亦常用,《戰國策·秦策一》:"(趙)襄主錯龜,數策占兆。"

【谷神】

谷,如山谷一般虛空;神,變換不可測。谷神即指空虛無形而變化莫測、永恒不滅的"道"。BJ50W06:"浴(谷)神不死。"

【侯王】

泛指諸侯。BJ81W37:"道恒无名,侯王若能守之,萬物將自愳(化)。"

---

① 見 BJ10W47。
② 見 BY44W79。

【忌諱】

避忌;顧忌。BY20W57:"天下多忌諱,而民彌貧。"

【虺蛇】

毒蛇。BJ18W55:"逢(蜂)瘳(蠆)蠆(虺)地(蛇)弗螫。""虺",即蝮蛇,毒蛇的一種。《爾雅·釋魚》邢昺疏:"蝮,一名虺。江、淮以南曰蝮,江、淮以北曰虺。""蛇"爲蛇類總稱。兩字同類義聯用。《大詞典》首證舉《淮南子·本經訓》:"虎豹可尾,虺蛇可蹍,而不知其所由然。"年代晚。

【江海】

江和海。BY29W66:"江海之所以能爲百浴(谷)[王者]。"

【枯槁】

草木枯萎。BJ41W76:"萬物草木之生也柔脆;其死也槀(枯)槁(橐)。""枯",乾枯。"槁",枯木。《商君書·弱民》:"秦師至,鄢、郢舉,若振槁。"

【柔弱】

軟弱,柔軟。BJ41W76:"人之生也柔弱。"

2. 相反意義結合,如:

【關籥】

鎖匙。BJ71W27:"善閉者无閈(關)籥(鑰)而不可啟也。""關",門閂。"籥",鑰匙。

【牝牡】

男和女。BJ18W55:"[含德]之厚[者],比於赤子。逢(蜂)瘳(蠆)蠆(虺)地(蛇)弗螫,攫(攫)鳥猛獸弗搏,骨弱筋柔而握固,未知牝牡[之會而朘怒],精[之]至也。"河上公注:"赤子未知男女合會而陰作怒者,由精氣多之所致也。"

【曲全】

委曲求全。BY67W22:"古之所胃(謂)曲全者,幾(豈)語才哉!"

（二）新義的産生方式

由於複音詞新義的數量很少，我們主要討論單音詞新義的産生方式。單音詞新義産生的最主要方式是引申。如：

【雌】

柔弱。本指母鳥。《詩經·小雅·小弁》：“雉之朝雊，尚求其雌。”後以其特性引申爲柔弱義。BJ72W28：“知其雄，守其雌，爲天下溪。”

【餌】

泛指食物。本義爲糕餅。《周禮·天官·籩人》：“羞籩之食，糗餌粉餈。”後用來泛指食物。BJ79W35：“樂與餌，過格（客）止。”

【君】

主宰，根本。BJ35W70：“言有宗，事有君。”又 BJ70W26：“［重］爲巠（輕）根，清（静）爲趮（躁）君。”本指統治者。《尚書·大禹謨》：“皇天眷命，奄有四海，爲天下均。”

【脱】

脱離。BJ80W36：“魚不［可］脱於瀟（淵），邦利器不可以視（示）人。”本義爲消瘦，《説文·肉部》：“脱，消肉臞也。”後引申爲肉去皮骨。《禮記·内則》：“肉曰脱之，魚曰作之，棗曰新之。”再引申爲“脱離”義。

【主】

指軍事上采取攻勢的一方。BJ34W69：“用兵有言曰：吾不敢爲主而爲客，不敢進寸而芮（退）尺。”本象燈心，後引申爲主人義，再引申爲主動義。《大詞典》“主”條無此義項，“客”條卻有義項 14：“指戰争中防守的一方”，並引《老子》此句爲首證且僅此一證。“主”條對應義也當補之。

第四章　帛書《老子》異文研究

第一節　異文的定義

參考前人觀點①，結合帛書《老子》實際，我們將“異文”定義爲：同一文獻的不同版本中用字的差異。在本章中，主要將帛書《老子》與通行的王弼本《老子》及抄寫年代最早的郭店楚簡本《老子》進行字詞的比較，必要時也參之其他傳世本。

需要説明的是，“異文”更多地是作爲文獻學術語來使用，對其研究也大都從文獻角度出發：比勘衆本差異，確定版本優劣是非，力圖恢復古本原貌。本章對帛書《老子》異文的研究則專注於漢語史方面。我們歷時地考察《老子》楚簡、帛書、傳世本文字的差異，特別關注各本異文中的同義詞替換、虛詞增删等情況，因爲這些情況體現了各本所處時代的語言在詞彙、語法等方面的特點，换言之，它們顯示了漢語書面語隨時代發展而演變的實際情況，而我們正可以由此探究這些演變背後的深層機制。如：

俞——降

BJ76W32：“天地相谷（合），以俞甘洛。”“俞”，楚簡本作“逾”，

---

① 參陸宗達、王寧《訓詁方法論》，中國社會科學出版社 1983 年版，第 109 頁。吳辛丑《簡帛典籍異文研究》，中山大學出版社 2002 年版，第 11 頁。

世傳今本均作"降"。"俞"、"逾"兩字均通"雨"。高明："'俞'古爲喻紐侯部字，'雨'在匣紐魚部。'喻'、'匣'雙聲，'魚'、'侯'旁轉，音同通假。'雨'字作動詞則有'降'義。《說文》：'雨，水從雲下也。'段注：'引申凡自上而下者皆稱"雨"。'《春秋經・文公三年》：'雨螽於宋'，《詩經・邶風・北風》：'雨雪其雰'，'雨'皆釋'降'。帛書'以雨甘露'與今本'以降甘露'義同。"①其説甚是。簡本之"逾"與"俞"同紐同部，亦通"雨"。另，《淮南子・本經》："昔者蒼頡作書，而天雨粟，鬼夜哭。""天雨粟"，就是"天降粟"。"雨"的這種用法上古常見，中古後雖也間或有之，如唐段成式《酉阳杂俎・物異》："貞元四年，雨木於陳留，大如指，長寸許。"但已經屬於刻意模仿以使文句古雅了。實際上，漢以後"雨"的這個意義就已不常用，而代之以用"降"字表達相同意思，故而今本《老子》皆作"降"。

虛詞增删，如：

之

BJ29W66："是以聖人之欲上民也，必以其言下之；其欲〔先民〕也，必以其身後之。"帛書乙本同甲本。楚簡甲本作："聖人之才民耑也，以身逡之；丌才民上也，以言下之。""聖人之欲"的"之"，王弼本無，世傳本多同王本。這處異文很有典型意義。我們知道，古漢語中常通過加"之"字來使句子降格爲短語。王力："上古漢語這種結構中的動詞（或動詞仿語）近似一種行爲名詞（action noun），中古以後，在口語中漸漸喪失了這種結構，只有古文作家模仿這種結構寫成書面語言。"②帛書、楚簡《老子》抄寫於上古，保留了大量"之"字仿語結構；王本《老子》書於中古，簡帛本中很多"之"都被删除。這裡，上下句分別以"聖人之欲"與"其欲"相對應，"其"的意義相當於"他的"，所以此處"之"的助詞性格外明顯。王弼本按照中

---

① 高明《帛書〈老子〉校注》，中華書局 2004 年版，第 399 頁。

② 王力《漢語史稿》，中華書局 2002 年版，第 395 頁。

古語法將上句的"之"字删除,但又要保持上下句的對應關係,結果就不得不把下句的主語"其"也一併删掉。這處異文體現了"之"字仍語結構在上古的極盛,以及在中古的式微;同時也告訴我們在中古時期"其"仍然以第三人稱所有格的使用爲常。

以上僅舉兩例,來表明我們的研究方法與目的。下面對帛書《老子》與楚簡《老子》及傳世本《老子》的異文分別進行詞彙、語法方面的詳細討論。

第二節　帛書《老子》異文與詞彙研究

帛書《老子》與楚簡《老子》及傳世本《老子》的異文,從詞彙角度看有很多屬於同義替換現象。這是"研究古漢語同義詞的極好材料,也是我們考察古漢語詞彙發展演變的重要資料"①。特別是在古漢語詞彙發展演變方面,這種改動反映了時代語言的變化,是漢語史研究應當重視的,而過去在這方面研究不夠。故此我們把它作爲本節研究的方向。

研究之前,首先要對"同義詞"概念有清楚地界定。我們采用張永言的觀點:"同義詞就是語音不同、具有一個或幾個類似意義的詞,這些意義表現同一個概念,但是在補充意義、風格特徵、感情色彩以及用法(包括跟其他詞的搭配關係)上則有可能有所不同。"②

證明古漢語兩詞屬同義關係的文獻材料,一般有四種:一、"在同一語言環境中出現,而語句的意義不變";二、"古代詩文中,爲了求得對稱工整,在一句或鄰句的相應位置上,時常出現一對同義詞";三、"古漢語詩文中,爲了調整音節,常常連用同義詞,連用

---

① 吴辛丑《簡帛典籍異文研究》,中山大學出版社 2002 年版,第 51 頁。
② 張永言《詞彙學簡論》,華中工學院出版社 1982 年版,第 108 頁。

同義詞的整體意義和各自單用時的意義並没有多少差別”；四、“義訓是古人對詞義解釋的一種方式，凡是能夠互相解釋的詞，都在某種條件下同義”①。也即互用、對用、連用②。

　　除了互用、對用、連用之外，趙克勤還補充了異文資料作爲證明古漢語兩詞同義的重要證據。他指出：“異文是指古代不同典籍記載同一事件或轉録同一文章時使用的不同詞語。古人在引用前人著作時常常有同義詞替换的情況，這就構成了大量異文。……我們可以通過對比不同版本或不同書籍的異文來研究某些詞的詞義。”③這裡趙氏還只是針對傳世文獻而言的。

　　吴辛丑更進一步將出土的簡帛異文補充爲證明材料。他説：“通過對簡帛典籍與傳世古籍的對比觀察，發現異文同義現象頗爲普遍。發掘、整理簡帛異文，可爲古漢語同義詞研究提供重要的資料。簡帛本與傳世本的觀察比較，無疑是辨認、證明兩詞甚至多詞同義的一種重要方法。因爲從本質上説，簡帛典籍與傳世古籍的同義異文，就是古人换用同義詞的結果。由簡帛異文來確定同義詞，實際上是采用了替换的方法，或者説，是符合替换的内在精神的。由於這樣的替换是由古人完成的，並已成爲漢語的歷史事實，所以，簡帛本與傳世本的異文應該成爲我們研究古漢語同義詞最重要的資料，其價值遠非互用、對用、連用現象所能比擬。”④這個判斷是極具説服力的。

　　以下就分單音詞同義换用、雙音詞同義换用、單音詞與雙音詞换用三種情況，對帛書《老子》異文進行窮盡調查並討論成因。引

　　① 萬藝玲、鄭振峰、趙學清編著《詞彙應用通則》，春風文藝出版社 1999 年版，第132—134 頁。

　　② 吴辛丑《簡帛典籍異文研究》，中山大學出版社 2002 年版，第 52 頁。

　　③ 趙克勤《古代漢語詞彙學》，商務印書館（北京）1994 年版，第 135 頁。

　　④ 吴辛丑《簡帛典籍異文研究》，中山大學出版社 2002 年版，第 52 頁。

例時,帛書甲、乙本俱存,則兩者皆列,甲本殘則只列乙本;王弼本簡稱王本;郭店楚簡本由於分爲甲、乙、丙三本,故以簡甲/乙/丙標之;王本及簡本不再標章次。字、詞以音序排列。

一、詞語同義換用

(一) 單音詞同義換用

按詞類分爲如下幾類:

1. 名詞 9

邦——國

以正之邦,以畸甬兵,以亡事取天下。(簡甲)

以正之邦,以畸用兵,以无事取天下。(BJ20W57)

以正之國,以畸用兵,以無事取天下。(BY20W57)

以正治國,以奇用兵,以無事取天下。(王本)

相同的換用還見於 B17W54(簡乙)、B24W61、B30W80、B43W78、B62W18(簡丙)、B80W36。

狗——㹜犬

㺕邦相㠫,雞狗之聲相聞,民至[老死不相往來]。(BJ30W80)

㛪國相望,雞犬之[聲相]聞,民至老死不相往來。(BY30W80)

鄰國相望,雞犬之聲相聞,民至老死不相往來。(王本)

民——人

而民生生,動皆之死地十有三。(BJ13W50)

而民生生,僅皆之死地之十有三。(BY13W50)

人之生動皆之死地亦十有三。(王本)

牧——式

是以聲人執一,以爲天下牧。(BJ67W22)

是以耵人執一,以爲天下牧。(BY67W22)

是以聖人抱一,爲天下式。(王本)

　　“牧”、“式”皆有“法度”義。《逸周書・周祝》：“爲天下者用牧。”孔晁注：“牧爲法也。”《詩經・大雅・下武》：“成王之孚，下土之式。”毛傳：“式，法也。”

　　人——民

　　人之饑也，以其取食逆之多也，是以饑。(BJ40W75)

　　人之饑也，以其取食跣之多，是以饑。(BY40W75)

　　民之饑，以其上食稅之多，是以饑。(王本)

　　殺——死

　　[若民恒且不畏死]，奈何以殺愳之也？(BJ39W74)

　　若民恒且畏不畏死，若何以殺矅之也？(BY39W74)

　　民不畏死，奈何以死懼之？(王本)

　　室——堂

　　金玉涅室，莫能獸也。(簡甲)

　　金玉盈室，莫之守也。(BJ53W09)

　　金玉[盈]室，莫之能守也。(BY53W09)

　　金玉滿堂，莫之能守。(王本)

　　首——始

　　[前識者]，道之華也，而愚之首也。(BJ01W38)

　　前識者，道之華也，而愚之首也。(BY01W38)

　　前識者，道之華也，而愚之始。(王本)

　　正——貞

　　侯[王得一]而以爲[天下]正。(BJ02W39)

　　侯王得一以爲天下正。(BJ02W39)

　　侯王得一以爲天下貞。(王本)

　　2. 動詞 19

　　會——合

　　未知牝牡之會脧怒，精之至也。(簡甲)

　　未知牝牡之會而脧怒，精之至也。(BY18W55)

未知牝牡之合而全作，精之至也。(王本)

會，交合。《漢語大字典》無此義項。《漢語大詞典》引漢王充《論衡·奇怪》："牝牡之會，皆見同類之物。"爲首證，太晚。

居——處

天售弗居也，是以弗去也。(簡甲)

夫唯①居，是以弗去。(BJ46W02)

夫唯弗居，是以弗去。(BY46W02)

夫唯弗居，是以不去。(王本)

帛書甲、乙本及比帛書本更早的楚簡本均作"居"，可見原本如是。王本等作"處"者係後改。同樣的替換還見於 B01W38、B41W76、B42W77、B52W08、B66W24、B74W30（簡甲）、B75W31（簡丙）、B75W31（簡丙）。

絶——輟

子孫以丌祭祀不輟(簡乙)

子孫以祭祀不絕。(BY17W54)

子孫以祭祀不輟。(王本)

嚴遵、河上、景龍碑、傅奕、范應元、蘇軾、吳澄、焦竑本作"輟"；《韓非子·解老》作"絕"，《喻老》作"輟"。

爵——命

[道]之尊，德之貴也，夫莫之时而恒自然也。(BJ14W51)

道之尊，德之貴也，夫莫之爵也，而恒自然也。(BY14W51)

道之尊，德之貴，夫莫之命而常自然。(王本)

爵，封爵。此句謂"道"、"德"之尊貴非由封爵賜侯之人力而來，自然使然。爵、命同義。《論語·先進》："賜不受命而貨殖焉。"皇侃疏引王弼："命，爵命也。"

----

① 帛書此處脱一字。

怒——作

未知牝牡之會朘怒,精之至也。(簡甲)

未知牝牡之會而朘怒,精之至也。(BY18W55)

未知牝牡之合而全作,精之至也。(王本)

如——若

明道女字,迟道女纇,[進]道若退。上德恳女浴,大白女辱,坒恳如不足,建恳女偷,[質]貞女愈。(簡乙)

明道如費,進道如退,夷道如纇。上德如山谷,大白如辱,廣德如不足,建德如[偷,質真如渝]。(BY03W41)

明道若昧,進道若退,夷道若纇。上德若谷,大白若辱,廣德若不足,建德若偷,質真若渝。(王本)

類似換用還見於 B08W45。

若——如

多聞數窮,不若守於中。(BJ49W05)

多聞數窮,不若守於中。(BY49W05)

多聞數窮,不如守中。(王本)

按:相同換用還見於 B02W39、B53W09、B64W20。

使——令

五色使人目明,馳騁田臘使人[心發狂]。難得之貨使人之行方,五味使人之口啫,五音使人之耳聾。(BJ56W12)

五色使人目盲,馳騁田臘使人心發狂。難得之貨使人之行仿,五味使人之口爽,五音使人耳[聾]。(BY56W12)

五色令人目盲,五音令人之耳聾,五味令人之口爽,馳騁畋獵令人心發狂。難得之貨令人行妨。(王本)

順——閱

自今及古,其名不去,以順衆仪。(BJ65W21)

自今及古,其名不去,以順衆父。(BY65W21)

自古及今,其名不去,以閱衆甫。(王本)

《釋名·釋語言》："順，循。"高明："《漢書·文帝紀》：'閱天之義理多矣'，顏師古注引如淳曰：'閱，猶更歷也。'可見因'順'、'閱'義近，故互用之。"①

胃——曰

古之所以貴此者何也？ 不胃求以得，有罪以免輿？(BJ25W62)

古［之所以貴此者何也］？ 不胃求以得，有罪以免與？(BY25W62)

古之所以貴此者何？ 不曰求以得，有罪以免邪？(王本)

刑——較

長耑之相型也。(簡甲)

長短之相刑也。(BJ46W02)

長短之相刑也。(BY46W02)

長短相較。(王本)

帛書甲、乙本之"刑"通"形"，楚簡本"型"通"形"。

益——補

［故天之道］云又余而益不足。(BY42W77)

天之道損有餘而補不足。(王本)

盈——滿

金玉浧室，莫能獸也。(簡甲)

金玉盈室，莫之守也。(BJ53W09)

金玉［盈］室，莫之能守也。(BY53W09)

金玉滿堂，莫之能守。(王本)

楚簡本"浧"通"盈"②。

俞——降

天地相合也，以逾甘露。(簡甲)

---

① 高明《帛書〈老子〉校注》，中華書局 2004 年版，第 333 頁。
② 廖名春《郭店楚簡〈老子〉校釋》，清華大學出版社 2003 年版，第 360 頁。

天地相谷，以俞甘洛。(BJ76W32)

天地相合，以俞甘洛。(BY76W32)

天地相合，以降甘露。(王本)

"俞"通"雨"，降義①。作動詞。楚簡本"逾"亦通"雨"②。

予——與

耴人无積。既以爲人，己俞有；既以予人矣，己俞多。(BY31W81)

聖人不積。既以爲人，己愈有；既以與人，己愈多。(王本)

垣——衛

天將建之，女以兹垣之。(BJ32W67)

天將建之，如以慈垣之。(BY32W67)

天將救之，以慈衛之。(王本)

正——定

夫亦牺智足，牺足以束，萬勿牺自定。(簡甲)

不辱以情，天地將自正。(BJ81W37)

不辱以静，天地將自正。(BY81W37)

不欲以静，天下將自定。(B81W37)

執——抱

是以聲人執一，以爲天下牧。(BJ67W22)

是以耴人執一，以爲天下牧。(BY67W22)

是以聖人抱一，爲天下式。(王本)

重——厚

其才民上也，民弗厚也。(簡甲)

居上而民弗重也。(BJ29W66)

---

① 高明《帛書〈老子〉校注》，中華書局 2004 年版，第 399 頁。

② 廖名春認爲楚簡本"逾"亦通"輸"，墮義。可備一説。《郭店楚簡〈老子〉校释》，清華大學出版社 2003 年版，第 190 頁。

居上而民弗重也。(BY29W66)

聖人處上而民不重。(王本)

3. 形容詞 1

恒——常

[道]之尊,德之貴也,夫莫之爵而恒自然也。(BJ14W51)

道之尊,德之貴也,夫莫之爵也,而恒自然也。(BY14W51)

道之尊,德之貴,夫莫之命而常自然。(王本)

相同的換用還見於 B39W74、B44W79、B45W01、B45W01、B47W03、B72W28。

(二) 雙音詞同義換用

1. 語素不同的雙音詞換用

(1) 一個語素不同者

按詞類分爲:

a. 名詞 7

邦家——國家

邦豪緍[亂],安又正臣。(簡丙)

邦家閶亂,案有貞臣。(BJ62W18)

國家閶亂,安有貞臣。(BY62W18)

國家昏亂,有忠臣。(王本)

關籥——關楗

善閉者无闗籥而不可啓也。(BJ71W27)

善閉者无關籥而不可啓也。(BY71W27)

善閉無關楗而不可開。(王本)

國中——域中

域中又四大,安王尻一安。(簡甲)

國中有四大,而王居一焉。(BJ69W25)

國中有四大,而王居一焉。(BY69W25)

域中有四大,而王居其一焉。(王本)

三卿——三公

故立天子,置三卿,雖有共之璧以先四馬,不善坐而進此。(BJ25W62)

［故］立天子,置三卿,雖有［共之］璧以先四馬,不若坐而進此。(BY25W62)

故立天子,置三公,雖有拱璧以先駟馬,不如坐進此道。(王本)

萬物——天地

无名,萬物之始也;有名,萬物之母也。(BJ45W01)

无名,萬物之始也;有名,萬物之母也。(BY45W01)

無名,天地之始;有名,萬物之母。(王本)

貞臣——忠臣

邦家悶亂,案有貞臣。(BJ62W18)

國家悶亂,安有貞臣。(BY62W18)

國家昏亂,有忠臣。(王本)

邦豙緡［亂］,安又正臣。(簡丙)

小谷——川谷

卑道之才天下也,猷少浴之與江海。(簡甲)

俾道之在［天下也,猶小］浴之與江海也。(BJ76W32)

卑［道之］在天下也,猶小浴之與江海也。(BY76W32)

譬道之在天下,猶川谷之於江海。(王本)

b. 動詞 2

陵行——陸行

蓋［聞善］執生者,陵行不［辟］矢虎,入軍不被甲兵。(BJ13W50)

蓋聞善執生者,陵行不辟累虎,入軍不被兵革。(BY13W50)

蓋聞善攝生者,陸行不遇兕虎,入軍不被甲兵。(王本)

執生——攝生

蓋［聞善］執生者,陵行不［辟］矢虎,入軍不被甲兵。

（BJ13W50）

蓋聞善執生者，陵行不辟㹠虎，入軍不被兵革。（BY13W50）

蓋聞善攝生者，陸行不遇兕虎，入軍不被甲兵。（王本）

c. 形容詞1

玄達——玄通

古之善爲士者，必非溺玄通，深不可志。（簡甲）

古之善爲道者，微眇玄達，深不可志。（BY59W15）

古之善爲士者，微妙玄通，深不可識。（王本）

（2）兩個語素均不同者

a. 名詞1

楚杸——荆棘

［師之］所居，楚杸生之。（BJ74W30）

［師之所居，荆］棘生之。（BY74W30）

師之所處，荆棘生焉。（王本）

b. 動詞1

近亡——幾喪

禍莫於①於无適，无適斤亡吾葆矣。（BJ34W69）

禍莫大於无適，无適近亡吾琛矣。（BY34W69）

禍莫於大於輕敵，輕敵幾喪吾寶。（王本）

2. 字序不同的雙音詞換用

a. 名詞3

車周——周車

有車周无所乘之。（BJ30W80）

又周車无所乘之。（BY30W80）

雖有舟輿，無所乘之。（王本）

---

① 第一個"於"誤，當爲"大"。

河上、遂州本作"舟轝"。

侯王——王侯

[侯]王若能守之。(BJ76W32)

侯王若能守之。(BY76W32)

侯王若能守之。(王本)

王侯若能守。(傅奕本)

景龍、敦煌丁、遂州本均同傅奕本。

悲哀——哀悲

古殺[人眾],則以恢悲位之。(簡丙)

杀人眾,以悲依立之。(BJ75W31)

杀人眾,以哀悲泣之。(王本)

杀人眾,則以悲哀泣之。(傅奕本)

帛書甲本之"依"、楚簡丙本之"恢"均通"哀"。

b. 動詞 1

成功①——功成

是以耵人爲而弗又,成功而弗居也。若此其不欲見賢也。(BY42W77)

是以聖人爲而不恃,功成而不處。其不欲見賢。(王本)

c. 形容詞 2

貴富——富貴

貴富喬,自遺咎也。(簡甲)

貴富而驕,自遺咎也。(BJ53W09)

---

① B46W02 亦有"成功"。此句,帛書甲本作:爲而弗志也,成功而弗居也。夫唯(脫一字)居,是以弗去。帛書乙本作:爲而弗恃也,成功而弗居也。夫唯弗居,是以弗去。王弼本作:生而不有,爲而不恃,功成而弗居。夫唯弗居,是以不去。楚簡甲本作:爲而弗志也,城而弗居。天售弗居也,是以弗去也。廖名春認爲"功"爲衍文。可備一說。參《郭店楚簡〈老子〉校釋》,清華大學出版社 2003 年版,第 177 頁。

貴富而驕,自遺咎也。(BY53W09)

富貴而驕,自遺其咎。(王本)

眇要——要妙

不貴其師,不愛其齎,唯知乎大眯。是胃眇要。(BJ71W27)

不貴其師,不愛其資,雖知乎大迷。是胃眇要。(BY71W27)

貴其師,不愛其資,雖智乎大迷。是謂要妙。(王本)

(三) 單音詞換雙音詞

1. 名詞 2

人——聖人

故天之道,利而不害;人之道,爲而弗爭。(BY31W81)

天之道,利而不害;聖人之道,爲而弗爭。(王本)

卅——三十

卅[輻同一轂,當]其无,[有車]之用[也]。(BJ55W11)

卅楅同一轂,當其无,有車之用也。(BY55W11)

三十輻共一轂,當其無,有車之用。(王本)

2. 形容詞 1

強——剛強

柔弱勝强。(BJ80W36)

柔弱朕强。(BY80W36)

柔弱勝剛强。(王本)

(四) 雙音詞換單音詞

1. 名詞 2

百姓——民

百姓之不治也,以其上有以爲[也],是以不治。(BJ40W75)

百生之不治也,以其上之有以爲也,[是]以不治。(BY40W75)

民之難治,以其上之有爲,是以難治。(王本)

天下——人

天下之所惡唯孤寡不穀,而王公以自名也。(BJ05W42)

人之所亞唯[孤]寡不穀,而王公以自[名也]。(BY05W42)

人之所惡唯孤寡不穀,而王公以爲稱。(王本)

2. 動詞 1

復歸——歸

天道員員,各復丌堇。(簡甲)

天物云云,各復歸於其[根]。(BJ60W16)

凡物貶貶,各歸其根。(傅奕本)

(五)詞組的換用

萬乘之王——萬乘之主

若何萬乘之王而以身巠於天下?(BJ70W26)

若何萬乘之王而以身巠於天下?(BY70W26)

奈何萬乘之主而以身輕天下?(王本)

以上同義換用現象相關數據列表如下:

詞類 \ 類別	單音詞換單音詞	雙音詞換雙音詞	單音詞換雙音詞	雙音詞換單音詞	詞組的換用	總計
名詞性	9	11	2	2	1	25
動詞性	19	2		1		22
形容詞性	1	3	1			5
總計	29	16	3	3	1	52

從上表可以看出:

第一,同義換用時多以相同音節的詞替換。單音節詞以單音節詞換用,雙音節詞以雙音節詞換用。

第二,同義替換的詞中名詞最多,動詞次之,形容詞很少。首先,這與上古時相關詞類包含詞語的絕對數量有關:名詞性、動詞性詞語的數量相對較多,而形容詞性的詞語數量較少。其次,也與社會發展有一定聯繫。整個社會並非一成不變而是變動不居的。隨着時間前進,生活中最爲明顯的變化就是新的事物不斷出現,舊的事物不斷消亡,詞彙系統迅速對之做出反應,其表現就是表示名物的名詞發生急劇變化。在下文中,我們會進一步討論。

二、詞語同義換用的原因

《老子》帛書、楚簡以及傳世本異文中詞語同義換用的原因是比較複雜的。內部因素,主要是詞義演變,其他如書寫當時兩詞可以互用、詞的形式尚未固定等等也都是成因。外部因素,如社會發展的深刻影響、語言運用的實際要求,等等。以下分別述之。

（一）詞義演變

古漢語同義詞主要是由詞義演變形成的,是隨着詞彙史的發展而變化的,有很強的時代特色。此時可解的詞,到了彼時意義卻已發生改變不復符合要求,於是就根據實際情況換用一個義近而爲彼時所常用的詞。如:

首——始

[前識者],道之華也,而愚之首也。(BJ01W38)

前識者,道之華也,而愚之首也。(BY01W38)

前識者,道之華也,而愚之始。(王本)

"首",傅奕本及《韓非子·解老》引文均同帛書甲乙本,王弼注亦云"道之華而愚之首";此外之世傳今本均同王本作"始"。《爾雅·釋詁上》:"首,始也。""首"的此義上古常用。如《公羊傳·隱公六年》:"《春秋》雖無事,首時過則書。"何休注:"首,始也"。漢王襃《四子講德論》:"昔周公詠文王之德而作《清廟》,建爲頌首。"意謂周公立《清廟》爲頌始。但此後"首"的"始"義使用漸少。《老子》傳本也轉而使用人們習見的"始"來代替它。最終僅僅在傅奕本、《韓非子·解老》以及王弼注中留下了"首"的使用殘跡。

俞——降

天地相合也，以逾甘露。（簡甲）

天地相谷，以俞甘洛。（BJ76W32）

天地相合，以俞甘洛。（BY76W32）

天地相合，以降甘露。（王本）

“俞”，楚簡本作“逾”，世傳今本均作“降”。“俞”、“逾”兩字均通“雨”。高明：“‘俞’古爲喻紐侯部字，‘雨’在匣紐魚部。‘喻’、‘匣’雙聲，‘魚’、‘侯’旁轉，音同通假。‘雨’字作動詞則有‘降’義。《説文》：‘雨，水從雲下也。’段注：‘引申凡自上而下者皆稱“雨”。’《春秋經·文公三年》‘雨螽於宋’，《詩經·邶風·北風》：‘雨雪其雱’，‘雨’皆釋‘降’。帛書‘以雨甘露’與今本‘以降甘露’義同。”①其説甚是。另《淮南子·本經》：“昔者蒼頡作書，而天雨粟，鬼夜哭。”“天雨粟”，“天降粟”也。“雨”的這種用法上古常見，中古後雖也間或有用之者，如唐段成式《酉陽杂俎·物異》：“貞元四年，雨木於陳留，大如指，長寸許。”但已經屬於刻意模仿以使文句古雅了。實際上，漢以後“雨”的這個意義就已不常見用，而代之以用“降”字表達相同意思，故而今本《老子》皆作“降”。楚簡本之“逾”與“俞”同紐同部，故亦通“雨”。

垣——衛

天將建之，女以兹垣之。（BJ32W67）

天將建之，如以慈垣之。（BY32W67）

天將救之，以慈衛之。（王本）

“垣”，世傳今本皆同王本作“衛”。“垣”除了常見的名詞用法，表示“墻垣”義而外，還可以作動詞，與“衛”同義，表示援助護衛之義。《釋名·釋宮室》：“垣，援也。人所依阻以爲垣衛也。”這種用法多見於先秦兩漢，如《淮南子·兵略訓》：“穎、汝以爲洫，江、漢以爲

---

① 高明《帛書〈老子〉校注》，中華書局 2004 年版，第 399 頁。

池,垣之以鄧林,綿之以方城。"意謂以潁、汝、江、漢爲護城河,以鄧林、方城圍護。但隨着時間發展,"垣"的名詞類主導地位越來越强,而它的"援助護衛"義使用頻率漸漸走低,終於讓位給"衛"字。形成了世傳今本皆同王本作"衛"的結果。

學父——教父

故强良者不得死,我[將]以爲學父。(BJ05W42)

强梁者不得其死,吾將以爲教父。(王本)

"學父",王弼本作"教父",世傳今本多同王弼本。"教戒的開始"義。河上公注:"父,始也。老子以强梁之人爲教,誡之始也。"朱謙之:"'教父'即'學父'。"①事實上,世傳本將"學"作"教"並非無因。《説文·攴部》:"教,上所施下所效也。從攴爻。""學"在《説文》中字形作"斆",《説文·攴部》列"教"字下:"斆,覺悟也。從教,從冂",段注:"學所以自覺,下之效也;教人所以覺人,上之施也。故古統謂之學也。""學"以"教"爲聲符,上古屬覺部匣母;"教"上古屬宵部見母。兩字音近。"學"最初兼有"學"、"教"兩義,前者例多不煩舉,後者如《國語·晉語九》:"順德以學子,擇言以教子,擇師保以相子。"韋昭注:"學,教也。"《禮記·文王世子》:"凡學世子及學士,必時。"陸德明《經典釋文》:"學,户孝反,教也。"《老子》"學父"之"學"正是"教"義,上言朱氏所謂"'教父'即'學父'"者,就是這個意思。但是秦以降,"學"的"教"義使用越來越少,而漸漸變爲主要由"教"來表示這個意義。正因如此,魏晉時期的人們已經不盡能明瞭"學父"之"學"所指,所以將之改爲"教父",遂至該詞在此之後一直以後一種形式流傳使用。

(二)可以互用

這些換用的同義詞,在抄寫當時或因音義皆近,或因義極相

---

① 朱謙之《〈老子〉校釋》,龍門聯合書局 1958 年版,第 114 頁。

近,可以較爲隨意地互用。

1. 音義皆近

絕——輟

子孫以丌祭祀不輟。(簡乙)

子孫以祭祀不絕。(BY17W54)

子孫以祭祀不輟。(王本)

帛書甲本殘,乙本作"絕"。年代最早的楚簡本作"輟"。與帛書時代最接近的《韓非子》兩次引這句話,《解老》作"絕",《喻老》作"輟",這就説明"絕"與"輟"在先秦是可以互用的。一則,兩詞義近;二則,"絕"屬從母月部,"輟"屬端母月部,兩字韻同聲近。互用的條件完全成立。也正因如此,《韓非子》中才會出現相同引文而分用兩字的情況。另,王弼、嚴遵、河上、景龍碑、傅奕、范應元、蘇軾、吳澄、焦竑本作"輟"。

如——若

明道女孛,遲道女繢,[進]道若退。上德惪女浴,大白女辱,坒惪如不足,建惪女偷,[質]貞女愈。(簡乙)

明道如費,進道如退,夷道如類。上德如山谷,大白如辱,廣德如不足,建德如[偷,質真如渝]。(BY03W41)

明道若昧,進道若退,夷道若纇。上德若谷,大白若辱,廣德若不足,建德若偷,質真若渝。(王本)

若——如

多聞數窮,不若守於中。(BJ49W05)

多聞數窮,不若守於中。(BY49W05)

多聞數窮,不如守中。(王本)

BY03W41連續八句"某某如某";其中"如"字,楚簡本作"女","女"通"如";王本作"若",世傳本多同王本。而B49W05"不若守於中",帛書甲、乙本均作"若";王本卻作"如"。"如"屬日母魚部,"若"屬日母鐸部,聲紐相同韻可對轉。兩字音義皆近,上古可以互用。

2. 詞義相近

民——人

而民生生，動皆之死地之十有三。(BJ13W50)

而民生生，僮皆之死地之十有三。(BY13W50)

人之生動皆之死地亦十有三。(王本)

人——民

人之饑也，以其取食逆之多也，是以饑。(BJ40W75)

人之饑也，以其取食踥之多，是以饑。(BY40W75)

民之饑，以其上食税之多，是以饑。(王本)

B13W50“民生生動皆之死地”一句各本文字微有歧異，大意略同。其中“民”字，帛書甲乙本均作“民”，嚴遵、傅奕、范應元等本同帛書本；王本作“人”，景龍、遂州、河上、司馬光等本皆同王本。B40W75“人之饑也”一句中之“人”字，帛書甲乙本均作“人”，邢玄、敦煌辛、遂州等本同帛書本；王本作“民”，傅奕、范應元、焦竑等本同王本。“民”、“人”上古均有“百姓”義，可互用。如：《國語·齊語》：“桓公曰：‘定人之居，若何？’”下文同樣內容作“桓公曰：‘定民之居，若何？’”《國語·周語上》：“勤恤民隱。”《後漢書·張衡傳》作“勤恤人隱”[1]。是爲兩詞同義的明證。B40W75帛書甲本全句作：“人之饑也，以其取食逆之多也，是以饑。百姓之不治也，以其上有以爲[也]，是以不治。”乙本除通假字及虛詞外與甲本全同。這裡的上下兩句形成儷偶，“人”與“百姓”並舉，兩詞同義。王本此句作“民之饑，以其上食税之多，是以饑。民之難治，以其上有以爲也，是以難治。”改“人”、“百姓”爲“民”，是爲了使上下兩句對應更加工整。

　　① 兩例引自洪成玉、張桂珍《古漢語同義詞辨析》，浙江教育出版社1987年版，第1頁。

（三）社會發展

由於社會的發展,名物制度方面也會發生相應的變化,體現在《老子》異文上,就是事物名稱的變化。如:

三卿——三公

故立天子,置三卿,雖有共之璧以先四馬,不善坐而進此。（BJ25W62)

［故］立天子,置三卿,雖有［共之］璧以先四馬,不若坐而進此。（BY25W62)

故立天子,置三公,雖有拱璧以先駟馬,不如坐進此道。（王本）

帛書甲乙本均作“三卿”,世傳今本皆作“三公”。“三卿”、“三公”皆可指周制中的三高官。《礼记・王制》:“大國三卿,皆命於天子。”孔穎達疏:“三卿者,依周制而言,謂立司徒,兼冢宰之事;立司馬,兼宗伯之事;立司空,兼司寇之事。”謂“三卿”指司徒、司馬、司空。又《尚書・周官》:“立太師、太傅、太保,兹惟三公,論道經邦,變理陰陽。”謂“三公”指太師、太傅、太保。另,《漢書・百官公卿表序》亦以司徒、司馬、司空爲三公。可見“三卿”、“三公”很早即有混用。但是自西漢官制分別以丞相爲大司徒、太尉爲大司馬、御史大夫爲大司空,並總稱三者爲三公之後,除文學上力求古雅而仍然間或使用“三卿”而外,多數情況稱“三公”,此後沿襲。世傳本改“三卿”作“三公”,正是由於官制發生變化不復如初的緣故。

（四）語言運用

語言運用對帛書《老子》異文中同義換用現象的影響,部分源自修辭手法的使用,部分源自對句式一律的要求。

修辭手法主要是避諱。

邦——國

以正之邦,以畸甬兵,以亡事取天下。（簡甲）

以正之邦,以畸用兵,以无事取天下。（BJ20W57)

以正之國,以畸用兵,以无事取天下。（BY20W57)

以正治國，以奇用兵，以無事取天下。（王本）

"邦"爲漢高祖諱。帛書甲本及楚簡甲本均用原字，帛書乙本及傳世本均采用同義詞"國"以避其諱。相同換用還見於 B17W54（簡乙）、B24W61、B30W80、B43W78、B62W18（簡丙）、B80W36。

由於避"邦"諱，雙音詞也受到影響：

邦家——國家

邦豪緍［亂］，安又正臣。（簡丙）

邦家閬亂，案有貞臣。（BJ62W18）

國家閬亂，安有貞臣。（BY62W18）

國家昏亂，有忠臣。（王本）

按：傳世本均避作"國"字。相同換用還見於 B20W57①。

恒——常

［道］之尊，德之貴也，夫莫之爵而恒自然也。（BJ14W51）

道之尊，德之貴也，夫莫之爵也，而恒自然也。（BY14W51）

道之尊，德之貴，夫莫之命而常自然。（王本）

"恒"爲漢文帝諱。帛書甲、乙本均用原字，世傳今本均避作"常"。相同換用還見於 B39W74、B44W79、B45W01、B45W01、B47W03、B72W28。

盈——滿

金玉涅室，莫能獸也。（簡甲）

金玉盈室，莫之守也。（BJ53W09）

金玉滿堂，莫之能守。（王本）

"盈"爲漢惠帝諱。帛書甲本用原字，帛書乙本殘；楚簡甲本作"涅"，通"盈"②；世傳今本均避作"滿"。

---

① B20W57 對應之楚簡甲本作：夫天多忌諱而民爾畔，民多利器而邦玆昏。據此看，則帛書本及傳世本"家"係衍文。

② 廖名春《郭店楚簡〈老子〉校釋》，清華大學出版社 2003 年版，第 360 頁。

　　由避諱而産生的異文甚至引起連鎖反應，又導致新的異文出現。如：

室——堂

金玉涅室，莫能獸也。(簡甲)

金玉盈室，莫之守也。(BJ53W09)

金玉[盈]室，莫之能守也。(BY53W09)

金玉滿堂，莫之能守。(王本)

　　"室"，郭店楚簡、嚴遵本同帛書甲乙本；其他世傳今本多同王本作"堂"。上古"室"、"堂"本有分別，前者指内室，後者在前者之外。玄應《一切經音義》卷六："户外爲堂，户内爲室。"徐鍇《説文解字繫傳·宀部》："室，堂之内，人所安止也。"從具體使用上可以看得更加分明。《論語·先進》："由也，升堂矣，未入於室也。"皇侃疏："窗、户之外曰堂，窗、户之内曰室。"可知"堂"外而"室"内，區分明確。又如《禮記·問喪》："入門而弗見也，上堂又弗見也，入室又弗見也。"以"門"、"堂"、"室"爲序，實則是由外至内的順序。本章充滿房屋者爲"金玉"，顯然應藏於内室而非置於外堂。但是由於漢人爲避惠帝劉盈諱改"盈"爲"滿"，而"金玉滿室"聲調不諧有損《老子》的接近韻文的性質，於是又改"室"爲近義的"堂"，最終形成了今本的"金玉滿堂"。同時，中古改"室"爲"堂"，也表明這個時期的"室"、"堂"在使用上已經不像上古時期有截然的界限了。

　　格式一律，主要是指王本《老子》爲使句式整齊，盡量將每個句子都向四字格靠攏，因而采用同義替換的方法。如：

百姓——民

百姓之不治也，以其上有以爲[也]，是以不治。(BJ40W75)

百生之不治也，以其上之有以爲也，[是]以不治。(BY40W75)

民之難治，以其上之有爲，是以難治。(王本)

　　爲了將"百姓之不治也"變得與末句之"是以不治"一樣成爲四字格，王本換"百姓"爲"民"，同時删去助詞"也"，又爲使句意順暢又改"不"爲"難"。

復歸——歸

天道員員,各復丌堇。(簡甲)

天物雲雲,各復歸於其[根]。(BJ60W16)

凡物賑賑,各歸其根。(傅奕本)

帛書甲本此句作"天物云云,各復歸於其[根]"。傅奕本換"復歸"爲"歸",變句子爲"凡物賑賑,各歸其根",從而使上下句均成四字,更加整齊。

(五)抄寫訛誤

這類同義替換與上述幾種換用相比較爲特殊。它們並非有意爲之的産物,乃是抄寫的訛字與原字形、義皆近而産生的。如:

萬乘之王——萬乘之主

若何萬乘之王而以身巠於天下?(BJ70W26)

若何萬乘之王而以身巠於天下?(BY70W26)

奈何萬乘之主而以身輕天下?(王本)

世傳今本皆同王本。"王"、"主"形近而訛[①]。義亦近則使得它們變成了同義換用,沒有導致句意不通,所以這個訛誤得以長期傳承。

小谷——川谷

卑道之才天下也,猷少浴之與江海。(簡甲)

俾道之在[天下也,猶小]浴之與江海也。(BJ76W32)

卑[道之]在天下也,猶小浴之與江海也。(BY76W32)

譬道之在天下,猶川谷之於江海。(王本)

楚簡甲本作"少浴",即"少"通"小","少浴"即"小谷"[②]。帛書甲本殘留一"浴"字;帛書乙本作"小浴","浴"通"谷"。王本作"川

---

① 高明《帛書〈老子〉校注》,中華書局 2004 年版,第 359 頁。

② 廖名春《郭店楚簡〈老子〉校釋》,清華大學出版社 2003 年版,第 200 頁。

谷",世傳今本均同王本。"小谷",小河;"川谷",河流。兩者義近。因"小"、"川"形近,故而傳抄致誤;又因"川"亦有河流義,未造成句意窒礙,所以這個訛誤隱藏很深,非用簡帛本比照無以明之。

第三節　帛書《老子》異文與語法研究

異文可以用來作爲語法研究的重要材料。正如吳辛丑所言:"這一觀點過去談異文者很少論及。異文在語法上的表現,主要是句式和虛詞的不同,所以異文也是變換分析的重要材料。"①對"變換"的定義,學界看法比較一致。朱德熙認爲:"可以理解爲存在於兩種結構不同的句式之間的依存關係。"②這個定義主要是針對現代漢語的。對古漢語語法的"變換"問題研究較爲深入的唐鈺明則認爲:"變換指的是一種語法結構形式替代另一種語法結構形式而基本語義保持不變,或者説,同一語義可以用不同的語法結構形式來表示。"③對唐氏的觀點,吳辛丑作了補充:"就古漢語的情形而言,特別是就異文反映的語法現象看,變換的範圍不妨放寬一些,即除了那些涉及句式或結構關係的異文,結構成分或語法單位的差異也應包括進來。……這樣,虛詞的異用就可納入到變換考察的範圍中來。"④從古漢語語法研究角度出發,我們認爲吳氏的觀點比較全面,可以采信。

帛書《老子》異文存在大量虛詞變換的現象,因此我們主要把着眼點放在這個方面對它進行窮盡考察,並探討成因。要説明的

　　① 吳辛丑《簡帛典籍異文研究》,中山大學出版社 2002 年版,第 83 頁。
　　② 朱德熙《變換分析中的平行性原則》,《語法叢稿》,上海教育出版社 1990 年版,第 125 頁。
　　③ 唐鈺明《古漢語語法中的"變換"問題》,《著名中年語言學家自選集·唐鈺明卷》,安徽教育出版社 2002 年版,第 33 頁。
　　④ 吳辛丑《簡帛典籍異文研究》,中山大學出版社 2002 年版,第 84 頁。

是，爲便於集中討論以發現問題，我們按照傳統語法的劃分方法，將代詞、副詞也歸入虛詞類。

一、虛詞的變换

《老子》楚簡、帛書、王弼本異文虛詞的變换主要表現虛詞的省略、增加和替换上。這裏的"省略、增加和替换"是相對於帛書本而言的。以下根據詞類的不同分别討論。

（一）副詞

《老子》楚簡、帛書、王弼本異文中數量最多的副詞是否定副詞。其中不同否定副詞之間的相互替换現象普遍存在，引起了我們的注意。以下擇取具有典型意義的問題討論。

"非"、"弗"、"未"、"无"、"毋"與"不"的同義替换。如：

（1）非——不

［夫天下，神］器也，非可爲者也。（BJ73W29）

夫天下，神器也，非可爲者也。（BY73W29）

天下神器，不可爲也。（王本）

（2）弗——不

蜂蠆虫它弗螫，攫鳥猛獸弗哺。（簡甲）

逢梸蝪地弗螫，攫鳥猛獸弗搏。（BJ18W55）

蠢癘虫蛇弗赫，據鳥孟獸弗捕。（BY18W55）

蜂蠆虺蛇不螫，攫鳥猛獸不據。（王本）

相同替换還見於 B03W41（簡乙）、B10W47、B14W51、B19W56（簡甲）、B23W60、B33W68、B37W72、B42W77、B43W78、B46W02（簡甲）、B48W04、B54W10、B58W14、B66W24、B67W22、B68W23、B73W29、B78W34。

（3）未——不

三言以爲文不足。（簡甲）

此三言也,以爲文未足。(BJ63W19)

此三言也,以爲文未足。(BY63W19)

此三者,以爲文不足。(王本)

類似替換還見於 B69W25(簡甲)。

(4) 无——不

聖人无積。(BJ31W81)

耶人无積。(BY31W81)

聖人不積。(王本)

相同替換還見於 B72W28。

(5) 毋——不

善者果而已,不以取强。(簡甲)

善者果而已矣,毋以取强焉。(BJ74W30)

善者果而已矣,毋以取强焉。(BY74W30)

善有果而已,不敢以取强。(王本)

其中例 3 與例 5 王弼本與楚簡本均作"不",近古必存真,因此帛書本的"未"、"毋"當係後改。以上異文傳達出一系列信息。首先,在帛書《老子》的抄寫年代,這些否定詞的用法有同有異,以異爲主,所以它們才會各有專司。"非"意爲"不是",主要用於名詞或名詞性詞組前。它在帛書中共出現 10 處,其中 7 處①均是後接名詞性成分。"弗"基本只用於動詞前。它共出現 41 次,僅有 1 次后爲形容詞其他全爲動詞。"未"可用名詞、動詞、形容詞前,主要用於動詞前。②"毋"含有禁止、規勸之義,例 5 之外,如 BJ37W72 的"毋闻其所居"、"毋猒其所生"也都是此種用法。"无"意爲"没有"、

---

① 例 1 之外還有 BY16W53 非［道］、BJ23W60 非其鬼、BY23W60 非其神、BJ45W01 非恒道、BJ45W01 非恒名、BJ75W31 非君子之器。

② 它在帛書中共出現 6 次,其中 1 次接名詞 BY64W20 未央,4 次接動詞 BJ18W55 及 BJ69W25 未知、BJ64W20 未兆、BY64W20 未咳;1 次接形容詞 BJ63W19 未足。

"不",既可用於名詞前也可用於動詞前,機率各半。正是由於這些用法及意義上的查别,帛書本才使用了如許多不同的否定副詞。第二,帛書本使用最多的否定副詞爲"弗",楚簡本使用最多的卻是"不"。兩本出現"弗"的文字基本可以對應。楚簡約三分之二的"不"字,帛書本對應部分作"未"、"毋"等。這一點從例 3、例 5 即可窺見一斑。所以如此,我們傾向於是楚簡時代的否定副詞用法不如帛書時代嚴密的緣故。第三,以上 5 例,帛書用 5 個不同的否定副詞,王本全作"不",表明王本時代的否定副詞系統已經大爲簡化。這時的否定表達用"不"就可大體滿足,所以不再需要在否定副詞的意義與用法上有如帛書時代般的細微分别。最後,根據分析第二、第三兩條信息所得出的結論,我們認爲漢語的否定副詞系統在楚簡、帛書、王本三個時代經歷了由簡到繁再到簡的一個過程。

（二）介詞

介詞用在名詞、代詞或名詞性詞組之前,構成介詞詞組,表示動作行爲涉及的時間、處所、方向、對象、原因、目的等。以下以"於"字爲例討論之。

於

1. 增加表示比較的介詞"於"

古代漢語中常用介詞"於"表示比較,相當於現代漢語中的"比"。后者不可省略,帛書《老子》和王本《老子》異文中卻可以看到省略表示比較的介詞"於"的例子。

夫唯无以生爲者,是賢貴生。（BJ40W75）

夫唯无以生爲者,是賢貴生。（BY40W75）

夫唯無以生爲者,是賢於貴生。（王本）

"是賢貴生",世傳本皆同王本作"是賢於貴生"。《淮南子·道應訓》引作:"夫唯無以生爲者,是賢於貴生焉。"

此句意爲"無以生爲者"比"貴生"者賢明、智慧。"無以生爲",

不刻意求生；"貴生"，厚自奉養過分看重生命。帛書甲、乙本均采
用意合的方法來表示比較，而世傳本則皆加介詞"於"表達相同的
意思。郭錫良認爲介詞"於"在春秋戰國時期產生了一種新的用
法，即用在形容詞後面以引進比較對象。並引《論語》、《左傳》、《莊
子》、《孟子》爲證①。考察帛書《老子》全書，表示比較的句子共見
於四章，另外三章爲 BJ09W46："罪莫大於可欲，旤（禍）莫大於不
知足，咎莫憯於欲得"，BJ34W69："旤（禍）莫於大於无適（敵）"，
BY43W78："天下莫柔弱於水"。這三處共五個句子全部用介詞
"於"表示比較。根據上述情況，我們認爲帛書本此句是更早時期
介詞還不發達，從而采用意合表示比較的用法的殘留。因爲，首先
《老子》年代在《論語》等之先，它的語法相對更古；第二，帛書《老
子》抄寫年代不晚於漢初，未經後世改竄，近古必存真；第三，帛書
甲與乙本抄寫所據底本不同②，而此處卻字句全同，是《老子》原
本如此的力證。至於世傳本增加"於"以表示比較則是此種用法產
生之後，語法逐漸嚴密的要求。

　　2. 省略引介處所的介詞"於"

　　何樂士對《左傳》和《史記》的異文進行比較研究后指出：《史
記》中表示處所的詞語前可以不使用介詞"於"③。在帛書《老子》
和王本《老子》異文中，也存在類似情況：

　　（1）

　　以術佐人宝者，不谷以兵强於天下。（簡甲）

　　以道佐人主，不以兵强於天下。（BY74W30）

　　以道佐人主者，不以兵强天下。（王本）

---

　　① 郭錫良《古漢語語法論集》，語文出版社 1998 年版，第 98 頁。

　　② 高明《帛書〈老子〉校注·序》，中華書局 2004 年版，第 3 頁。

　　③ 何樂士《漢語句法結構上的一個重大變化——從〈左傳〉、〈史記〉的比較看介實
短語位置的前移》，《古漢語語法研究論文集》，商務印書館 2000 年版，第 182—184 頁。

（2）

不出於户，以知天下；不規於牖，以知天道。(BJ10W47)

不出於户，以知天下；不規於[牖，以]知天道。(BY10W47)

不出户，知天下；不窺牖，見天道。(王本)

（3）

多聞數窮，不若守於中。(BJ49W05)

多聞數窮，不若守於中。(BY49W05)

多聞數窮，不如守中。(王本)

（4）

天道員員，各復亓堇。(簡甲)

天物雲雲，各復歸於其[根]。(BJ60W16)

天物蕓蕓，各復歸其根。(王本)

（5）

衆人熙熙，若鄉於大牢而春登臺。(BJ64W20)

衆人熙熙，若鄉於大牢而春登臺。(BY64W20)

衆人熙熙，如享大牢，如春登臺。(王本)

B74W30，帛書本與楚簡本均用“於”；B60W16，帛書本用“於”而楚簡本不用。這種現象表明，在楚簡抄寫年代，表示引介處所的“於”字在使用上也比較活絡，並非非有不可的。

3. 增加引介對象的介詞“於”

攸之身，亓惪乃貞；攸之豪，亓惪又餘；攸之鄉，亓惪乃長；攸之邦，亓惪乃奉；攸之天下，[亓惪乃溥]。(簡乙)

修之身，其德乃真；修之家，其德有餘；修之鄉，其德乃長；修之國，其德乃夆；修之天下，其德乃博。(BY17W54)

修之於身，其德乃真；修之於家，其德乃餘；修之於鄉，其德乃長；修之於國，其德乃豐；修之於天下，其德乃普。(王本)

遂州、河上公、嚴遵、吳澄、焦竑亦均有“於”。

帛書本及楚簡本均無“於”，可知原本當如此。傳世本所以增加"於"字,一方面是由於語法的逐漸嚴密,另一方面也是爲了使全句均爲四字格在形式上更加嚴整的緣故。

4. 介詞"於"的同義替換

於——乎

天下之至柔[馳]騁於天下之致堅。(B06W43)

天下之至[柔]馳騁乎天下[之至堅]。(B06W43)

天下之至柔馳騁天下之至堅。(王本)

"乎"除了做語氣詞外,還可以充當介詞引進處所、原因、比較的對象等等,這時的"乎"可以當"於"用,故王本換"於"爲"乎"。另外,B26W63,帛書甲本作"圖難乎[其易也,爲大乎其細也]",王本作"圖難於其易,爲大於其細",則正相反地換"乎"爲"於"。可見"於"、"乎"的做介詞引進處所的時候是可以同義替換的。

(三) 助詞

助詞是附着在詞、詞組或句子上的成分,有輔助作用,表示一定的附加意義。

之

"之"字的隱現是古籍異文中一種相當常見的形式。古漢語中常通過加"之"字來使句子降格爲短語。王力指出:"上古漢語這種結構中的動詞(或動詞仂語)近似一種行爲名詞(action noun),中古以後,在口語中漸漸喪失了這種結構,只有古文作家模仿這種結構寫成書面語言。"①帛書、楚簡《老子》抄寫於上古,保留了大量"之"字仂語結構;王本《老子》書於中古,簡帛本中很多"之"都被刪除。如:

1.

[聖人恒无心],以百[姓]之心爲[心]。(BJ12W49)

---

① 王力《漢語史稿》,中華書局 2002 年版,第 395 頁。

［聖］人恒无心，以百省之心爲心。(BY12W49)

聖人無常心，以百姓心爲心。(王本)

2.

［聖人］之在天下，惀惀焉，爲天下渾心。(BJ12W49)

耴人之在天下也，欲欲焉，爲天下渾心。(BY12W49)

聖人在天下歙歙，爲天下其渾心。(王本)

3.

吾何以知天下之然哉？(簡乙)

［吾何以知］天下之然兹？(BY17W54)

吾何以知天下然哉？(王本)

4.

聖人之才民荮也，以身逡之；兀才民上也，以言下之。(簡甲)

是以聖人之欲上民也，必以其言下之；其欲［先民］也，必以其身後之。(BJ29W66)

是以耴人之欲上民也，必以其言下之；其欲先民也，必以其身後之。(BY29W66)

是以欲上民，必以言下之；欲先民也，必以身後之。(王本)

5.

吾言甚易知也，甚易行也；而人莫之能知也，而莫之能行也。(BJ35W70)

吾言易知也，易行也；而天下莫之能知也，莫之能行也。(BY35W70)

吾言甚易知，甚易行；天下莫能知，莫能行。(王本)

6.

民之不畏畏，則大畏將至矣。(BY37W72)

民不畏威，大畏將至。(王本)

7.

故聖人之言云，曰："受邦之詢，是胃社稷之主；受邦之不祥，是

胃天下之王。"（BJ43W78）

　　是故耶人言云,曰:"受國之詢,是胃社稷之主;受國之不祥,是胃天下之王。"（BY43W78）

　　是以聖人云:"受國之垢,是謂社稷主;受國不祥,是謂天下王。"（王本）

　　8.

　　玄牝之門,是胃[天]地之根。（BJ50W06）

　　玄牝之門,是胃天地之根。（BY50W06）

　　玄牝之門,是謂天地根。（王本）

　　9.

　　難得之貨使人之行方。（BJ56W12）

　　難得之貨使人之行仿。（BY56W12）

　　難得之貨令人行妨。（王本）

　　10.

　　又亡之相生也,戁慁之相城也,長耑之相型也,高下之相涅也,音聖之相呎也,先後之相墮也。（簡甲）

　　有无之相生也,難易之相成也,長短之相刑也,高下之相盈也,意①聲之相和也,先後之相隋也,恒也。（BJ46W02）

　　[有无之相]生也,難易之相成也,長短之相刑也,高下之相盈也,音聲之相和也,先後之相隋也,恒也。（BY46W02）

　　故有無相生,難易相成,長短相較,高下相傾,音聲相和,前後相隋。（王本）

　　例4很有典型意義。它的上下句分別以"聖人之欲"與"其欲"相對應,"其"的意義相當於"他的",因此這裡"之"的助詞性格外明顯。王弼本按照中古語法將上句的"之"字刪除,但又要保持上下

---

　　① 帛書甲本"意"爲誤字。當"音"。

句的對應關係,結果就不得不把下句的主語"其"也一併删掉,使得文字上距原本越來越遠。例 3、4、10 的帛書本與楚簡本均用"之"字取消句子的獨立性,體現了上古漢語的特點。王弼本則將這些"之"字大量删除,也完全符合中古時期的漢語語法特點。

附録:

《老子》虚詞異文

說明: 以下爲楚簡《老子》、帛書《老子》、王弼本《老子》中所有關於虚詞省略、增加和替換的異文。分類列舉如下:

1. 單音節虚詞的省略和增加

(1) 單音節虚詞的省略

帛書《老子》使用,而他本《老子》多不用者:

a. 代詞

其

夜虖奴各涉川,猷虖丌奴畏四叟,敢虖丌奴客,遠虖丌奴懌,屯虖丌奴樸,坉虖丌奴濁。(簡甲)

與呵其若冬[涉川,猶呵其若]畏四[鄰,嚴呵]其若客,涣呵其若淩澤,[沌]呵其若楃,湷[呵其若濁,湉呵其]若浴。(BJ59W15)

與呵其若冬涉水,猶呵其若畏四叟,嚴呵其若客,涣呵其若淩澤,沌呵其若樸,湷呵其若濁,湉呵其若浴。

豫焉若冬涉川,猶兮若畏四鄰,儼兮其若容,涣兮若冰之將釋,敦兮其若樸,曠兮其若谷,混兮其若濁。(王本)

類似的還見於 B32W67、B48W04、B60W16、B64W20(簡乙)、B70W26、B78W34。

b. 副詞

亦

古不可得而新,亦不可得而疋;不可得而利,亦不可得而害;不

可得而貴,亦可不可得而戔。古爲天下貴。(簡甲)

　　故不可得而親,亦不可得而疏;不可得而利,亦不可得而害;不可得而[貴],亦不可得而淺。故爲天下貴。(BJ19W56)

　　故不可得而親也,亦[不可得]而[疏;不可得]而利,[亦不可]得而害;不可得而貴,亦不可得而賤。故爲天下貴。(BY19W56)

　　故不可得而親,不可得而疏;不可得而利,不可得而害;不可得而貴,不可得而賤。故爲天下貴。(王本)

　　c. 介詞。

　　所

　　[故]垣无欲也,以觀其眇;恒有欲也,以觀其所噭。(BJ45W01)

　　故恒 无 欲 也,[以 觀 其 眇];恒 又 欲 也,以 觀 其 所 噭。(BY45W01)

　　故常無欲,以觀其妙;常有欲,以觀其徼。(王本)

　　類似的還見於 B64W20。

　　以

　　是以聖人執右介而不以責於人。(BJ44W79)

　　是以聖人執左芥而不以責於人。(BY44W79)

　　是以聖人執左契,而不責於人。(王本)

　　類似的還見於 B02W39、B43W78、B67W22。

　　於

　　以術佐人宝者,不谷以兵强於天下。(簡甲)

　　以道佐人主,不以兵强於天下。(BY74W30)

　　以道佐人主者,不以兵强天下。(王本)

　　類 似 的 還 見 於 B06W43、B10W47、B42W77、B49W05、B57W13、B60W16、B64W20、B70W26。

　　d. 連詞

　　案

　　古大道廢,安又仁義;六新不和,安又孝兹;邦豪緍[亂],安又

正臣。(簡丙)

故大道廢,案有仁義;知快出,案有大僞;六親不和,案有畜茲;邦家閩亂,案有貞臣。(BJ62W18)

故大道廢,安有仁義;知慧出,安有[大僞];六親不和,安又孝茲;國家閩亂,安有貞臣。(BY62W18)

大道廢,有仁義;慧智出,有大僞;六親不和,有孝慈;國家昏亂,有忠臣。(王本)

而

夫天多忌諱而民爾畔,民多利器而邦茲昏,人多智而奇物滋起,灋勿茲章[而]盜賊多又。(簡甲)

夫天下[多忌諱]而民彌貧,民多利器而邦家茲昏,人多知而何物茲[起,法物茲章而]盜賊[多有]。(BJ20W57)

夫天下多忌諱而民彌貧,民多利器[而國家滋]昏,[人多知而奇物滋起,法]物茲章而盜賊[多有]。(BY20W57)

天下多忌諱而民彌貧,民多利器國家滋昏,人多伎巧而奇物滋起,法令滋彰盜賊多有。(王本)

類似的還見於 B02W39、B13W50、B14W51、B27W64(簡甲/簡丙)、B35W70、B37W72、B42W77、B43W78、B58W14、B61W17(簡丙)、B63W19(簡甲)、B76W32(簡甲)。

故

古大道廢,安又仁義。(簡丙)

故大道廢,案有仁義。(BJ62W18)

故大道廢,安有仁義。(BY62W18)

大道廢,有仁義。(王本)

類似的還見於 B05W42、B07W44(簡甲)、B31W81、B42W77、B44W79。

如

天將建之,女以茲垣之。(BJ32W67)

天將建之,如以慈垣之。(BY32W67)

天將救之,以慈衛之。(王本)

若

若民恒且畏不畏死,若何以殺曜之也? 使民恒且畏死,而爲畸者[吾]得而殺之,夫孰敢矣!(BY39W74)

民不畏死,奈何以死懼之? 若使民常畏死,而爲奇者吾得執而殺之,孰敢!(王本)

則

故稱兵相若,則哀者勝矣。(BJ34W69)

故稱兵相若,則依者朕[矣]。(BY34W69)

故抗兵相加,哀者勝矣。(王本)

類似的還見於 B37W72、B70W26、B78W34。

e. 助詞

夫

夫天多忌諱而民爾畔。(簡甲)

夫天下[多忌諱]而民彌貧。(BJ20W57)

夫天下多忌諱而民彌貧。(BY20W57)

天下多忌諱而民彌貧。(王本)

類似的還見於 B02W39、B32W67、B39W74、B44W79、B73W29。

之

又亡之相生也,難惡之相城也,長耑之相型也,高下之相涅也,音聖之相咊也,先後之相墮。(簡甲)

有无之相生也,難易之相成也,長短之相刑也,高下之相盈也,意①聲之相和也,先後之相隋也,恒也。(BJ46W02)

---

① 帛書甲本"意"爲誤字。當"音"。

[有无之相]生也，難易之相成也，長短之相刑也，高下之相盈也，音聲之相和也，先後之相隋也，恒也。(BY46W02)

故有無相生，難易相成，長短相較，高下相傾，音聲相和，前後相隋。(王本)

類似的還見於 B12W49、B17W54（簡乙）、B29W66（簡甲）、B35W70、B37W72、B43W78、B50W06、B51W07、B56W12、B58W14、B73W29、B80W36。

f. 語氣詞

呵

緜緜呵若存，用之不堇。(BJ50W06)

緜緜呵其若存，用之不堇。(BY50W06)

緜緜若存，用之不勤。(王本)

類似的還見於 B58W14、B64W20、B65W21、B65W21。

乎

孰能有餘而有以取奉於天者乎？(BJ42W77)

夫孰能又余而[有以取]奉於天者？(BY42W77)

孰能有餘以奉天下？(王本)

焉

民莫之命天自均安。(簡甲)

民莫之[令而自均]焉。(BJ76W32)

[民莫之]令而自均焉。(BY76W32)

民莫之令而自均。(王本)

楚簡"安"讀作"焉"。①　類似的還見於 B12W49、B13W50。

也

返也者，道僮也；溺也者，道之甬也。(簡甲)

---

① 荆門市博物館《郭店楚墓竹簡》，文物出版社 1998 年版，第 115 頁。

［反也者］,道之動也;弱也者,道之用也。(BJ04W40)

反也者,道之動也;［弱也］者,道之用也。(BY04W40)

反者,道之動;弱者,道之用。(王本)

類似的還見於 B01W38、B06W43、B10W47、B11W48（簡乙）、B12W49、B12W49、B13W50、B14W51、B20W57（簡甲）、B21W58、B22W59（簡乙）、B23W60、B24W61、B25W62、B26W63、B27W64（簡甲）、B28W65、B29W66（簡甲）、B33W68、B35W70、B37W72、B40W75、B41W76、B42W77、B43W78、B45W01、B46W02（簡甲）、B47W03、B48W04、B51W07、B53W09（簡甲）、B55W11、B58W14、B60W16、B61W17（簡丙）、B63W19（簡甲）、B71W27、B73W29、B77W33、B78W34、B79W35。

矣

善者果而已,不以取强。(簡甲)

善者果而已矣,毋以取强焉。(BJ74W30)

善者果而已矣,毋以取强焉。(BY74W30)

善有果而已,不敢以取强。(王本)

類似的還見於 B06W43、B21W58、B26W63、B34W69、B34W69、B35W70、B36W71、B37W72、B39W74、B52W08。

(2) 單音節虛詞的增加

帛書《老子》不用,而他本《老子》使用者:

a. 代詞

其

域中又四大,安王尻一安。(簡甲)

國中有四大,而王居一焉。B69W25

國中有四大,而王居一焉。

域中有四大,而王居其一焉。(王本)

類似的還見於 B05W42、B12W49、B65W21。

之

以兀不静也,故天下莫能與之静。(簡甲)

不以其无争與? 故[天]下莫能與争。(BY29W66)

以其不争,故天下莫能與之争。(王本)

按：類似的還見於 B59W15、B72W28、B75W31(簡丙)。

b. 副詞

不

使十百人之器毋用,使民重死而遠徙。(BJ30W80)

使有十百人器毋用,使民重死而遠徙。(BY30W80)

使有十百人之器而不用,使民重死而不遠徙。(王本)

c. 介詞。

於

攸之身,兀悳乃貞;攸之豪,兀悳又餘;攸之鄉,兀悳乃長;攸之邦,兀悳乃奉;攸之天下,[兀悳乃溥]。(簡乙)

修之身,其德乃真;修之家,其德有餘;修之鄉,其德乃長;修之國,其德乃夆;修之天下,其德乃博。(BY17W54)

修之於身,其德乃真;修之於家,其德乃餘;修之於鄉,其德乃長;修之於國,其德乃豐;修之於天下,其德乃普。(王本)

帛書乙本及楚簡乙本均無“於”。可知王本“於”字乃衍文。另,遂州、河上公、嚴遵、吳澄、焦竑亦均有“於”。類似的還見於 B40W75。

d. 連詞

而

大上,下智又之;兀即,新譽之。(簡丙)

太上,下知有之;其次,親譽之。(BJ61W17)

太上,下知又[之;其次],親譽之。(BY61W17)

太上,下知有之;其次,親而譽之。(王本)

類似的還見於 B16W53、B30W80、B64W20、B67W22。

故

又亡之相生也。(簡甲)

有无之相生也。(BJ46W02)

[有无之相]生也。(BY46W02)

故有無相生。(王本)

類似的還見於 B68W23、B69W25(簡甲)。

或

[物或益之而]云,云之而益。(BY05W42)

物或損之而益,或益之而損。(王本)

雖

有車周无所乘之,有甲兵无所陳[之,使民復結繩而]用之。(BJ30W80)

又車周無所乘之,有甲兵無所陳之,使民復結繩而用之。(BY30W80)

雖有車周,無所乘之;雖有甲兵,無所陳之;使人復結繩而用之。(王本)

焉

信不足,安又不信。(簡丙)

信不足,案有不信。(BJ61W17)

信不足,安有不信。(BY61W17)

信不足焉,有不信焉。(王本)

則

古之所胃"曲全"者,幾語才!(BY67W22)

古之所謂曲則全者,豈虛言哉!(王本)

f. 語氣詞

兮

禍,福之所倚;福,禍之所伏。(BJ21W58)

禍兮福之所倚;福兮禍之所伏。(王本)

也

其在道曰:"餘食贅行。"(BJ66W24)

其在道也,曰:"餘食贅行。"(BY66W24)

其在道也,曰:"餘食贅行。"(王本)

哉

我禺人之心也,惷惷呵。(BJ64W20)

我愚人之心也,湷湷呵。(BY64W20)

我愚人之心也哉,沌沌兮。(王本)

g. 詞綴

然

[天之道,不戰而善勝],不言而善應,不召而自來,彈而善謀。
(BJ38W73)

天之道,不單而善朕,不言而善應,弗召而自來,單而善謀。
(BY38W73)

天之道,不爭而善勝,不言而善應,不召而自來,繟然而善謀。
(王本)

1. 單音節虛詞的替換

分單音節虛詞換爲單音節虛詞、單音節虛詞換爲雙音節虛詞
兩種類型。

(1) 單音節虛詞換爲單音節虛詞

a. 代詞

我——吾

故强良者不得死,我[將]以爲學父。(BJ05W42)

强梁者不得其死,吾將以爲教父。(王本)

焉——安

和大怨,必有餘怨,焉可以爲善?(BJ44W79)

和大怨,必有餘怨,安可以爲善?(王本)

b. 副詞

不——非

不以其无[私]興?(BJ51W07)

不以其无私興?(BY51W07)

非以其無私邪?(王本)

不——勿

果而不強。(簡甲)

[果]而不強。(BJ74W30)

果而勿強。(王本)

非——不

[夫天下,神]器也,非可爲者也。(BJ73W29)

夫天下,神器也,非可爲者也。(BY73W29)

天下神器,不可爲也。(王本)

弗——不

蜂蠆虫它弗螫,攫鳥猛獸弗哺。(簡甲)

逢㴂蝍地弗螫,攫鳥猛獸弗搏。(BJ18W55)

蠭癘虫蛇弗赫,據鳥孟獸弗捕。(BY18W55)

蜂蠆虺蛇不螫,攫鳥猛獸不據。(王本)

　　相同替換還見於 B03W41(簡乙)、B10W47、B14W51、B19W56(簡甲)、B23W60、B33W68、B37W72、B42W77、B43W78、B46W02(簡甲)、B48W04、B54W10、B58W14、B66W24、B67W22、B68W23、B73W29、B78W34。

未——不

三言以爲文不足。(簡甲)

此三言也,以爲文未足。(BJ63W19)

此三言也,以爲文未足。(BY63W19)

此三者,以爲文不足。(王本)

　　類似替換還見於 B69W25(簡甲)。

无——不

聖人无積。(BJ31W81)

耼人无積。(BY31W81)

聖人不積。(王本)

類似替換還見於 B72W28。

毋——不

善者果而已,不以取强。(簡甲)

善者果而已矣,毋以取强焉。(BJ74W30)

善者果而已矣,毋以取强焉。(BY74W30)

善有果而已,不敢以取强。(王本)

毋——勿——弗

果而弗發,果而弗喬,果而勿矜,是胃果而不强。(簡甲)

果而毋驕,果而勿矜,果而[勿伐],果而毋得已居,是胃[果]而不强。(BJ74W30)

果[而毋]驕,果而勿矜,果[而勿]伐,果而毋得已居,是胃果而①强。(BY74W30)

果而勿矜,果而勿伐,果而勿驕,果而不得已,果而勿强。(王本)

毋——無

修除玄藍,能毋疵乎?(BJ54W10)

修除玄監,能毋有疵乎?(BY54W10)

滌除玄覽,能無疵乎?(王本)

相同替換還見於 B15W52。

c. 介詞。

乎——於

圖難乎[其易也,爲大乎其細也]。(BJ26W63)

---

① BY74W30 此處脱一字。

圖難於其易，爲大於其細。（王本）

以──用

善數者不以檮筭。（BJ71W27）

善數者不以檮策。（BY71W27）

善數不用籌策。（王本）

與──於

卑道之才天下也，猷少浴之與江海。（簡甲）

俾道之在[天下也，猶小]浴之與江海也。（BJ76W32）

卑[道之]在天下也，猶小浴之與江海也。（BY76W32）

譬道之在天下，猶川谷之於江海。（王本）

d. 連詞

而──故──換虛詞。爲格式整齊

是以聲人恒善怵人，而无棄人，物无棄財，是胃悆明。
（BJ71W27）

是以耴人恒善怵人，而无棄人，物无棄財，是胃曳明。
（BY71W27）

是以聖人常善救人，故無棄人；常善救物，故無棄物，是謂襲
明。（王本）

而──如

衆人䣄䣄，若鄉於大牢而春登臺。（BJ64W20）

衆人䣄䣄，若鄉於大牢而春登臺。（BY64W20）

衆人熙熙，如享大牢，如春登臺。（王本）

而──尚

天地；而弗能久，有兄於人乎？（BY68W23）

天地；天地尚不能久，而況於人乎？（王本）

而──以

竺能濁以束者，牺舍清。（簡甲）

濁而情之，余清。（BJ59W15）

濁而静之,徐清。(BY59W15)

孰能濁以静之徐清。(王本)

而——於

故從事而道者同於道,德者同於德,者(誤字)者同於失。(BJ68W23)

故從事而道者同於道,德者同於德,失者同於失。(BY68W23)

故從事於道者,道者同於道,德者同於德,失者同於失。(王本)

而——則

物壯而老,是胃之不道。(BJ74W30)

物壯而老,胃之不道。(BY74W30)

物壯則老,是謂不道。(王本)

即——則

物壯則老,是胃不道。(簡甲)

[物壯]即老,胃之不道,不道[蚤已]。(BJ18W55)

物[壯]則老,胃之不道,不道蚤已。(BY18W55)

物壯則老,謂之不道,不道早已。(王本)

又——或

道沖,而用之有弗盈也。(BY48W04)

道沖,而用之或不盈。(王本)

又——況

天地;而弗能久,有兄於人乎?(BY68W23)

天地;天地尚不能久,而況於人乎?(王本)

按：BY68W23"有"通"又"。

e. 助詞

之——亦

民生生,動皆之死地之十有三。(BJ13W50)

民生生,僮皆之死地之十有三。(BY13W50)

人之動皆之死地亦十有三。(王本)

f. 語氣詞

呵——兮

夜虘奴各涉川。(簡甲)

與呵其若冬[涉川]。(BJ59W15)(竹甲)

與呵其若冬涉水。(BY59W15)

豫焉若冬涉川。(王本)

楚簡甲本"虘"通"乎"①。相同替換還見於 B48W04、B61W17（竹丙）、B64W20、B65W21、B69W25、B78W34。

兮——焉

我泊焉未佻，若[嬰兒未咳]。(BJ64W20)

我博焉未姚，若嬰兒未咳。(BY64W20)

我獨泊兮其未兆，如嬰兒之未孩。(王本)

也——乎

此其[賤之本與？ 非也？](BJ02W39)

此其賤之本與？ 非也？(BY02W39)

此非以賤爲本邪？ 非乎？(王本)

與——乎

天地之間兀猷橐籥與?(簡甲)

天地[之間其]猶橐籥與?(BJ49W05)

天地之間其猶橐籥與?(BY49W05)

天地之間其猶橐籥乎?(王本)

與——邪

不胃求以得，有罪以免輿?(BJ25W62)

不胃求以得，有罪以免與?(BY25W62)

不曰求以得，有罪以免邪?(王本)

---

① 荆門市博物館《郭店楚墓竹簡》，文物出版社 1998 年版，第 111 頁。

帛書甲本"輿"通"與"。相同替換還見於 B02W39、B51W07。

之——而

玄之有玄,衆眇之[門]。(BJ45W01)

玄之又玄,衆眇之門。(BY45W01)

玄而又玄,衆妙之門。(王本)

之——焉

[師之]所居,楚朳生之。(BJ74W30)

[師之所居,荆]棘生之。(BY74W30)

師之所處,荆棘生焉。(王本)

g. 詞綴

若——然

是以君子衆日行,不蘺其甾重;唯有環官,燕處[則昭]若。(BJ70W26)

是以君子冬日行,不遠其甾重;雖有環官,燕處則昭若。(BY70W26)

静爲躁君。是以聖人終日行,不離輜重;雖有榮觀,燕處超然。(王本)

(2)單音節虛詞換爲雙音節虛詞

連詞

故——是以

亓才民芻也,民弗害也。(簡甲)

故居前而民弗害。(BJ29W66)

居前而民弗害。(BY29W66)

是以處上而民不重。(王本)

(二)虛詞詞組的變換

1. 虛詞詞組的省略和增加

(1)虛詞詞組的省略

連詞性

是故

是故不欲[禄禄]若玉，硌[硌若石]。(BJ02W39)

是故不欲禄禄若玉，硌硌若石。(BY02W39)

不欲琭琭如玉，珞珞如石。(王本)

是以

古吉事上左，喪事上右。(簡丙)

是以吉事上左，喪事上右。(BJ75W31)

是以吉事[上左，喪事上右]。(BY75W31)

吉事上左，喪事上右。(王本)

(2) 虛詞詞組的增加

連詞性

然後

玄德深矣遠矣，與物[反]矣，乃至大順。(BJ28W65)

玄德深矣遠矣，[與]物反矣，乃至大順。(BY28W65)

玄德深矣遠矣，與物反矣，然後乃至大順。(王本)

是故

甚炁必大費，多藏必多亡。(簡甲)

甚[愛必大費，多藏必厚]亡。(BJ07W44)

是故甚愛必大費，多藏必厚亡。(王本)

是以

兵強則不勝；木強則恒。(BJ41W76)

[是]以兵強則不朕；木強則競。(BY41W76)

是以兵強則不勝；木強則兵。(王本)

2. 虛詞詞組的替換

(1) 虛詞詞組換爲虛詞詞組

其下——其次

大上，下智又之；丌即，新譽之；丌即，畏之；丌即，母之。(簡丙)

太上，下知有之；其次，親譽之；其次，畏之；其下母之。

（BJ61W17）

太上，下知又［之；其次］，親譽之；其次，畏之；其下母之。
（BY61W17）

太上，下知有之；其次，親而譽之；其次，畏之；其次，侮之。（王本）

若何——奈何

若何萬乘之王而以身巠於天下？（BJ70W26）

若何萬乘之王而以身巠於天下？（BY70W26）

奈何萬乘之主而以身輕天下？（王本）

何若　　若何

唯與可，相去幾可？ 𡚒與惡，相去可若？（簡乙）

唯與訶，其相去幾何？ 美與惡，其相去何若？（BJ64W20）

唯與呵，其相去幾何？ 美與亞，其相去何若？（BY64W20）

唯之與阿，相去幾何？ 美之與惡，相去若何？（王本）

（2）虛詞詞組換爲單音節虛詞

連詞性

是以——故

江海所以爲百浴王，以丌能爲百浴下，是以能爲百浴王。（簡甲）

［江］海之所以能爲百浴王者，以其善下之。 是以能爲百浴王。
（BJ29W66）

江海所以能爲百浴［王者，以］其［善］下之也。 是以能爲百浴
王。（BY29W66）

江海所以能爲百谷王者，以其善下之。 故能爲百谷王。（王本）

相同替換還見於 B03W41（簡乙）、B20W57（簡甲）、B59W15
（簡甲）。

第五章 帛書《老子》詞彙
研究的應用價值

帛書《老子》詞彙研究不但有助於更全面、更準確地了解春秋戰國時期斷代詞彙面貌，對整個漢語史的研究有所裨益，而且還可以幫助解決辭書編纂等實踐工作中遇到的問題，應用價值也不可低估。我們主要選取《漢語大詞典》(行文簡稱《大詞典》)這部大型辭書與《老莊詞典》①中的《老子詞典》部分作爲考察對象，必要時兼及《漢語大字典》(行文時簡稱《大字典》)。從詞目失收、釋義未當、例證過晚、義項闕略、句讀齟齬等方面，討論帛書《老子》詞語對它們的補正。

第一節 帛書《老子》詞彙研究對
《漢語大詞典》的補正

《漢語大詞典》"是當前最具權威性的'古今兼收，源流並重'的語文工具書"②，價值自不待言，這裡不再贅述。但是該書也存在一些問題，特別是由於帛書《老子》出土時《大詞典》的編纂工作已經處於尾聲，而前者的整理研究工作剛剛起步，所以雖然編者就帛

---

① 董治安、王世舜《老莊詞典》，山東教育出版社 1995 年版。
② 董志翹《〈入唐求法巡禮行記〉詞彙研究》，中國社會科學出版社 2000 年版，第 91 頁。

書《老子》努力對《大詞典》作了補充,但是難免漏誤。幾十年過去,帛書《老子》的研究日趨成熟,我們在此基礎上所作的詞彙研究就可對《大詞典》中一些問題起到補正作用。以下主要從詞目、釋義、引證等三方面來看。

一、帛書《老子》詞彙研究對《大詞典》詞目的補正

帛書《老子》詞彙研究對《大詞典》詞目的補正主要體現在詞目失收和立目不當兩方面。

（一）詞目失收

【奇物】

奇異之物。BJ20W57:"人多知,而何（奇）物兹（滋）[起]。"河上公注:"奇物滋起,下則化上,飾金鏤玉,文繡彩色日以滋甚。"元李嘉謀《道德真經義釋》亦曰:"伎巧既勝,則奇物安得不滋。"皆謂伎巧多勝則奇異之物就會愈加滋生。此詞先秦兩漢頗有,如《管子·任法》:"珍怪奇物不能惑也。""珍怪"、"奇物"並舉,後者義同《老子》。又,《靈樞·淫邪發夢》:"厥氣客於心,則夢見丘山煙火;客於肺,則夢飛揚,見金鐵之奇物。"《山海經·海外北經》:"聶耳之國在無腸國東,⋯⋯懸居海水中,及水所出入奇物。"義皆同此。此後沿用不絕,如《史記·殷本紀》:"西伯之臣閎夭之徒,求美女奇物善馬以獻紂。"三國魏曹植《神龜賦》:"嗟神龜之奇物,體察乾坤之自然。"唐韓愈《送鄭尚書序》:"珠香象犀玳瑁奇物溢於中國。"宋陸游《老學庵筆記》卷一:"北方多石炭,南方多木炭,而蜀又有竹炭。燒巨竹爲之,易然無煙耐久,亦奇物。"明王禕《正服箴》:"淫聲冶色使君聾瞽,奇物異品竟亦何補。"《大詞典》無此條目。

【學父】

教戒的開始。BJ05W42:"故强良（梁）者不得死,我[將]以爲學父。"王弼本作"教父",世傳今本多同王弼本。河上公注:"父,始

也。老子以强梁之人爲教，誡之始也。"朱謙之《老子校釋》："'教父'即'學父'。"①事實上，世傳本將"學"作"教"並非無因。《説文•支部》："教，上所施下所效也。從支孝。""學"在《説文》中字形作"斆"，《説文•支部》列"教"字下："斆，覺悟也。從教，從冂。"段注："學所以自覺，下之效也；教人所以覺人，上之施也。故古統謂之學也。""學"以"教"爲聲符，上古屬覺部匣母；"教"上古屬宵部見母。兩字音近。"學"最初兼有"學"、"教"兩義，前者例多不煩舉，後者如《國語•晉語九》："順德以學子，擇言以教子，擇師保以相子。"韋昭注："學，教也。"《禮記•文王世子》："凡學世子及學士，必時。"陸德明《經典釋文》："學，户孝反，教也。"《老子》"學父"之"學"正是"教"義，上言朱氏所謂"'教父'即'學父'"者，就是這個意思。但是秦以降，"學"的"教"義使用越來越少，而漸漸變爲主要由"教"來表示這個意義。正因如此，魏晉時期的人們已經不盡能明瞭"學父"之"學"所指，所以將之改爲"教父"，遂至該詞在此之後一直以後一種形式流傳使用。

（二）立目不當

帛書《老子》還可以補正《大詞典》立目不當的問題。這些問題主要由版本不善引起。如：

【大器免成】

大器不成、大器難成之義。BY03W41："大方无禺（隅），大器免成，大音希聲，天（大）象无刑（形）。""免"，世傳本皆作"晚"。帛書此章"免"、"希"義均同"无"（"無"的簡體）。"免"，明母元部；"無"，明母魚部。二者聲母相同韻部通轉。以"免"爲聲符的"晚"字，現常熟方音近"無"亦是一證②。這裡兩字聲近義通。另外，BJ58W14 有"听之而弗聞，名之曰希"，也可證"希"有"無"義。"无

---

① 朱謙之《〈老子〉校釋》，龍門聯合書局 1958 年版，第 114 頁。
② 常熟方音證據係學長季忠平兄提供。

禺”、“免成”、“希聲”、“无刑”、“无名”皆以首字義近而對應工整。陳柱在不及見帛書的情況下即斷定“‘晚’猶‘免’也，‘免成’即‘無成’也”，可謂灼見①。帛書出土後，樓宇烈據之申發陳説更爲有力②。驗之郭店楚簡本作“大器曼成”。“曼”，明母元部，與“免”音同而亦與“無”音近義通。《大詞典》據世傳本，無“大器免成”而立詞目“大器晚成”，不當。

二、帛書《老子》詞彙研究對《大詞典》釋義的補正

帛書《老子》對《大詞典》釋義方面補正主要集中在釋義未當和義項闕略兩點。

（一）釋義未當，如：

【㩻】

《大詞典》舉帛書《老子》甲本（B13W50）“矢（兕）無所㩻其角，虎無所昔（措）其蚤（爪），兵無所容［其刃，夫］何故也？以其無死地焉”爲證，釋爲“度量”，誤。“㩻”，此處通“投”，“措置”之義。河上、王弼、景龍碑等本作“投”，敦煌己、遂州本作“駐”。“㩻”、“投”、“駐”三字音近義通，“投”爲本字③。《孫子·九地》：“投之亡地然後存，陷之死地然後生。”“投”義即同此。《老子》此章“無所㩻”、“無所昔”、“無所容”同義相應，均爲無所措置的意思，另，《大詞典》“投”條義項17“用”，僅舉《老子》“兕無所投其角，虎無所措其爪”一孤證，釋義亦誤。“㩻”、“投”不過同義異文而已，何乃前後釋義齟齬如此。

【容】

《大詞典》舉 B13W50“陸行不遇兕虎，入軍不被甲兵，兕無所

---

① 陳柱《〈老子〉韓氏説》，商務印書館 1939 年版，第 73 頁。

② 樓宇烈《王弼集校釋》，中華書局 1999 年版，第 115 頁。

③ 高明《帛書〈老子〉校注》，中華書局 2004 年版，第 69 頁。

投其角,虎無所措其爪,兵無所容其刃"爲證,以"容"通"庸","用"義。誤。"容",此處義爲"容納"。《詩經・衛風・河廣》:"誰謂河廣,曾不容刀。""容"正與本章之"容"義同。此義上古多見,《尚書・泰誓》亦有:"其心休休焉其如有容。"孫星衍疏:"其心休美寬大,如有所容納也。"本章"容"與上兩句之"投"、"措"義近,"無所措"、"無所昔"、"無所容"同義相應,均爲無所措置的意思。《大詞典》釋義爲俞樾①所出,後亦爲高亨②等沿襲,其實舊注中並無所本,故蔣錫昌③等多不采。以上觀之,俞説穿鑿。

(二)義項闕略

按照單音詞、複音詞分類舉例如下:

1. 單音詞義項闕略者

【葆】

通"寶",作名詞,"珍寶"義。BJ32W67:"我恒有三葆。"BJ34W69:"无適(敵)斤(近)亡吾吾葆矣。"《大詞典》僅收有"葆"通"寶"的"珍愛;珍貴"義,無此義項;《大字典》此義項以帛書《老子》爲首證,但將"葆"的名詞、動詞兩種釋義相混,不妥。

【存】

心存;記得。BY03W41:"中士聞道,若存若亡。"《大詞典》"存"義項3"留意"庶幾近之,但與"亡"(忘)不對應;另《大詞典》釋"若存若亡"爲"有時記在心裏,有時則忘記掉",亦可參證。

【大】

"至"義,即等級最高。BJ08W45:"大成若缺,其用不幣(敝)。大盈若浊(盅),其用不窮(窮)。大直如詘,大巧如拙,大贏如炳(炳)。"《詩經・魯頌・閟宮》:"奄有龜蒙,遂荒大東。"鄭玄箋:"大

---

① 俞樾《諸子平議》,上海書店 1988 年版,第 154 頁。

② 高亨《〈老子〉正詁》,中國書店 1988 年版,第 107 頁。

③ 蔣錫昌《〈老子〉校詁》,成都古籍書店 1988 年版,第 314 頁。

東,極東。"《大詞典》無此義項,當補。

【多】

重,重要。BJ07W44:"身與貨孰多。"明焦竑《老子翼》:"多,猶重也。"順治《御定道德經》注同。先秦用例如《左傳·襄公三十一年》:"子有美錦,不使人學制焉。大官大邑,身之所庇也,而使學者制焉。其爲美錦不亦多乎?"杜預注:"言官邑之重多於美錦。"《大詞典》唯有"重視"義項與此義近,蓋同出於古注"多,重也"及"多,猶重也"。然"重要"指事物之性質,"重視"則是施動者發出的動作,二者大不同。古人泛言之,未辨差別;今人不可不審。《大詞典》當補。

【光】

智慧。BJ15W52 :"用其光,復歸其明。" BY19W56 :"和其光,同其塵。""和其光",河上公注:"雖有獨見之明,當和之使闇昧,不使曜亂人也。"光,獨見之明,即個人智慧。此用法還見於《莊子·天地》:"上神乘光。"成玄英疏:"光,智也。"《大詞典》無此義項。

【郊】

國境。BJ09W46:"天下无道,戎馬生於郊。"河上公注:"戰伐不止,戎馬生於郊境之上,久不還也。"郊境,即國境。正如孔穎達疏《詩經·鄭風·清人》"清人在彭"之毛傳:"鄭之郊也",孔云:"郊,謂二國郊境,非近郊遠郊也。"《大詞典》無此義項。

【炅】

熱。與"寒"相對。BJ08W45:"趮勝寒,靚(静)勝炅。"此句,楚簡本作"喿勝蒼,青勝然","蒼"讀作"滄","寒"義;王弼本作"躁勝寒,静勝熱",世傳本多同王本。"然"古音元部日母,"熱"月部日母,聲母相同韻部對轉。《説文·火部》:"然,燒也。""燒"、"熱"義近。因此"然"、"熱"音近義通①。帛書本之"炅"亦有"熱"義,《素問·

---

① 參廖明春《郭店楚簡老子校釋》,清華大學出版社 2003 年版,第 474—478 頁。

舉痛論》：“卒然而痛，得炅則痛立止。”王冰注：“炅，熱也。”《老子》此章簡、帛之“然”、“炅”義均同王本之“熱”。《大詞典》無此義項。

【容】

形容。動詞。BJ59W15：“［古之善爲道者，微妙玄達］，深不可志（識）。夫唯不可志（識），故强爲之容。”吕吉甫《老子道德經傳》曰：“唯不可識，則其形容安得以擬議哉？强爲之容而已。”易順鼎《讀老札記》言“‘强爲之容’猶‘强爲之狀’”，即勉强形容、描摹善爲道者狀貌之義。《大詞典》無此義項。

【女】

通“如”，“如此”義。BJ57W13：“故貴爲身於爲天下，若可以迈（託）天下矣；愛以身爲天下，女可以寄天下矣。”王弼本“女”字作“若”。上古“女”、“如”音聲相近，義亦可通。帛書《老子》此處“女”義同“如”。《大詞典》無此義項。

【盈】

窮盡。BJ48W04：“［道盅，而用之又弗］盈也。”王弼注：“沖而用之，用乃不能窮滿以造實，實來則溢，故沖而用之，又複不盈，其爲無窮亦已極矣。”宋李嘉謀《道德真經義解》亦云：“道沖虚，……其深妙愈用而愈不窮。”《大詞典》無此義項。

【主】

指軍事上采取攻勢的一方。BJ34W69：“用兵有言曰：吾不敢爲主而爲客，不敢進寸而芮（退）尺。”蘇轍《老子解》：“主，造事者也。”元吴澄《道德真經注》：“爲主，肇兵端以伐人也。”《大詞典》“主”條無此義項，然“客”條卻有義項 14 云“指戰争中防守的一方”，並引《老子》此句爲首證且僅此一證，則“主”條對應義項宜補之。

2. 複音詞義項闕略者

【惷惷】

《大詞典》此條僅收一義“騷亂貌”，事實上還有“蒙昧無知貌”

的意思。BJ64W20:"我禺(愚)人之心也,惷惷呵。""惷"、"蠢"音同義亦近,"惷"單用爲"蒙昧無知"義。《淮南子·泛論訓》:"存亡之跡若此其易知也,愚夫惷婦皆能論之。"高誘注:"惷亦愚,無知之貌也。""惷惷"義同"惷"。此詞帛書乙本作"湷湷",王弼本作"沌沌",景龍、遂州本作"純純",音近義通。河上公注"沌沌":"无所分别。"即指無知愚昧的樣子。《大詞典》無此義項。

【[法]物】

《大詞典》收釋該詞四義:"1. 古代帝王用於仪仗、祭祀的器物。""2. 宗教礼器、乐器及依法使用的器具。""3. 施展法术之物。""4. 指技艺制作之物。"《老子》中還有"珍貴美好之物"的意思。BY20W57:"[法]物兹(滋)章(彰),而盗賊[多有]。"河上公注:"法物,好物也。珍好之物滋生彰著,則農事廢,饑寒並至,而盗賊多有也。""法物",王弼本作"法令",世傳本多同王本。蔣錫昌:"'令'字景龍、河上公本皆作'物',……三章'不貴難得之貨,使民不爲盗',十九章'絕巧棄利,盗賊无有',五十三章'財貨有餘,是謂盗誇',皆以貨物與盗賊連言,均其例證。"①蔣氏僅據景龍、河上公本即判斷準確,可謂洞察纖毫。今又有帛書乙本證,可知蔣説不誤。《大詞典》當據此補第五義項。

【夬夬】

《大詞典》收釋該詞三義:"1. 果決貌。""2. 斷絶貌。""3. 强健貌。""夬"還可通"狭"。"夬夬"猶"狭狭",疏薄詐僞貌。BJ21W58:"其正(政)察察,其邦(民)夬夬。""夬夬",王弼、河上等本作"缺缺",景龍碑、景福本作"缼缼",三詞音近義通。王弼注:"殊類分析,民懷爭競,故曰其民缺缺也。""殊類分析"則百姓各自爲政,不相親睦;"民懷爭競"則刻薄爲人,詐僞迭出。《大詞典》無此義項。

---

① 蔣錫昌《〈老子〉校詁》,成都古籍書店 1988 年版,第 353 頁。

【强行】

《大詞典》"强行"（"强"讀若 qiǎng）條僅收"勉强行走"一義。《老子》中還有"勉力行事"的意思。BJ77W33："［知足者，富］也；强行者，有志也。"河上公注："人能强力行善，則爲有意於道，道亦有意於人。"王弼注："勤能行之，其志必獲，故曰强行者有志矣。"以"强力行善"、"勤行"對譯"强行"，其義甚明。"强"，《爾雅·釋詁》曰："勤也。"《孟子·盡心下》："强恕而行，求仁莫近焉。"焦循《孟子正義》："强，勉也。"《大詞典》當補此義項。

三、帛書《老子》詞彙研究對《大詞典》引證的補正

帛書《老子》可以補正《大詞典》引證方面的問題主要集中在三點：書證偏晚，引例有誤，句讀齟齬。

（一）書證偏晚

按照單音詞、複音詞分類舉例如下：

1. 單音詞書證偏晚者

【被】

披，穿着，後作"披"。BJ35W70："是以聖人被褐而裏（懷）玉。"只是由於世傳今本多作"被"，所以無聞。《大詞典》此條義項首證舉《孟子·盡心下》："舜之飯糗茹草也，若將終身焉；及其爲天子也，被袗衣，鼓琴，二女果，若固有之。"

【被 2】

通"彼"。指示代詞。相當於"那"。BJ37W72："故去被取此。"《大詞典》此條義項首證舉《荀子·宥坐》："鄉者賜觀於太廟之北堂，吾亦未輟，還複瞻被九蓋皆繼，被有説邪？"

【病】

弊病，不利。BJ07W44："得與亡孰病。"又如 BJ36W71："知不知，尚矣；不知知，病矣。"《大詞典》此條義項首證舉《史記·商君列

傳》："利則西侵秦，病則東收地。"

【怠】

通"殆"，"危險"義。BJ60W16"沕(沒)身不怠"，BY60W16 作"沒身不殆"，可知"怠"通"殆"。上古"怠"、"殆"可互通。《詩經·商頌·玄鳥》："受命不殆。"鄭玄箋："不解殆。"孔穎達正義："受命不怠。"此處即是"殆"通"怠"。《大詞典》此條義項首證舉《新唐書·哥舒翰傳》："翰病且耄，賊素知之，諸軍烏合不足戰……若師出潼關，變生京師，天下怠矣。"年代過晚。

【蓋】

語氣詞。多用於句首。BJ13W50："蓋[聞善]執(攝)生者，陵行不[避]矢(兕)虎，入軍不被甲兵。"亦多見於先秦及漢文獻。《呂氏春秋·不苟》有"蓋聞之於子虎，請賞子虎"，又"蓋聞孔丘、墨翟晝日諷誦習業"。《大詞典》此條義項首證舉《史記·李斯列傳》："蓋聞聖人遷徙無常，就變而從時，見末而知本，觀指而覩歸。"《大字典》首證舉《漢書·高帝紀》："蓋聞王者莫高於周文，伯者莫高於齊桓，皆待賢人而成名。"例均晚。

【會】

交合。BY18W55："[含德]之厚[者]，比於赤子。蠭(蜂)癘(蠆)虫(虺)蛇弗赫(螫)，據(攫)鳥猛獸弗搏，骨弱筋柔而握固，未知牝牡之會而朘怒。""牝牡之會"即男女交合。河上公注："赤子未知男女合會而陰作怒者，由精氣多之所致也。"王弼本"會"作"合"，當係抄寫致誤，世傳本多同王本，遂使"會"的這個意義無聞。《大詞典》首證漢王充《論衡·奇怪》："牝牡之會，皆見同類之物。精感欲動，乃能授施。"年代晚。

【虆】

古代盛土器。BY27W64："九成(層)之台，作於虆土。"意謂高臺也是一虆虆的土堆積才能完成的。大詞典首證舉《孟子·滕文公上》："夫泚也，非爲人泚，中心達於面目，蓋歸反虆梩而掩之。"

例晚。

2. 複音詞書證偏晚者

【得死】

善終。BJ05W42:"故强良(梁)者不得死,我[將]以爲學父。"該詞先秦使用頗多,如《左傳·僖公十九年》:"得死爲幸。"又《襄公二十九年》:"(吳公子札)謂穆子曰:'子其不得死乎?好善而不能擇人。"皆是其例。《大詞典》舉唐張鷟《朝野僉載》卷四:"(客問浮休子曰:)'鄭愔爲選部侍郎何如?'答曰:'愔猖獗小子,狡猾庸人也……既無雅量,終是凡材,以此求榮,得死爲幸。'後果謀反伏誅。"引例過晚且是孤證。

【虺蛇】

毒蛇。BJ18W55:"逢(蜂)俐(蠆)螝(虺)地(蛇)弗螫。""蜂"、"蠆"同義聯文構成"蜂蠆",泛指毒蟲;"虺"、"蛇"同義聯文構成"虺蛇",泛指毒蛇。"蜂蠆"、"虺蛇"與下句對應位置上的"攫鳥"、"猛獸"一樣,都是詞。"虺"、"蛇"並現最早見於《詩經·小雅·斯干》:"維虺維蛇,女子之祥。"春秋時期已經連用成爲一個詞。《大詞典》首證舉《淮南子·本經訓》:"虎豹可尾,虺蛇可蹍,而不知其所由然。"例晚。

【天網】

上天布下的羅網。BY38W73:"天罔(網)袿袿(恢恢),疏而不失。"《大詞典》首證舉漢班固《幽通賦》:"觀天網之紘覆兮,實棐諶而相訓。"例晚。

【微細】

細小;瑣屑。BJ41W76:"柔弱微細生之徒也。"又同章"强大居下,柔弱微細居上"。《大詞典》首證舉漢賈誼《新書·六術》:"然而人雖有六行,微細難識,唯先王能審之。"例晚。

【玄鑒】

心鏡。指人的心。BJ54W10:"脩(滌)除玄藍(鑒)。"即謂滌除內心,使之澄明。《大詞典》首證舉《淮南子·修務訓》:"誠得清明之士,執玄鑒於心。照物明白,不爲古今易意。"例晚。事實上《淮南子》此句係化用《老子》。由於世傳本《老子》多誤作"玄覽",遂使該詞的源頭不爲人知,直至帛書出土方才揭示。

【自矜】

自負。BJ66W24:"自矜者不長。"先秦亦多有用者,如《列子·力命》:"汝以命厚自矜,北公子以德厚自愧,皆不識夫固然之理矣。"《大詞典》首證舉《史記·太史公自序》:"文侯慕義,子夏師之;惠王自矜,齊秦攻之。"例晚。

【美言】

美好的言詞。BJ25W62:"美言可以市,尊行可以賀人。""美言"與"尊行"相對,分別指美好的言辭、高尚的品行,皆爲褒義。《大詞典》此條義項首證舉漢揚雄《法言·寡見》:"良玉不雕,美言不文。"例晚。

【牝牡】

男和女。BY18W55:"[含德]之厚[者],比於赤子。蠭(蜂)癘(蠆)虺(虺)蛇弗赫(螫),據(攫)鳥猛獸弗搏,骨弱筋柔而握固,未知牝牡之會而朘怒,精之至也。"河上公注:"赤子未知男女合會而陰作怒者,由精氣多之所致也。""牝牡"即指男女。《大詞典》此條義項首證舉宋蘇軾《揚雄論》:"人生而莫不有饑寒之患、牝牡之欲。"年代太晚。

【屯屯】

忠厚誠懇貌。BY21W58:"其正(政)閔閔(悶悶),其民屯屯(惇惇)。"王弼本作"淳淳",嚴遵、傅奕、范應元本作"偆偆",景龍、景福、河上公本作"醇醇",遂州本作"蠢蠢",皆音近義同。河上公注:"其民醇醇,政教寬大,故民醇醇富厚,相親睦也。""醇醇富厚"形容百姓忠厚的樣子,意思是人人忠厚故能相處和睦。王弼注:"其民無所爭競,寬大淳淳,故曰,其民淳淳也。"意謂百姓個個忠厚而容讓他人，不事競爭。《大詞典》此條義項首證舉漢董仲舒《春秋繁露·五行相生》："(孔子)爲魯司寇，斷獄屯屯，與衆共之，不敢自專。"例晚。

（二）引例有誤

【曲全】

委曲求全。《大詞典》認爲語出《老子》："曲則全，枉則直。"事實上這是帛書《老子》中一個完整的詞。BY67W22："古之所胃(謂)曲全者，幾(豈)語才哉！"王弼本於"曲全"閒加虛詞"則"，作"古之所謂曲則全者，豈虛言哉！"割裂該詞，使得出處變爲語源，不確。世傳本多同王本，亦誤。

（三）句讀齟齬

【市】

換取。《大詞典》首證："美言可以市尊。"此句句讀有誤，當如BJ25W62："美言可以市，尊行可以賀(加)人。"世傳本多誤。

第二節　帛書《老子》詞彙研究對《老子詞典》的補正

1993年《老子詞典》①作爲"先秦要籍詞典"叢書中的重要一部編成問世。該詞典對《老子》所有單字、詞及部分詞組做了簡明扼要的解釋，大有裨益於學界及古籍愛好者。但是由於該詞典以王弼本爲底本，故帛書《老子》某些成果不及采入，因此存在一些白璧微瑕，以下分類各舉數例補正之。

帛書《老子》詞彙研究對《老子詞典》補正主要集中在立目不當方面，這一問題主要由版本不善引起。如：

---

① 董治安、王世舜《老子詞典》，山東教育出版社1993年版。

【奧】

《老子詞典》舉 B25W62"道者，萬物之奧"爲證，釋"奧"爲"藏；蔭庇"。此釋義係遵舊注。河上注云："奧，藏也。道爲萬物之藏，無所不容也。"王弼注亦云："奧，猶曖也。可得庇蔭之辭。"此句全文王弼本作"道者萬物之奧。善人之寶，不善人之所保。"令人心生疑竇：何以萬物藏則爲衆人寶？上下句未免有銜接不暢之感。至宋呂惠卿即另行申發曰："室之有奧，深邃燕閒而尊者之所處也。萬物莫不有深邃燕閒尊高之處，則道是也。故曰'道者萬物之奧'。"釋"奧"爲尊貴義。如此一來，上下句通則通矣，但是否確實尚待考量。帛書《老子》一出，此問題迎刃而解。帛書甲本此句作"道者，萬物之注也，善人之寶也，不善人之所保也。""注"通"主"，宗主義。這樣，從文本上看，帛書本更爲近古可靠；從意義上看，上下句怡然理順。《老子詞典》所據版本不善，無"注"而立詞目"奧"，誤。

【不遇】

《老子詞典》舉 B13W50："陸行不遇兕虎"爲證，釋"不遇"爲"碰不到"。從句意上看，如此解釋並無不妥，但事實上此句王本文字有誤。帛書乙本作"陵行不辟（避）兕虎"，"辟"通"避"，躲避。"不辟"，不躲避。老子此處義指主觀上的不畏兕虎，而非客觀上的不會遇到兕虎。《老子詞典》以王弼本爲據，故而誤立詞目"不遇"。

餘　論

　　對詞彙系統進行斷代描寫是漢語詞彙史的研究重點。通過考察詞彙系統的歷史發展,探求詞彙、詞義的演變規律。對專書詞彙進行專題研究,是開展漢語詞彙史研究的必要手段。春秋戰國時期社會急劇變化,因而漢語系統也隨之發生了重大變化。在這一階段,語言經歷了新舊質素的交替變化。帛書《老子》作爲該時期的重要文獻,反映了此時的語言詞彙面貌,包含了大量的新詞新義。對其進行專題研究,窺探漢語詞彙系統在這一時期的斷代面貌、探明詞彙系統的演變規律,是本書寫作的初衷。

　　前面我們就已指出,本書的寫作目的是對帛書《老子》單音詞、複音詞的構成、類別作窮盡性的統計和全面描寫,並對它們作歷時、共時的比較研究;對帛書《老子》新詞新義進行理論探討和窮盡性研究;通過歷時地比較楚簡《老子》、帛書《老子》、傳世本《老子》中的異文,探求相關語法、詞彙方面的演變規律;通過對帛書《老子》詞彙研究的應用價值進行討論,爲辭書編纂提供參考和幫助,推動研究成果向實用性轉化。通過努力,上述預期目的基本得以實現。

　　以下是在專題研究中産生的幾點思考:

　　一、專書專題的研究必須是窮盡性的。對專書詞彙進行研究,必須先作窮盡性的統計,如此方能充分占有資料,才能進一步展開深入研究。窮盡性調查是科學研究的基礎,也是定量統計、定性分析的前提。通過定量統計和定性分析，我們可以窺探春秋戰國時期漢語詞彙構成的基本面貌，並從詞彙構成比例和使用頻率上探求詞語的歷史變化，得出較爲科學、可信的結論。

二、應注重共時比較和歷時比較方法相結合。對專書語言進行窮盡描寫，並且將共時、歷時比較相結合，可以構成全方位的研究。專書研究不應是孤立的、簡單的，應與斷代研究的整個剖面聯繫起來。我們對帛書《老子》進行研究時，結合共時與歷時的比較，如此一來有助於揭示專書語言的個性和共性，發現有價值的規律和現象。

三、要注意語言系統的内、外部關係。詞彙是語言系統的重要組成部分，詞彙的發展、變化與語法、語音都有密切關係，三者既相對獨立又融爲一體，孤立研究不可能得出科學可靠的答案。同時，語言系統的發展也與外部因素有關，詞彙系統也不例外，它隨着社會的發展而發展，闡釋詞彙的演變規律必須考慮到社會因素的影響。在討論帛書《老子》新詞新義的產生原因和方式以及異文的產生原因時，我們充分重視了這一點。

四、詞彙研究應上升到應用層面。任何理論研究都應考慮到爲實踐服務，詞彙研究也不例外。本文注重將詞彙研究與辭書編纂相結合，起到補正的作用，顯示了詞彙研究的重要價值和意義。

因爲個人時間精力及學識水平的限制，本書一定存在很多不足。因爲詞彙研究所涉廣泛，有些方面未及深入研究，有些方面只進行了舉例性的探討，有些結論只是根據抽樣調查得出的，這些問題我們會在日後通過更加深入、全面的研究努力解決，進一步完善本書。雖然如此，我們仍然相信，對於帛書《老子》詞彙研究這一課題來講，本書的探索是有益的，可以爲今後開展更加深入、全面的研究工作作一些前提準備。

主要參考文獻

專　著

（漢 * ）河上公《老子道德經河上公章句》[M]. 北京：中華書局，1993。

（三國魏）王弼《老子道德經》[M]. 上海：上海書店，1992。

（宋）王安石《王安石老子注輯本》[M]. 北京：中華書局，1979。

（宋）蘇轍《老子解》[M]. 北京：文物出版社，1988。

（明）焦竑《老子翼》[M]. 北京：中華書局，1985。

（清）王夫之《老子衍·莊子通》[M]. 北京：中國書局，1988。

（清）張爾岐《周易說略·老子說略》[M]. 濟南：齊魯書社，1993。

（清）段玉裁《說文解字注》[M]. 上海：上海古籍出版社，1981。

（清）王引之《經傳釋詞》[M]. 南京：江蘇古籍出版社，2000。

（清）王引之《經義述聞》[M]. 南京：江蘇古籍出版社，2000。

（清）魏源《老子本義》[M] 上海：上海書店，1955。

波多野太郎《老子道德經》[M]. 東京：國書刊行會，昭和 54 年。

Bloomfield《語言論》[M]. 北京：商務印書館，1997。

池田知久《池田知久簡帛研究論》[M]. 北京：中華書局，2006。

陳鼓應《老子今注今譯及評介》[M]. 北京：商務印書館，1999。

陳奇猷《韓非子集釋》[M]. 上海：上海人民出版社，1974。

陳柱《老子韓氏說》[M]. 北京：商務印書館，1939。

程湘清《先秦漢語研究》[M]. 濟南：山東教育出版社，1982。

程湘清《兩漢漢語研究》[M]. 濟南：山東教育出版社，1992。

程湘清《隋唐五代研究》[M]. 濟南：山東教育出版社，1993。

程湘清《漢語史專書複音詞研究》[M]. 北京：商務印書館,2003。

鄧谷泉《郭店楚簡〈老子〉釋讀》[M]. 長沙：湖南人民出版社,2005。

董治安、王世舜《老莊詞典》[M]. 濟南：山東教育出版社,1995。

董志翹《入唐求法巡禮行記》[M]. 北京：中國社會科學出版社,2000。

符淮青《漢語詞彙學史》[M]. 合肥：安徽教育出版社,1996。

復旦大學哲學係《老子》注釋組《老子注釋》[M]. 上海：上海人民出版社,1977。

高亨《老子注譯》[M]. 鄭州：河南人民出版社,1980。

高亨《老子正詁》[M]. 北京：中國書店,1988。

高亨《古字通假會典》[M]. 濟南：齊魯書社,1989。

高明《帛書老子校注》[M]. 北京：中華書局,2004。

高文達《新編聯綿詞典》[M]. 鄭州：河南人民出版社,2001。

高小方《漢語史語料學》[M]. 北京：高等教育出版社,2005。

葛本儀《實用中國語言學詞典》[M]. 青島：青島出版社,1992。

古棣、周英《老子通》(上)[M]. 長春：吉林人民出版社,1991。

管錫華《〈史記〉單音詞研究》[M]. 成都：巴蜀書社,2000。

管燮初《西周金文語法研究》[M]. 北京：商務印書館,1985。

郭錫良《古漢語語法論集》[M]. 北京：語文出版社,1998。

韓祿伯《簡帛老子研究》[M]. 北京：學苑出版社,2002。

何九盈《古漢語詞彙講話》[M]. 北京：北京出版社,1980。

何樂士《古漢語虛詞通釋》[M]. 北京：北京出版社,1985。

何樂士《左傳虛詞研究》[M]. 北京：商務印書館,1989。

何樂士《古漢語語法研究論文集》[M]. 北京：商務印書館,2000。

洪成玉《古漢語詞義分析》[M]. 天津：天津人民出版社,1985。

洪成玉、張桂珍《古漢語同義詞辨析》[M]. 杭州：浙江教育出版社,1987。

洪成玉《古漢語詞義分析》[M]. 天津：天津人民出版社,1985。

胡奇光《中國小學史》[M]. 上海：上海人民出版社,1987。

《簡帛書法選》編輯組《郭店楚墓竹簡〈老子〉甲本》[M]. 北京：文物出版社,2002。

蔣紹愚《古漢語詞彙綱要》[M]. 北京：北京大學出版社,1989。

蔣錫昌《老子校詁》[M]. 成都：成都古籍書店,1988。

荊門市博物館《郭店楚墓竹簡》[M]. 北京：文物出版社,1998。

廖名春《郭店楚簡老子校釋》[M]. 北京：清華大學出版社,2003。

劉君慧《揚雄〈方言〉研究》[M]. 成都：巴蜀書社,1992。

劉師培《劉申叔遺書》[M]. 南京：江蘇古籍出版社,1997。

劉叔新《漢語描寫詞彙學》[M]. 北京：商務印書館,1990。

劉笑敢《老子古今》[M]. 北京：中國社會科學出版社,2006。

樓宇烈《王弼集校釋》[M]. 北京：中華書局,1999。

呂叔湘《漢語語法分析問題》[M]. 北京：商務印書館,1979。

陸錫興《〈詩經〉異文研究》[M]. 北京：中國社會科學出版社,2001。

陸宗達、王寧《訓詁方法論》[M]. 北京：中國社會科學出版社,1983。

馬敍倫《老子校詁》[M]. 北京：古籍出版社,1956。

毛遠明《左傳詞彙研究》[M]. 重慶：西南師範大學出版社,1999。

彭浩《郭店楚簡〈老子〉校讀》[M]. 武漢：湖北人民出版社,2001。

裘錫圭《中國出土文獻十講》[M]. 上海：復旦大學出版社,2004。

任繼愈《老子新譯》[M]. 上海：上海古籍出版社,1978。

沙少海《老子全譯》[M]. 貴陽：貴州人民出版社,1989。

史存直《漢語詞彙史綱要》[M]. 武漢：華中師範大學出版社,1988。

唐鈺明《著名中年語言學家自选集·唐钰明卷》[M]. 合肥：安徽教育出版社,2002。

萬久富《〈宋書〉複音詞研究》[M]. 南京：鳳凰出版社,2006。

萬藝玲、鄭振峰、趙學清《詞彙應用通則》[M]. 瀋陽：春風文藝出版社,1999。

王力《王力文集》（第十六卷)[M]. 濟南：山東教育出版社,1990。

王力《漢語史稿》[M]. 北京：中華書局,2002。

王勤《漢語熟語論》[M]. 濟南：山東教育出版社,2006。

王小莘等《〈顏氏家訓〉詞彙語法研究》[M]. 廣州：廣東人民出版社,1998。

魏德勝《〈韓非子〉語言研究》[M]. 北京：北京語言學院出版社,1995。

魏德勝《睡虎地秦墓竹簡詞彙研究》[M]. 北京：華夏出版社,2003。

吳辛丑《簡帛典籍異文研究》[M]. 廣州：中山大學出版社,2002。

吳新楚《〈周易〉異文校證》[M]. 廣州：廣東人民出版社,2001。

吳金華《老子韻讀》未刊稿。

吳金華《古文獻整理與古漢語研究》[M]. 南京：江蘇古籍出版社,2001。

伍宗文《先秦漢語複音詞研究》[M].成都：巴蜀書社,2001。

向熹《詩經詞典》[M].成都：四川人民出版社,1986。

向熹《〈詩經〉語文論集》[M].成都：四川民族出版社,2002。

徐梵澄《老子臆解》[M].北京：中華書局,1988。

徐振邦《聯綿詞概説》[M].北京：大衆文藝出版社,1998。

徐志鈞《老子帛書校注》[M].北京：學林出版社,2002。

許抗生《帛書老子注譯與研究》[M].杭州：浙江人民出版社,1982。

許威漢《漢語詞彙學引論》[M].北京：商務印書館,1992。

許威漢《二十世紀的漢語詞彙學》[M].太原：書海出版社,2000。

嚴靈峰《老子章句新編》[M].重慶：文風書局,1944。

葉斐聲《語言學綱要》[M].北京：北京大學出版社,1981。

尹振環《帛書老子釋析》[M].貴陽：貴州人民出版社,1998。

尹振環《帛書老子與老子術》[M].貴陽：貴州人民出版社,2000。

尹振環《楚簡老子辨析：楚簡與帛書老子的比較研究》[M].北京：中華書局,2001。

尹振環《今本老子五十七個章中的模糊點——帛書老子今譯》[M].貴陽：貴州人民出版社,2006。

尹振環《帛書老子再疏義》[M].北京：商務印書館,2007。

俞樾《諸子平議》[M].上海：上海書店,1988。

張能甫《鄭玄注釋語言詞彙研究》[M].成都：巴蜀書社,2000。

張雙棣《〈呂氏春秋〉詞彙研究》[M].濟南：山東教育出版社,1989。

張舜徽《張舜徽集》[M].武漢：華中師範大學出版社,2005。

張松如《老子説解》[M].濟南：齊魯書社,1998。

張松如《老子校讀》[M].長春：吉林人民出版社,1981。

張永言《詞彙學簡論》[M].武漢：華中工學院出版社,1982。

趙克勤《古漢語詞彙概要》[M].杭州：浙江教育出版社,1987。

趙克勤《古代漢語詞彙學》[M].北京：商務印書館,1994。

鄭良樹《竹簡帛書論文集》[M].北京：中華書局,1982。

周大璞《古代漢語教學辭典》[M].長沙：岳麓書社,1991。

周祖謨《語言文史論集》[M].杭州：浙江古籍出版社,1988。

周祖謨《文字音韻訓詁論集》[M].北京：北京大學出版社,2000。

朱德熙《語法叢稿》[M].上海：上海教育出版社,1990。

朱廣祁《〈詩經〉雙音詞論稿》[M].鄭州：河南人民出版社,1985。

朱謙之《老子校釋》[M].上海：龍門聯合書局,1958。

鄒安華《楚簡與帛書老子》[M].北京：民族出版社,2000。

論　文

車淑婭《韓非子詞彙研究》[D].浙江大學博士論文,2003。

高亨、池曦朝《試談馬王堆漢墓中的帛書老子》[J].《文物》,1974 年第 11 期。

何莫邪《馬王堆漢墓〈老子〉手抄本和〈秦律〉殘卷中的"弗"》[J].《古漢語研究》,1992 年第 4 期。

胡正式《十餘年來的聯綿詞研究》[J].《台州師專學報》(社會科學版),1992 年第 3 期。

馬真《先秦複音詞初探》[J].《北京大學學報》(哲社版),1980 年第 5 期,1981 年第 1 期。

廖集玲《論〈韓非子〉複音詞》[J].《廣西大學學報》(哲社版),1991 年第 4 期。

聶中慶《郭店楚簡〈老子〉研究》[D].復旦大學博士學位論文,2003。

寧鎮疆《〈老子〉結構研究史平議》[J].《學燈》創刊號。

王貴元《馬王堆帛書文字考釋》[J].《古漢語研究》,1995 年第 3 期。

王小莘《〈顏氏家訓〉實詞及其時代特色的研究》[J].《中國語言學報》,1995 年第 7 期。

王小莘《〈顏氏家訓〉中反映魏晉南北朝時代色彩的新詞》[J].《語文研究》,1998 年第 2 期。

吳辛丑《簡帛異文的類型及其價值》[J].《華南師範大學學報》,2000 年第 4 期。

徐時儀《略論文獻異文考證在漢語史研究中的作用》[J].《廣州大學學報》,2006 年 3 月。

閻玉文《〈三國志〉複音詞研究》[D].復旦大學博士學位論文,2003。

姚一斌《帛書老子假借字考》[J].《雲南師範大學學報》,2002 年 5 月。

殷正林《〈世說新語〉中反映的魏晉時期的新詞新義》[A].《語言學論叢》第 12 輯[C].北京：商務印書館,1984。

張能甫《從鄭玄箋注看東漢時代的新詞新義》[A].《漢語史研究集刊》第 2 輯

　　[C].成都：巴蜀書社,2000。

張雙棣《呂氏春秋詞彙簡論》[J].《北京大學學報》,1989 年第 5 期。

張顯成《論簡帛文獻的新詞新義研究價值》[A].《漢語史研究集刊》第 2 輯
　　[C].成都：巴蜀書社,2000。

張顯成《論簡帛文獻的詞彙史價值》[A].《簡帛研究》第 3 輯[C].成都：巴蜀
　　書社,2000。

趙振鐸《論先秦兩漢漢語》[J].《古漢語研究》,1994 年第 3 期。

朱大星《敦煌本〈老子〉研究》[D].浙江大學博士學位論文,2005。

祝敏徹《從〈史記〉、〈漢書〉、〈論衡〉看漢代複音詞的構詞法》[A].《語言學論
　　叢》第 8 輯[C].1981。

周生亞《〈世說新語〉中的複音詞問題》[J].《吉林大學社會科學學報》,1982 年
　　第 2 期。

附録一：帛書《老子》釋文^①

---

① 釋文由先師吳金華先生勘校復原，爲便於讀者與正文核對，具引於此。其中如有問題，當係筆者録入或理解有誤，與先生無干。

BJ01W38

　　[上德不德，是以有德。下德不失德，是以无]德。上德无[爲而]无以爲也；上仁爲之[而无]以爲也；上義爲之而有以爲也；上禮[爲之而莫之應也，則]攘臂而乃(扔)之。故失道而后德，失德而后仁，失仁而后義，[失義而后禮。夫禮者，忠信之薄也]而亂之首也；[前識]者，道之華也而愚之首也。是以大丈夫居其厚而不居其泊(薄)，居其實不居其華。故去皮(彼)取此。

BJ02W39

　　昔之得一者：天得一以清，地得[一]以寧，神得一以靁(靈)，浴(谷)得一以盈，侯[王得一]而以爲[天下]正。其致之也：胃(謂)天毋已清將恐[裂]，胃(謂)地[毋已寧]將恐[發]，胃(謂)神毋已靁(靈)[將]恐歇，胃(謂)浴(谷)毋已盈將恐渴(竭)，胃(謂)侯王毋已貴[以高將恐蹶]。故必貴而以賤爲本，必高矣而以下爲基。夫是以侯王自胃(謂)孤寡不橐(穀)。此其[賤之本與？非也]？故致數與(譽)无與(譽)。是故不欲[禄禄]若玉，硌[硌若石]。

BJ03W41

　　殘毀[夫唯]道，善[始且善成]。

BJ04W40

　　[反也者]，道之動也；弱也者，道之用也。天[下之物生於有，有生於无]。

BJ05W42

　　[道生一，一生二，二生三，三生萬物。萬物負陰而抱陽]，中(沖)氣以爲和。天下之所惡唯孤寡不橐(穀)，而王公以自名也。勿(物)或敗(損)之[而益，益]之而敗(損)；故人[之所]教，夕(亦)

亦議（我）而教人。故强良（梁）者不得死，我［將］以爲學父。

BJ06W43

天下之至柔［馳］騁於天下之致（至）堅，无有入於无間，五（吾）是以知无爲［之有］益也。不［言之］教，无爲之益，［天］下希能及之矣。

BJ07W44

名與身孰亲（親）？身與貨孰多？得與亡孰病？甚［愛必大費，多藏必厚］亡。故知足不辱，知止不殆，可以長久。

BJ08W45

大成若缺，其用不幣（敝）。大盈若浊（盅），其用不窘（窮）。大直如詘，大巧如拙，大贏如炳（絀）；趮勝寒，靚（靜）勝炅（熱）。請（清）靚（靜），可以爲天下正。

BJ09W46

天下有［道，卻］走馬以冀。天下无道，戎馬生於郊。罪莫大於可欲，禍（禍）莫大於不知足，咎莫憯於欲得。［故知足之足］，恒足矣。

BJ10W47

不出於户，以知天下；不規（窺）於牖，以知天道。其出也彊（彌）遠，其［知彌少］。［是以聖人不行而知，不見而明，弗］爲而［成］。

BJ11W48

取天下也，恒［无事；及其有事也，又不足以取天下］。

BJ12W49

　　[聖人恒无心]，以百[姓]之心爲[心]。善者善之，不善者亦善[之，德善也]；[信者信之，不信者亦信之，德]信也。[聖人]之在天下，惏惏焉，爲天下渾心。百姓皆屬耳目焉，聖人[皆孩子]。

BJ13W50

　　[出]生[入死。生之徒十]有[三。死之]徒十有三；而民生生，動皆之死地十有三。夫何故也？以其生生也。蓋[聞善]執（攝）生者，陵行不[避]矢（兕）虎，入軍不被甲兵；矢（兕）无所椯（投）其角，虎无所昔（措）其蚤（爪），兵无所容[其刃。夫]何故也？以其无死地焉。

BJ14W51

　　道生之而德畜之，物刑（形）之而器成之。是以萬物尊道而貴[德]。[道]之尊，德之貴也，夫莫之时（爵），而恒自然也。

　　道生之畜之，長之遂（育）之，亭[之毒之，養之覆之]。[生而]弗有也，爲而弗寺（恃）也，長而弗宰也，此之謂玄德。

BJ15W52

　　天下有始，以爲天下母。惡（既）得其母，以知其[子]；復守其母，没身不殆。塞其悶（兑），閉其門，終身不堇（勤）。啟其悶（兑），濟其事，終身[不救]。[見]小曰[明]，守柔曰强。用其光，復歸其明，毋遺身央（殃），是胃（謂）襲常。

BJ16W53

　　使我挈（挈）有知，[行於]大道，唯[迆是畏]。[大道]甚夷，民甚好解（徑）。朝甚除，田甚蕪，倉甚虛。服文采、帶利[劍、猒飲]食，[資財有餘]。下殘毀

BJ17W54

善建[者不]拔,[善抱者不脱],子孫以祭祀[不絶]。[脩之身,其德乃真。脩之家,其德有]餘。脩之[鄉,其德乃長。脩之國,其德乃豐。脩之天下,其德乃博]。以身[觀]身,以家觀家,以鄉觀鄉,以邦觀邦,以天[下觀天下。吾何以知天下之然哉?以此]。

BJ18W55

[含德]之厚[者],比於赤子。逢(蜂)𧌗(蠆)虺(虺)地(蛇)弗螫,攫(攫)鳥猛獸弗搏,骨弱筋柔而握固,未知牝牡[之會而朘怒],精[之]至也;終日號而不爱(嚘),和之至也。和曰常,知和(常)曰明,益生曰祥,心使氣曰强。[物壯]即老,胃(謂)之不道,不道[早已]。

BJ19W56

[知者]弗言,言者弗知。塞其悶(㙂),閉其[門,和]其光,同其塦(塵),坐(挫)其閱(鋭),解其紛,是胃(謂)玄同。故不可得而親,亦不可得而疏;不可得而利,亦不可得而害;不可[得]而貴,亦不可得而淺(賤);故爲天下貴。

BJ20W57

以正之(治)邦,以畸(奇)用兵,以无事取天下。吾何[以知其然]也哉?夫天下[多忌諱],而民彌貧;民多利器,而邦家兹(滋)昏;人多知,而何(奇)物兹(滋)[起;法物滋彰,而]盜賊[多有]。[是以聖人之言曰]:我无爲而民自化,我好静而民自正,我无事而民[自富,我欲不欲而民自樸]。

BJ21W58

[其政悶悶,其民惇惇]。其正(政)察察,其邦(民)夬夬(狭

狄）。禍（禍），福之所倚；福，禍（禍）之所伏，孰知其極？ *下殘毀*

BJ22W59

　　殘毀［重積德則无不克；无不克，則莫知其極；莫知其極］，可以有國；有國之母，可以長久。是胃（謂）深槿（根）固氏（柢）、［長生久視之］道也。

BJ23W60

　　［治大國若亨（烹）小鮮。以道蒞］天下，其鬼不神。非其鬼不神也，其神不傷人也。非其申（神）不傷人也，聖人亦弗傷［也］。［夫兩］不相［傷，故］德交歸焉。

BJ24W61

　　大邦者，下流也；天下之牝，天下之郊（交）也。牝恒以靚（靜）勝牡，爲其靚（靜）［也，故］宜爲下。大邦［以］下小［邦］，則取小邦；小邦以下大邦，則取於大邦。故或下以取，或下而取。［故］大邦者，不過欲兼畜人；小邦者，不過欲入事人。夫皆得其欲，［大者宜］爲下。

BJ25W62

　　［道］者萬物之注（主）也，善人之葆（寶）也，不善人之所葆（保）也。美言可以市，尊行可以賀（加）人。人之不善也，何［棄之］有？故立天子，置三卿，雖有共（拱）之璧以先四（駟）馬，不善（若）坐而進此。古之所以貴此者何也？不胃（謂）求以得，有罪以免輿（與）？故爲天下貴。

BJ26W63

　　爲无爲，事无事，味无未（味），大小，多少，報怨以德。圖難乎

［其易也，爲大乎其細也］。天下之難作於易，天下之大作於細，是以聖人冬（終）不爲大，故能［成其大］。［夫輕諾必寡信，多易］必多難，是［以聖］人猶難之，故終於无難。

BJ27W64

其安也，易持也。［其未兆也，易謀也。其脆也，易判也。其微也，易散也。爲之於其未有，治之於其未亂也。合抱之木，生於］毫末；九成（層）之臺，作於羸（藥）土；百仁（仞）之高，台（始）於足［下］。［爲之者敗之，執之者失之。是以聖人无爲］也，［故］无敗［也］；无執也，故无失也。民之從事，恒於其（幾）成事而敗之，故慎終若始，則［无敗事矣］。［是以聖人］欲不欲，而不貴難得之膞（貨）；學不學，復衆人之所過；能輔萬物之自然，而弗敢爲。

BJ28W65

故曰：爲道者非以明民也，將以愚之也。民之難［治也，以其］知（智）也。故以知（智）知（治）邦，邦之賊也；以不知（智）知（治）邦，［邦之］德也；恒知此兩者，亦稽式也；恒知稽式，此胃（謂）玄德。玄德深矣，遠矣，與物［反］矣，乃至大順。

BJ29W66

［江］海之所以能爲百浴（谷）王者，以其善下之。是以能爲百浴（谷）王。是以聖人之欲上民也，必以其言下之；其欲先［民也］，必以其身後之。故居前而民弗害也，居上而民弗重也。天下樂隼（進）而弗猒也。非以其无靜（爭）與，［故天下莫能與］靜（爭）。

BJ30W80

小邦寡（寡）民，使十百人之器毋用，使民重死而遠徙。有車周（舟）无所乘之，有甲兵无所陳［之，使民復結繩］而用之。甘其食，

美其服；樂其俗，安其居，㷭（鄰）邦相覜（望），雞狗之聲相聞，民至
[老死不相往來]。

BJ31W81

[信言不美，美言]不[信。知]者不博，[博]者不知。善[者不
多，多]者不善。聖人无積，[既]以爲[人，己愈有；既以予人矣，己
愈多]。下殘毀

BJ32W67

[天下皆謂我大，大而不肖]。夫唯[大]，故不宵（肖）。若宵
（肖），細久矣。我恒有三葆（寶），之。一曰兹（慈），二曰檢（儉），
[三曰不敢爲天下先]。[夫慈，故能勇；儉]，故能廣；不敢爲天下
先，故能成事長。今舍（捨）其兹（慈），且勇；舍（捨）其後，且先，則
必死矣。夫兹（慈），[以戰]則勝，以守則固。天將建之，女（如）以
兹（慈）垣之。

BJ33W68

善爲士者不武，善戰者不怒，善勝敵者弗[與]，善用人者爲之
下。[是]胃（謂）不諍（爭）之德，是胃（謂）用人，是胃（謂）天，古之
極也。

BJ34W69

用兵有言曰：吾不敢爲主而爲客，不敢進寸而芮（退）尺。是胃
（謂）行无行，襄（攘）无臂，執无兵，乃无敵矣。旤（禍）莫大於无適
（敵），无適（敵）斤（近）亡吾吾葆（寶）矣。故稱兵相若，則哀者勝矣。

BJ35W70

吾言甚易知也，甚易行也；而人莫之能知也，而莫之能行也。

言有君,事有宗。夫唯无知也,是以不[我知。知我者希,則]我貴矣。是以聖人被褐而裹(懷)玉。

BJ36W71

知不知,尚矣;不知知,病矣。是以聖人之不病,以其[病病,是以不病]。

BJ37W72

[民之不]畏畏(威),則大[畏(威)將至]矣。毋閘(狹)其所居,毋猒(厭)其所生。夫唯弗猒(厭),是[以不厭。是以聖人自知而不自見也,自愛]而不自貴也。故去被(彼)取此。

BJ38W73

勇於敢者[則殺,勇]於不敢者則栝(活)。[此兩者或利或害,天之所惡,孰知其故? 天之道,不戰而善勝],不言而善應,不召而自來,彈(坦)而善謀。[天網恢恢,疏而不失]。

BJ39W74

[若民恒且不畏死],奈何以殺思(懼)之也? 若民恒且是死,則爲者吾將得而殺之,夫孰敢矣。若民[恒且]必畏死,則恒有司殺者。夫伐(代)司殺者殺,是伐(代)大匠斲也。夫伐(代)大匠斲者,則[希]不傷其手矣。

BJ40W75

人之饑也,以其取食逆(稅)之多也,是以饑。百姓之不治也,以其上有以爲[也],是以不治。民之巠(輕)死也,以其求生之厚也,是以巠(輕)死。夫唯无以生爲者,是賢貴生。

BJ41W76

人之生也柔弱，其死也蓓（筋）仞（肕）賢（堅）强。萬物草木之生也柔脆；其死也槀（枯）槁（藁）。故曰：堅强者死之徒也；柔弱微細生之徒也。兵强則不勝；木强則恒（烘）。强大居下，柔弱微細居上。

BJ42W77

天下［之道，猶張弓］者也：高者印（抑）之，下者舉之；有餘者敗（損）之，不足者補之。故天之道敗（損）有［餘而益不足。人之道則］不然，敗（損）［不足而］奉有餘。孰能有餘而有以取奉於天者乎？［惟有道者乎。是以聖人爲而弗有，成功而弗居也，若此其不欲］見賢也。

BJ43W78

天下莫柔［弱於水，而攻］堅强者莫之能［勝］也，以其无［以］易［之也］。［柔之勝剛，弱之］勝强，天［下莫弗知也，而莫能］行也。故聖人之言云：受邦之詢（垢），是胃（謂）社稷之主；受邦之不祥，是胃（謂）天下之王。［正言］若反。

BJ44W79

和大怨，必有餘怨，焉可以爲善？是以聖右介（契），而不以責於人。故有德司介（契），［无］德司爨（徹）。夫天道无親，恒與善人。

BJ45W01

道，可道也，非恒道也。名，可名也，非恒名也。无名，萬物之始也；有名，萬物之母也。［故］垣无欲也，以觀其眇（妙）；恒有欲也，以觀其所噭（徼）。兩者同出，異名同胃（謂）。玄之有（又）玄，衆眇（妙）之［門］。

BJ46W02

天下皆知美爲美,惡已;皆知善,訾（斯）不善矣。有无之相生也,難易之相成也,長短之相刑（形）也,高下之相盈也,意（音）聲之相和也,先後之相隋（隨）也,恒。是以聲（聖）人居无爲之事,行［不言之教］。［萬物作而弗始］也,爲而弗志（恃）也,成功而弗居也。夫唯居,是以弗去。

BJ47W03

不上賢,［使民不争。不貴難得之貨,使］民不爲［盜。不見可欲,使］民不亂。是以聲（聖）人之［治也,虚其心,實其腹,弱其志］,强其骨。［恒］使民无知无欲也。使［夫智不敢,弗爲而已,則无不治矣］。

BJ48W04

［道盅,而用之又弗］盈也。潚（淵）呵,始（似）萬物之宗。銼（挫）其兑（鋭）,解其紛,和其光,同［其塵］。［湛呵似］或存,吾不知［其誰之］子也,象帝之先。

BJ49W05

天地不仁,以萬物爲芻狗;聲（聖）人不仁,以百省（姓）爲芻狗。天地［之間,其］猶橐籥與? 虚而不渾（屈）,蹱（動）而俞（愈）出。多聞數窮,不若守於中。

BJ50W06

浴（谷）神不死,是胃（謂）玄牝。玄牝之門,是胃（謂）［天］地之根。緜緜呵若存,用之不堇（勤）。

BJ51W07

天長地久。天地之所以能[長]且久者，以其不自生也，故能長生。是以聲（聖）人芮（退）其身而身先，外其身而身存。不以其无[私]輿（與）？故能成其私。

BJ52W08

上善治（似）水，水善利萬物而有静。居衆人之所惡，故幾於道矣。居善地，心善瀟（淵），予善，信，正（政）善治，事善能，蹱（動）善時。夫唯不静（争），故无尤。

BJ53W09

揰（持）而盈之，不[若其已。揣而]兑（鋭）□之，[不]可長葆（保）之（也）。金玉盈室，莫之守也。貴富而驕（驕），自遺咎也。功述（遂）身芮（退），天[之道也]。

BJ54W10

[載营魄抱一，能毋離乎？搏氣至柔]，能嬰兒乎？脩（滌）除玄藍（鑒），能毋疵乎？[愛民治國，能毋以智乎]？殘毀生之畜之，生而弗[有，長而弗宰也，是謂玄]德。

BJ55W11

卅（三十）[輻同一轂，當]其无，[有車]之用也。埏（埏）埴爲器，當其无，有埴器[之用也]；[鑿户牖]，當其无，有[室之]用也。故有之以爲利，无之以爲用。

BJ56W12

五色使人目明（盲），馳騁田臘（獵）使人[心發狂]，難得之貨（貨）使人之行方（妨），五味使人之口啪（爽），五音使人之耳聾。是以聲(聖)人之治也,爲腹不[爲目],故去罷(彼)耳(取)此。

BJ57W13

龍(寵)辱若驚,貴大梡(患)若身。苛(何)胃(謂)龍(寵)辱若驚?龍(寵)之爲下。得之若驚,失[之]若驚,是胃(謂)龍(寵)辱若驚。何胃(謂)貴大梡(患)若身?吾所以有大梡(患)者,爲吾有身也;及吾无身,有何梡(患)?故貴爲身於爲天下,若可以迈(託)天下矣;愛以身爲天下,女(如)可以寄天下矣。

BJ58W14

視之而弗見,名之曰瞥(微);聽之而弗聞,名之曰希;搐之而弗得,名之曰夷。三者不可至(致)計(詰),故圉(混)[而爲一]。一者,其上不攸(皦),其下不忽(昧),尋尋呵不可名也,復歸於无物。是胃(謂)无狀之狀,无物之[象。是謂忽恍]。[隨而不見其後,迎]而不見其首。執今之道,以御今之有,以知古始,是胃(謂)[道紀]。

BJ59W15

[古之善爲道者,微妙玄達],深不可志(識)。夫唯不可志(識),故强爲之容。曰:與(豫)呵其若冬[涉水。猶呵其若]畏四[鄰。嚴呵]其若客。渙呵其若淩(凌)澤(釋)。㺅(敦)呵其若楗(樸)。湷(混)[呵其若濁,湈(曠)呵其]若浴(谷)。濁而情(静)之余(徐)清;女(安)以重(動)之余(徐)生。葆(保)此道不欲盈,夫唯不欲[盈,是以能敝而不]成。

BJ60W16

至(致)虚極也,守情(静)表(篤)也,萬物旁(並)作,吾以觀其復也。天(夫)物雲雲,各復歸於其[根]。[歸根曰静],静,是胃(謂)復命。復命常也,知常明也;不知常,帝(妄);帝(妄)作,兇。知常容,容乃公,公乃王,王乃天,天乃道,[道乃久],泃(没)身不怠(殆)。

BJ61W17

太上,下知有之。其次,親譽之。其次,畏之。其下,母(侮)之。信不足,案有不信。[猶呵],其貴言也。成功遂事,而百省(姓)胃(謂)我自然。

BJ62W18

故大道廢,案有仁義。知(智)快(慧)出,案有大僞。六親不和,案有畜(孝)兹(慈)。邦家闓(昏)亂,案有貞臣。

BJ63W19

絕聲(聖)棄知(智),民利百負(倍)。絕仁棄義,民復畜(孝)兹(慈)。絕巧棄利,盜賊无有。此三言也,以爲文未足,故令之有所屬。見素抱[樸,少私而寡欲]。

BJ64W20

殘毀唯與訶,其相去幾何?美與惡,其相去何若?人之[所畏],亦不[可以不畏人]。[望呵,其未央哉]!衆人巸(熙)巸(熙),若鄉(饗)於大牢,而春登臺。我泊焉未佻(兆),若[嬰兒未咳]。纍呵,如[无所歸]。[衆人]皆有餘,我獨遺(匱)。我禺(愚)人之心也,惷惷(沌沌)呵。鬻(俗)人昭昭,我獨若闓(昏)呵。鬻人蔡(察)蔡(察),我獨閟(悶)閟(悶)呵。忽呵,其若[海]。望(恍)呵,其若无所止。[衆人皆有以,我獨頑]以悝(俚)。吾欲獨異於人,而貴食母。

BJ65W21

孔德之容,唯道是從。道之物,唯望(恍)唯忽。[忽呵恍]呵,中有象呵。望(恍)呵忽呵,中有物呵。潣(幽)呵鳴(冥)呵,中有請

(情)吔。其請(情)甚真,其中[有信]。自今及古,其名不去,以順
衆仪(父)。吾何以知衆仪(父)之然哉? 以此。

BJ66W24

炊(企)者不立,自視(是)者不章(彰),[自]見者不明,自伐者
无功,自矜者不長。其在道,曰粽食贅行,物或惡之,故有欲[裕]者
[弗]居。

BJ67W22

曲則金(全),枉則定(正),洼則盈,敝則新,少則得,多則惑。
是以聲(聖)人執一,以爲天下牧。不[自]視(是)故明(彰),不自見
故章(明),不自伐故有功,弗矜故能長。夫唯不争,故莫能與之争。
古[之所謂曲全者,豈]語才[哉]! 誠金(全)歸之。

BJ68W23

希言自然。飄風不冬(終)朝,暴雨不冬(終)日。孰爲此? 天
地;[而弗能久,又況於人乎]? 故從事而道者同於道,德者同於德,
者(失)者同於失。同[於德者],道亦德之。同於[失]者,道亦
失之。

BJ69W25

有物昆(混)成,先天地生。繡(寂)呵繆(寥)呵,獨立[而不
改],可以爲天地母。吾未知其名,字之曰道。吾强爲之名曰大,大
曰筮(逝),筮(逝)曰[遠,遠曰返]。[道大],天大,地大,王亦大。
國中有四大,而王居一焉。人法地,地法[天,天法道,道法自然]。

BJ70W26

[重]爲巠(輕)根,清(静)爲趮(躁)君,是以君子衆(終)日行,

不蘺（離）其甾（輜）重。唯（雖）有環（營）官（觀），燕處［則昭］若。若何萬乘之王而以身巠（輕）於天下？巠（輕）則失本，趮（躁）則失君。

BJ71W27

善行者无勶（轍）迹，［善］言者无瑕適（謫）。善數者不以檮（籌）筭（策）。善閉者无闗（關）籥（鑰）而不可啟也。善結者［无纆］約而不可解也。是以聲（聖）人恒善怵（救）人，而无棄人，物无棄財（材），是胃（謂）愬（襲）明。故善［人，善人］之師；不善人，善人之齎（資）也。不貴其師，不愛其齎（資），唯（雖）知（智）乎大眯（迷），是胃（謂）眇（妙）要。

BJ72W28

知其雄，守其雌，爲天下溪。爲天下溪，恒德不雞（離）。恒德不雞（離），復歸嬰兒。知其日（榮），守其辱，爲天下浴（谷）。爲天下浴（谷），恒德乃［足］。恒德乃［足，復歸於樸］。知其，守其黑，爲天下式。爲天下式，恒德不貣（忒），恒德不貣，復歸於无極。楃（樸）散［則爲器，聖］人用則爲官長，夫大制无割。

BJ73W29

將欲取天下而爲之，吾見其弗［得已。夫天下，神］器也，非可爲者也。爲者敗之，執者失之。物或行或隨，或炅（噓）或［吹，或强或羸］，或杯（培）或撱（墮）。是以聲（聖）人去甚、去大（泰）、去楮（奢）。

BJ74W30

以道佐人主，不以兵［强於］天下，［其事好還。師之］所居，楚杋（棘）生之。善者果而已矣，毋以取强焉。果而毋驕（驕），果而勿矜，果而［勿伐］，果而毋得已居，是胃（謂）［果］而不强。物壯而老，是胃(謂)之不道,不道蚤(早)已。

BJ75W31

夫兵者,不祥之器[也]。物或惡之,故有欲(裕)者弗居。君子居則貴左,用兵則貴右。故兵者非君子之器也,[兵者]不祥之器也,不得已而用之,銛襲(恬淡)爲上。勿美也,若美之,是樂殺人也。夫樂殺人,不可以得志於天下矣。是以吉事上左,喪事上右。是以便(偏)將軍居左,上將軍居右。言以喪禮居之也。殺人衆,以悲依(哀)立(莅)之。戰勝,以喪禮處之。

BJ76W32

道恒无名,握(樸)唯(雖)[小,而天下弗敢臣。侯]王若能守之,萬物將自賓。天地相谷(合),以俞(雨)甘洛(露)。民莫之[令而自均]焉,始制有[名。名亦既]有,夫[亦將知止,知止]所以不[殆]。俾(譬)道之在[天下也,猶小]浴(谷)之與江海也。

BJ77W33

知人者,知(智)也;自知[者,明也。勝人]者,有力也;自勝者,[强也]。[知足者,富]也;强行者,有志也。不失其所者,久也;死不忘(亡)者,壽也。

BJ78W34

道[氾呵其可左右也。成功]遂事而弗名有也。萬物歸焉而弗爲主,則恒无欲也,可名於小。萬物歸焉[而弗]爲主,可名於大。是[以聲(聖)人之能成大也,以其不爲大也,故能成大。

BJ79W35

執大象,[天下]往。往而不害,安平太。樂與餌,過格(客)止。

故道之出言也，曰談（淡）呵其无味也。［視之］不足見也，聽之不足聞也，用之不可既也。

BJ80W36

將欲拾（翕）之，必古（固）張之；將欲弱之，［必固］强之；將欲去之，必古（固）與（舉）之；將欲奪之，必古（固）予之。是胃（謂）微明。𢘻（柔）弱勝强。魚不［可］脱於瀟（淵），邦利器不可以視（示）人。

BJ81W37

道恒无名，侯王若能守之，萬物將自愿（化）。愿（化）而欲［作，吾將鎮之以无］名之楅（樸）。［鎮之以］无名之楅（樸），夫將不辱（欲）。不辱（欲）以情（靜），天地將自正。

乙　本

BY01W38

上德不德，是以有德。下德不失德，是以无德。上德无爲而无以爲也；上仁爲之而无以爲也；上德（義）爲之而有以爲也；上禮爲之而莫之癒（應）也，則攘臂而乃（扔）之。故失道而后德，失德而句（后）仁，失仁而句（后）義，失義而句（后）禮。夫禮者，忠信之泊（薄）也而亂之首也；前識者，道之華也而愚之首也。是以大丈夫居［其厚而不］居其泊（薄），居其實而不居其華。故去罷而（彼）取此。

BY02W39

昔得一者：天得一以清，地得一以寧，神得一以霝（靈），浴（谷）得一以盈，侯王得一以爲天下正。其至也：胃（謂）天毋已清將恐蓮（裂），地毋已寧將恐發，神毋［已靈將］恐歇，谷毋已盈將恐渴（竭），侯王毋已貴以高將恐欹（蹶）。故必貴以賤爲本，必高矣而以下爲基。夫是以侯王自胃（謂）孤寡不橐（穀）。此其賤之本與？
非也？故至（致）數輿（譽）无輿（譽）。是故不欲祿祿若玉，硌硌
若石。

BY03W41

上[士聞]道，堇（勤）能行之。中士聞道，若存若亡。下士聞
道，大笑之。弗笑，[不足]以爲道。是以建言有之曰：明道如費
（昧），進道如退，夷道如纇。上德如浴（谷），大白如辱，廣德如不
足，建德如[偷]，質[真如渝]，大方无禺（隅），大器免成，大音希聲，
天（大）象无刑（形），道襃无名。夫唯道，善始且善成。

BY04W40

反也者，道之動也；[弱也]者，道之用也。天下之物生於有，有
[生]於无。

BY05W42

道生一，一生二，二生三，三生[萬物。萬物負陰而抱陽，沖氣]
以爲和。人之所亞（惡）唯[孤]寡不橐（穀），而王公以自[名也]。
[物或益之而]云（損），云（損）之而益。殘毀[故强梁者不得其死，
我]將以[爲學]父。

BY06W43

天下之至[柔]馳騁乎（於）天下[之至堅]，[无有入於]无間，吾
是以[知无爲之有益]也。不[言之教，无爲之益，天下希能及
之]矣。

BY07W44

名與[身孰親？身與貨孰多？得與亡孰病]？殘毀

BY08W45

[大成若缺，其用不敝。大]盈若沖（盅），其[用不窮。大直如詘，大巧]如拙，[大贏如]絀（肭）；趮朕（勝）寒，[静勝熱。清静，可以爲天下正]。

BY09W46

[天下有]道，卻走馬[以]糞。无道，戎馬生於郊。罪莫大於可欲，禍[莫大於不知足，咎莫憯於欲得]。[故知足之足，恒]足矣。

BY10W47

不出於户，以知天下；不規（窺）於[牖，以]知天道。其出也籫（彌）遠者，其知籫（彌）[少。是以耶（聖）人不行而知，不見]而名（明），弗爲而成。

BY11W48

爲學者日益，聞道者日云（損）。云（損）之又云（損），以至於无[爲，无爲而无以爲]。取天下，恒无事；及其有事也，[不]足以取天[下]。

BY12W49

[耶（聖）]人恒无心，以百省（姓）之心爲心。善[者善之，不善者亦善之，德]善也；信者信之，不信者亦信之，德信也。耶（聖）人之在天下，欱欱焉，[爲天下渾心]。[百姓]皆注其[耳目焉，聖人皆孩子]。

BY13W50

[出]生入死。生之[徒十有三。死]之徒十又（有）三；而民生生，僮（動）皆之死地之十有三。[夫]何故也？以其生生。蓋聞善執

（攝）生者,陵行不辟（避）累虎,入軍不被兵革;累无[所投其角,虎无所措]其蚤（爪）,兵[无所容其刃。夫何故]也? 以其无死地焉。

BY14W51

道生之,德畜之,物刑（形）之而器成之。是以萬物尊道而貴德。道之尊也,德之貴也,夫莫之爵也,而恒自然也。

道生之畜之,[長之育]之,亭之毒之,養之復（覆）之。[生而弗有,爲而弗恃,長而]弗宰,是胃（謂）玄德。

BY15W52

天下有始,以爲天下母。既得其母,以知其子;復守其母,没身不怡（殆）。塞其堄,閉其門,冬（終）身不堇（勤）。開其堄,濟其事,終身不救。見小曰明,守[柔曰]强。用[其光,復歸其明,毋]遺身央（殃）,是胃（謂）[襲]常。

BY16W53

使我介（挈）有知,行於大道,唯他（迤）是畏。大道甚夷,民甚好懈（徑）。朝甚除,田甚蕪,倉甚虛。服文采、帶利劍、猒飲食而齎（資）財[有餘]。[是謂盜]和（竽）。非[道也哉]!

BY17W54

善建者[不拔,善抱者不脱],子孫以祭祀不絶。脩之身,其德乃真。脩之家,其德有餘。脩之鄉,其德乃長。脩之國,其德乃夆（豐）。脩之天下,其德乃博。以身觀身,以家觀[家,以國觀]國,以天下觀天下。[吾何以知]天下之然兹（哉）? 以[此]。

BY18W55

[含德]之厚[者],比於赤子。蠭（蜂）癘（蠆）虺（虺）蛇弗赫

（螫），據（攫）鳥猛獸弗搏，骨弱筋柔而握固，未知牝牡之會而朘怒，精之至也；冬（終）日號而不嚘，和［之至也］。［知和曰］常，知常曰明，益生曰祥，心使氣曰强。物［壯］則老，胃（謂）之不道，不道蚤（早）已。

BY19W56

知者弗言，言者弗知。塞其垸，閉其門，和其光，同其塵，銼（挫）其兌（銳）而解其紛，是胃（謂）玄同。故不可得而親也，亦［不可得］而［疏；不可得］而利，［亦不可］得而害；不可得而貴，亦不可得而賤；故爲天下貴。

BY20W57

以正之（治）國，以畸（奇）用兵，以無事取天下。吾何以知其然也才（哉）？夫天下多忌諱，而民彌貧；民多利器，［而國家滋］昏；［人多知巧，而奇物滋起；法］物兹（滋）章（彰），而盜賊［多有］。是以［聖］人之言曰：我无爲而民自化，我好静而民自正，我无事而民自富，我欲不欲而民自樸。

BY21W58

其正（政）閟閟（悶悶），其民屯屯（惇惇）。其正（政）察察，其［民狭狭］。［禍，福之所倚；福，禍之］所伏，孰知其極？［其］无正也，正［復爲奇］，善復爲［妖。人］之悉（迷）也，其日固久矣。是以方而不割，兼（廉）而不刺，直而不紲（肆），光而不眺（燿）。

BY22W59

治人事天莫若嗇。夫惟嗇，是以蚤（早）服；蚤（早）服，是胃（謂）重積［德］；重積［德則无不克；无不克，則］莫知其［極］；莫知其［極，可以］有國；有國之母，可［以長久］。是胃（謂）［深］根固氏

（柢）、長生久視之道也。

BY23W60

治大國若亨（烹）小鮮。以道立（蒞）天下，其鬼不神。非其鬼不神也，其神不傷人也。非其神不傷人也，[聖人亦]弗傷也。夫兩[不]相傷，故德交歸焉。

BY24W61

大國[者，下流也；天下之]牝也，天下之交也。牝恒以静朕（勝）牡，爲其静也，故宜爲下也。故大國以下[小]國，則取小國；小國以下大國，則取於大國。故或下[以取，或]下而取。故大國者，不[過]欲并畜人；小國者，不過欲入事人。夫[皆得]其欲，則大者宜爲下。

BY25W62

道者萬物之注（主）也，善人之葆（寶）也，不善人之所保也。美言可以市，尊行可以賀（加）人。人之不善，何[棄之有]？[故]立天子，置三鄉（卿），雖有[拱之]璧以先四（駟）馬，不若坐而進此。古[之所以貴此者何也]？不胃（謂）求以得，有罪以免與？故爲天下貴。

BY26W63

爲无爲，[事无事，味无味，大小，多少，報怨以德]。[圖難乎其易也，爲大]乎其細也。天下之[難作於]易，天下之大[作於細，是以聖人終不爲大，故能成其大]。夫輕若（諾）[必寡]信，多易必多難，是以耶（聖）人[猶難]之，故[終於无難]。

BY27W64

殘毀[合抱之]木，生於毫末；九成（層）之台，作於虆土；百千

（仞）之高，台（始）於足下。爲之者敗之，執者失之。是以耵（聖）人
无爲［也，故无敗也；无執也，故无失也］。民之從事也，恒於其（幾）
成而敗之，故慎終若始，則［无敗事矣］。是以耵（聖）人欲不欲，而
不貴難得之貨；學不學，復衆人之所過；能輔萬物之自然，而弗
敢爲。

BY28W65

古之爲道者非以明［民也，將以愚］之也。民之難治也，以其知
（智）也。故以知（智）知（治）國，邦之賊也；以不知（智）知（治）國，
國之德也；恒知此兩者，亦稽式也；恒知稽式，是胃（謂）玄德。玄德
深矣，遠矣，［與］物反也，乃至大順。

BY29W66

江海之所以能爲百浴（谷）［王者，以］其［善］下之也。是以能
爲百浴（谷）王。是以耵（聖）人之欲上民也，必以其言下之；其欲先
民也，必以其身後之。故居上而民弗重也，居前而民弗害。天下樂
誰（進）而弗猒也。不以其无争與，故［天］下莫能與争。

BY30W80

小國寡民，使有十百人器而勿用，使民重死而遠徙。又（有）周
（舟）車无所乘之，有甲兵无所陳之，使民復結繩而用之。甘其食，
美其服，樂其俗，安其居，叟（鄰）國相望，雞犬之［聲相］聞，民至老
死不相往來。

BY31W81

信言不美，美言不信。知者不博，博者不知。善者不多，多者
不善。耵（聖）人无積，既以爲人，己俞（愈）有；既以予人矣，己俞
（愈）多。故天之道，利而不害；人之道，爲而弗争。

BY32W67

天下[皆]胃（謂）我大，大而不宵（肖）。夫唯不宵（肖），故能
大。若宵（肖），久矣其細也夫。我恒有三琛（寶），市（持）而琛（寶）
之。一曰兹（慈），二曰檢（儉），三曰不敢爲天下先。夫慈，故能勇；
檢（儉），敢（故）能廣；不敢爲天下先，故能成器長。今舍（捨）其兹
（慈），且勇；舍（捨）其檢（儉），且廣；舍（捨）其後，且先，則死矣。夫
兹（慈），以單（戰）則朕（勝），以守則固。天將建之，女（如）以兹
（慈）垣之。

BY33W68

故善爲士者不武，善單（戰）者不怒，善朕（勝）敵者弗與，善用
人者爲之下。是胃（謂）不争[之]德，是胃（謂）用人，是胃（謂）肥
（配）天，古之極也。

BY34W69

用兵又（有）言曰：吾不敢爲主而爲客，不敢進寸而退尺。是
胃（謂）行无行，攘无臂，執无兵，乃无敵。禍莫大於无敵，无敵近亡
吾琛（寶）矣。故抗兵相若，而依（哀）者朕（勝）[矣]。

BY35W70

吾言易知也，易行也；而天下莫之能知也，莫之能行也。夫言
又（有）宗，事又（有）君。夫唯无知也，是以不我知。知者希，則我
貴矣。是以耶（聖）人被褐而裹（懷）玉。

BY36W71

知不知，尚矣；不知知，病矣。是以耶（聖）人之不[病]也，以其
病病，是以不病。

BY37W72

民之不畏畏（威），則大畏（威）將至矣。毋伸（狹）其所居，毋猒（厭）其所生。夫唯弗猒（厭），是以不厭。是以耵（聖）人自知而不自見也，自愛而不自貴也。故去罷（彼）取此。

BY38W73

勇於敢則殺，勇於不敢則栝（活）。［此］兩者或利或害，天之所亞（惡），孰知其故？天之道，不單（戰）而善朕（勝），不言而善應，弗召而自來，單（坦）而善謀。天罔裌裌（恢恢），疏而不失。

BY39W74

若民恒且畏不畏死，奈何以殺瞿（懼）之也？使民恒且畏死，則爲畸（奇）者［吾］得而殺之，夫孰敢矣。若民恒且必畏死，則恒又（有）司殺者。夫代司殺者殺，是代大匠斲。夫代大匠斲，則希不傷其手。

BY40W75

人之饑也，以其取食趼（稅）之多，是以饑。百生（姓）之不治也，以其上之有以爲也，［是］以不治。民之輕死也，以其求生之厚也，是以輕死。夫唯无以生爲者，是賢貴生。

BY41W76

人之生也柔弱，其死也䐠（筋）信（肕）堅強。萬［物草］木之生也柔桙（脆）；其死也棒（枯）槁。故曰：堅強死之徒也；柔弱生之徒也。是以兵強則不朕（勝）；木強則競（烘）。故強大居下，柔弱居上。

BY42W77

天之道，酉（猶）張弓也：高者印（抑）之，下者舉之；有余（餘）

者云（損）之，不足者補之。［故天之道］云（損）有余（餘）而益不足。人之道，云（損）不足而奉又（有）余（餘）。孰能又（有）余（餘）而［有以取］奉於天者？惟又（有）道者乎。是以耵（聖）人爲而弗又（有），成功而弗居也，若此其不欲見賢也。

BY43W78

天下莫柔弱於水，［而攻堅强者莫之能勝］，以其无以易之也。水（柔）之朕（勝）剛也，弱之朕（勝）强也，天下莫弗知也，而［莫能行］也。是故耵（聖）人言云，曰：受邦之詢（垢），是胃（謂）社稷之主；受邦之不祥，是胃（謂）天下之王。正言若反。

BY44W79

禾（和）大［怨，必有餘怨，焉可以］爲善？是以聖人執左芥（契），而不以責於人。故又（有）德司芥（契），无德司斳（徹）。［夫天道无親，恒與善人］。

BY45W01

道，可道也，［非恒道也。名，可名也，非］恒名也。无名，萬物之始也；有名，萬物之母也。故恒无欲也，［以觀其妙］；恒又（有）欲也，以觀其所噭（徼）。兩者同出，異名同胃（謂）。玄之又玄，眾眇（妙）之門。

BY46W02

天下皆知美之爲美，亞（惡）已；皆知善，斯不善矣。［有无之相］生也，難易之相成也，長短之相刑（形）也，高下之相盈也，音聲之相和也，先后之相隋（隨）也，恒也。是以聲（耵（聖））人居无爲之事，行不言之教。萬物昔（作）而弗始，爲而弗侍（恃）也，成功而弗居也。夫唯弗居，是以弗去。

BY47W03

不上賢，使民不争。不貴難得之貨，使民不爲盜。不見可欲，使民不亂。是以耼（聖）人之治也，虛其心，實其腹，弱其志，强其骨。恒使民无知无欲也。使夫知（智）不敢，弗爲而已，則无不治矣。

BY48W04

道沖（盅），而用之有（又）弗盈也。淵呵，似萬物之宗。銼（挫）其兑（鋭），解其芬（紛），和其光，同其塵。湛呵似或存，吾不知其誰之子也，象帝之先。

BY49W05

天地不仁，以萬物爲芻狗；耼（聖）人不仁，［以］百姓爲芻狗。天地之間，其猶橐籥與？虛而不淈（屈），勤（動）而俞（愈）出。多聞數窮，不若守於中。

BY50W06

浴（谷）神不死，是胃（謂）玄牝。玄牝之門，是胃（謂）天地之根。緜緜呵其若存，用之不菫（勤）。

BY51W07

天長地久。天地之所以能長且久者，以其不自生也，故能長生。是以耼（聖）人退其身而身先，外其身而身先，外其身而身存。不以其无私興（與）？故能成其私。

BY52W08

上善如水，水善利萬物而有争（静）。居衆人之所亞（惡），故幾於道矣。居善地，心善淵，予善天，言善信，正（政）善治，事善能，勤

（動）善時。夫唯不争，故无尤。

BY53W09

揤（持）而盈之，不若其已。掖（揣）而兑（鋭）□之，不可長葆（保）也。金玉［盈］室，莫之能守也。貴富而驕，自遺咎也。功遂身退，天之道也。

BY54W10

載營柏樹（魄）抱一，能毋离（離）乎？榑（搏）氣至（致）柔，能嬰兒乎？脩（滌）除玄監（鑒），能毋疵乎？愛民栝（治）國，能毋以（知）智乎？天門啟闔，能爲雌乎？明白四達，能毋以知乎？生之畜之，生而弗有，長而弗宰也，是謂玄德。

BY55W11

卅（三十）楅（輻）同一轂，當其无，有車之用也。燃（埏）埴而爲器，當其无，有埴器［之用也］；鑿户牖，當其无，有室之用也。故有之以爲利，无之以爲用。

BY56W12

五色使人目盲，馳騁田臘（獵）使人心發狂，難得之贊（貨）使人之行仿（妨），五味使人之口爽，五音使人之耳［聾］。是以耴（聖）人之治也，爲腹而不爲目，故去彼而取此。

BY57W13

弄（寵）辱若驚，貴大患若身。何胃（謂）弄（寵）辱若驚？弄（寵）之爲下也。得之若驚，失之若驚，是胃（謂）弄（寵）辱若驚。何胃（謂）貴大患若身？吾所以有大患者，爲吾有身也；及吾無身，有何患？故貴爲身於爲天下，若可以橐（託）天下［矣］；愛以身爲天下，女（如）可以寄天下矣。

BY58W14

視之而弗見，［名］之曰（微）；聽之而弗聞，命（名）之曰希；捪之而弗得，命（名）之曰夷。三者不可至（致）計（詰），故緄（混）而爲一。一者，其上不謬（曒），其下不忽（昧），尋尋呵不可命（名）也，復歸於无物。是胃（謂）无狀之狀，无物之象。是謂沕（忽）望（恍）。隨而不見其後，迎而不見其首。執今之道，以御今之有，以知古始，是胃（謂）道紀。

BY59W15

古之善爲道者，微眇（妙）玄達，深不可志（識）。夫唯不可志（識），故强爲之容。曰：與（豫）呵其若冬涉水。猶呵其若畏四叟（鄰）。嚴呵其若客。渙呵其若淩（凌）澤（釋）。沌（敦）呵其若楃（樸）。湷（混）呵其若濁，湆（曠）呵其若浴（谷）。濁而静之徐清；女（安）以重（動）之徐生。葆（保）此道［不］欲盈，是以能襒（敝）而不成。

BY60W16

至（致）虚極也，守静督（篤）也，萬物旁（並）作，吾以觀其復也。天（夫）物𫐐𫐐，各復歸於其根。曰静，静，是胃（謂）復命。復命常也，知常明也；不知常，芒（妄）；芒（妄）作，凶。知常容，容乃公，公乃王，［王乃］天，天乃道，道乃［久］，没身不殆。

BY61W17

太上，下知又（有）［之。其次］，親譽之。其次，畏之。其下，母（侮）之。信不足，安有不信。猶呵，其貴言也。成功遂事，而百姓胃（謂）我自然。

BY62W18

故大道廢，安有仁義。知（智）慧出，安有［大僞］。六親不和，安又（有）孝兹（慈）。國家閩（昏）亂，安有貞臣。

BY63W19

絶耵（聖）棄知（智），而民利百倍。絶仁棄義，而民復孝兹（慈）。絶巧棄利，盜賊无有。此三言也，以爲文未足，故令之有所屬。見素抱樸，少私而寡欲。

BY64W20

絶學无憂。唯與呵，其相去幾何？美與亞（惡），其相去何若？人之所畏，亦不可以不畏人。望呵，其未央才（哉）！衆人巸（熙）巸（熙），若鄉（饗）於大牢，而春登臺。我博（泊）焉未垗（兆），若嬰兒未咳。纍呵，似无所歸。衆人皆又（有）余（餘），我愚人之心也，湷湷（沌沌）呵。鬻（俗）人昭昭，我獨若閩（昏）呵。鬻人察察，我獨閩閩呵。沕（忽）呵，其若海。望（恍）呵，若无所止。衆人皆有以，我獨閲以鄙。吾欲獨異於人，而貴食母。

BY65W21

孔德之容，唯道是從。道之物，唯望（恍）唯沕（忽）。沕（忽）呵望（恍）呵，中又（有）象呵。望（恍）呵沕（忽）呵，中有物呵。幼（窈）呵冥呵，其中有請（情）呵。其請（情）甚真，其中有信。自今及古，其名不去，以順衆父。吾何以知衆父之也？以此。

BY66W24

炊（企）者不立，自視（是）者不章（彰），自見者不明，自伐者无功，自矜者不長。其在道也，曰粽食贅行，物或亞（惡）之，故有欲（裕）者弗居。

BY67W22

曲則全,(汪)枉則正,洼則盈,幣(敝)則新,少則得,多則惑。是以耶(聖)人執一,以爲天下牧。不自視(是)故章(彰),不自見也故明,不自伐故有功,弗矜故能長。夫唯不争,故莫能與之争。古之所胃(謂)曲全者,幾(豈)語才(哉)！誠全歸之。

BY68W23

希言自然。剽風不冬(終)朝,暴雨不冬(終)日。孰爲此？天地;而弗能久,有(又)兄(况)於人乎？故從事而道者同於道,德者同於德,失者同於失。同於德者,道亦德之。同於失者,道亦失之。

BY69W25

有物昆(混)成,先天地生。蕭(寂)呵漻(寥)呵,獨立而不玹(改),可以爲天地母。吾未知其名也,字之曰道。吾强爲之名曰大,大曰筮(逝),筮(逝)曰遠,遠曰反(返)。道大,天大,地大,王亦大。國中有四大,而王居一焉。人法地,地法天,天法道,道法自然。

BY70W26

重爲輕根,静爲趮(躁)君,是以君子冬(終)日行,不遠其甾(輜)重。雖有環(營)官(觀),燕處則昭(超)若。若何萬乘之王而以身輕於天下？輕則失本,趮(躁)則失君。

BY71W27

善行者无達(轍)迹,善言者无瑕適(謫)。善數者不用檮(籌)筭(策)。善閉者无關籥(鑰)而不可啓也。善結者无纆約而不可解也。是以耶(聖)人恒善悊(救)人,而无棄人,物无棄財(材),是胃(謂)曳(襲)明。故善人,善人之師;不善人,善人之資也。不貴其師,不愛其資,雖知(智)乎大迷,是胃(謂)眇(妙)要。

BY72W28

知其雄,守其雌,爲天下雞(溪)。爲天下雞(溪),恒德不离(離)。恒德不离(離),復[歸於嬰兒]。[知]其白(日),守其辱,爲天下浴(谷)。爲天下浴(谷),恒德乃足。恒德乃足,復歸於樸。知其白,守其黑,爲天下式。爲天下式,恒德不貣(忒),恒德不貣(忒),復歸於无極。樸散則爲器,耼(聖)人用則爲官長,夫大制无割。

BY73W29

將欲取[天下而爲之,吾見其弗]得已。夫天下,神器也,非可爲者也。爲之者敗之,執之者失之。物或行或隋(隨),或熱(噓)或砫(吹),或陪(培)或墮。是以耼(聖)人去甚、去大(泰)、去諸(奢)。

BY74W30

以道佐人主,不以兵强於天下,其[事好還。師之所居,荆]棘生之。善者果而已矣,毋以取强焉。果而毋驕,果而勿矜,果[而勿]伐,果而毋得已居,是胃(謂)果而强。物壯而老,胃(謂)之不道,不道蚤(早)已。

BY75W31

夫兵者,不祥之器也。物或亞(惡)[之,故有裕者弗居。君子]居則貴左,用兵則貴右。故兵者非君子之器也,兵者不祥[之]器也,不得已而用之,銛憻(恬淡)爲上。勿美也,若美之,是樂殺人也。夫樂殺人,不可以得志於天下矣。是以吉事[上左,喪事上右]。是以偏將軍居左,而上將軍居右。言以喪禮居之也。殺[人衆,以悲哀]立(莅)之。[戰]朕(勝),而以喪禮處之。

BY76W32

道恒无名,樸唯(雖)小,而天下弗敢臣。侯王若能守之,萬物將自賓。天地相合，以俞(雨)甘洛(露)。[民莫之]令而自均焉，始制有[名。名亦既]有，夫[亦將知止，知止]所以不[殆]。卑(譬)[道之]在天下也，猶小浴(谷)之與江海也。

BY77W33

知人者，知(智)也；自知，明也。朕(勝)人者，有力也；自朕(勝)者，强也。知足者，富也；强行者，有志也。不失其所者，久也；死而不忘(亡)者，壽也。

BY78W34

道渢(氾)呵其可左右也。成功遂[事而]弗名有也。萬物歸焉而弗爲主，則恒无欲也，可名於小。萬物歸焉而弗爲主，可命(名)於大。是以耵(聖)人之能成大也，以其不爲大也，故能成大。

BY79W35

執大象，天下往。往而不害，安平太。樂與[餌]，過格(客)止。故道之出言也，曰淡呵其无味也。視之不足見也，聽之不足聞也，用之不可既也。

BY80W36

將欲擒(翕)之，必古(固)張之；將欲弱之，必固强之；將欲去之，必古(固)與(擧)之；將欲奪之，必古(固)予[之]。是胃(謂)微明。柔弱朕(勝)强。魚不可説(脱)於淵，國利器不可以示人。

BY81W37

道恒无名，侯王若能守之，萬物將自化。化而欲作，吾將闐(鎮)之以无名之樸。闐(鎮)之以无名之樸，夫將不辱(欲)。不辱(欲)以情(靜)，天地將自正。

附録二：簡明《老子》詞典

目　　録

E

F

J

R

T

W

Y

凡　例

收　詞　立　目

一、本詞典收録《老子》中的全部單字、單音詞,並收意義不可分割的複音詞和結構相對穩定、使用頻率較高的短語。

二、本詞典以釋詞爲主。所收單字在《老子》書中如不是以詞的形式出現,則單立條目而不釋義,必要時在以該字組成的複音詞中解釋。

三、形同而音、義不同的單音詞列於同一條目下。

四、單音詞條目按音序排列。首字讀音相同的複音詞條目,按第二個字的讀音依序排列;前兩字讀音相同的複音詞條目,按第三個欄位讀音依序排列;依此類推。

五、同音字按筆劃由簡到繁依序排列。

六、複音詞條目,按其第一個字的讀音列於該單音詞條目之下。

釋　義

七、本詞典所有條目,依其在《老子》中所具有的含義分列義項,給出準確、有據的解釋。凡《老子》中未曾出現的義項,一概不作解釋。尚無定論者,則參考各家異同,斟酌得失,擇善而從,間或有出於己義者。一般不排列異説。

八、酌情列舉與釋義相關的異文。

九、所有條目的義項力求完備,凡是能夠概括確立的義項,儘量收列。

舉　　例

十、每個條目的每一義項之下，僅列該義項在帛書《老子》中的第一個用例，所有用例另表附後。

十一、列舉之例句，主要出自帛書甲本，甲本殘列乙本，乙本殘列王弼本。

十二、舉例格式爲 BxxWxx，B 代表帛書本，W 代表對應王弼本，xx 代表例句所在兩本章次。如 B01W38，代表例句出自帛書本第一章、王弼本第三十八章。

注　　音

十三、單音詞條目同音歸類，列於所屬音節下，一一注音。複音詞條目每個字的讀音皆有着落，不再重注。

十四、一律列舉今音，及古音。中古音以《廣韻》爲準，上古音以《詩》韻爲準。

標 點 符 號

十五、條目外一律加【　】號；例句中所補闕文加［　］，異體字加（　）。

底本及主要參考書

十六、以先師吳金華先生之《老子韻讀》（未刊稿）中的《老子》釋文爲底本。釋義主要參考河上公注、王弼注及其他古注，今人新説也酌情采用。

A

ā

【呵】

ā　《廣韻・平聲・歌》虎何切。上古：歌部，曉母。
語助詞。表示感歎語氣。B48W04 淵呵似萬物之宗。

āi

【哀】

āi　《廣韻・平聲・咍》烏開切。上古：微部，影母。
愛，慈仁。B34W69 哀者勝矣。

ài

【愛】

ài　《廣韻・去聲・代》烏代切。上古：物部，影母。
(1) 捨不得，吝嗇。B07W44 甚愛必大費。
(2) 愛護。B37W72 自愛而不自貴。

ān

【安】

ān　《廣韻・平聲・寒》烏寒切。上古：元部，影母。
(1) 安定，平静。B27W64 其安也，易持也。
(2) 安適。B30W80 安其居。
(3) 連詞。猶"於是"。B79W35 往而不害，安平太。

àn

【案】

àn　《廣韻·去聲·翰》烏旰切。上古：元部，影母。

表示承接關係的連詞。相當於"於是"、"則"。B79W35 信不足，案
　　有不信。

B

bá

【拔】

bá　《廣韻·入聲·黠》蒲八切。上古：月部，並母。

動搖。B17W54 善建者不拔。

bà

【罷】

bà　《廣韻·上聲·蟹》薄蟹切。上古：歌部，並母。

假借爲"彼"。指示代詞。那；那個；那裏。"此"的對稱。B56W12
　　去罷取此。

bái

【白】

bái　《廣韻·入聲·陌》傍陌切。上古：鐸部，並母。

(1) 潔白。B03W41 大白如辱。

(2) 明白。B54W10 明白四達。

bǎi

【百】
bǎi　《廣韻・入聲・陌》博陌切。上古：鐸部，幫母。

概數。言其多。B63W19 民利百負（倍）。

【百谷王】
指江海。百谷之水必趨江海，故稱。B29W66 能爲百谷王。

【百仞】
七尺爲一仞。一説，八尺爲一仞。百仞，形容極高。B2764 百仞
　　之高。

【百姓】
人民；民衆。B12W49 以百姓之心爲心。

【柏】
bǎi　《廣韻・入聲・陌》博陌切。上古：鐸部，幫母。

通“魄”。B54W10 戴營柏抱一。

bài

【敗】
bài　《廣韻・去聲・夬》薄邁切。上古：月部，並母。

失敗。B27W64 爲之者敗之。

bāng

【邦】
bāng　《廣韻・平聲・江》博江切。上古：東部，幫母。

古代諸侯的封國。B17W54 修之邦。

【邦家】
國家。B62W18 邦家昏亂。

bāo

【襃】

bāo 《廣韻·平聲·豪》博毛切。上古：幽部，幫母。
大，盛。B03W41 道襃无名。

bǎo

【保】

bǎo 《廣韻·上聲·皓》博抱切。上古：幽部，幫母。
保持。B25W62 不善人之所保也。

【葆】

bǎo 《廣韻·上聲·皓》博抱切。上古：幽部，幫母。
(1) 寶物。B32W67 我恒有三葆。
(2) 珍視。B32W67 持而葆之。

bào

【抱】

bào 《廣韻·上聲·皓》薄浩切。上古：幽部，並母。
(1) 抱持；持守。B17W54 善抱者不脫。
(2) 用兩臂圍持。B27W64 合抱之木。
(3) 蘊藏。B05W42 萬物負陰而抱陽。

【報】

bào 《廣韻·去聲·號》博耗切。上古：幽部，幫母。
回報。B26W63 報怨以德。

【報怨以德】

用恩德來報答自己仇怨的人。B26W63 報怨以德。

【暴】

bào 《廣韻·去聲·號》薄報切。上古：藥部，並母。

急驟,猛烈。B68W23 暴雨不終日。

【暴雨】

大而急的雨。B68W23 暴雨不終日。

bèi

【被】

bèi　《廣韻・上聲・紙》皮彼切。上古：歌部,並母。

(1) 遭受。B13W50 入軍不被甲兵。

(2) 通"彼"。指示代詞。那;那個;那裏。"此"的對稱。B37W72 去
　　被取此。

【被2】

pī　《集韻・平聲・支》攀糜切。上古：歌部,並母。

後作"披"。穿着。B35W70 被褐而懷玉。

【被2褐懷玉】

外着粗衣,内懷美玉。B35W70 被褐而懷玉。

bēi

【杯】

bēi　《廣韻・平聲・灰》布回切。上古：之部,幫母。

增益。B73W29 或杯或撏。

【悲】

bēi　《廣韻・平聲・脂》府眉切。上古：微部,幫母。

悲傷。B75W31 以悲依立之。

běn

【本】

běn　《廣韻・上聲・混》布村切。上古：文部,幫母。

根本。B02W39 故必貴而以賤爲本。

bǐ

【比】

bǐ　《廣韻・上聲・旨》卑履切。上古：脂部，幫母。
比擬。B18W55 比於赤子。

【俾】

bǐ　《廣韻・上聲・紙》並弭切。上古：支部，幫母。
通"譬"。比方。B76W32 俾道之在天下也。

bì

【必】

bì　《廣韻・入聲・質》卑吉切。上古：質部，幫母。
（1）副詞。必然，一定。B07W44 多藏必厚亡。
（2）副詞。必須，必須要。B80W36 必古張之。

【閉】

bì　《廣韻・去聲・霽》博計切。上古：質部，幫母。
關閉。B15W52 閉其門。

【敝】

bì　《廣韻・去聲・祭》毗祭切。上古：月部，並母。
破舊。B67W22 敝則新。

【辟】

bì　《廣韻・入聲・昔》必益切。上古：錫部，幫母。
通"避"。躲避，避開。B13W50 陵行不辟兕虎。

【幣】

bì　《廣韻・去聲・祭》毗祭切。上古：月部，並。
通"敝"。終，盡。B08W45 其用不幣。

【臂】

bì　《廣韻・去聲・寘》卑義切。上古：支部，幫母。

胳膊。B34W69 攘无臂。

【璧】

bì　《廣韻·入聲·昔》必益切。上古：錫部，幫母。

玉器名。扁平、圓形、中心有孔。邊闊大於孔徑。古代貴族用作朝
　聘、祭祀、喪葬時的禮器，也作佩帶的裝飾。B25W62 共之璧。

bīn

【賓】

bīn　《廣韻·平聲·真》必鄰切。上古：真部，幫母。

服從。B76W32 萬物將自賓。

bīng

【兵】

bīng　《廣韻·平聲·庚》甫明切。上古：陽部，幫母。

(1) 兵器。B13W50 入軍不被甲兵。

(2) 軍力。B34W69 稱兵相若。

bìng

【病】

bìng　《廣韻·去聲·映》皮命切。上古：陽部，並母。

(1) 弊病。B36W71 不知知，病矣。

(2) 有害，不利。B07W44 得與亡孰病。

【病病】

把弊病當作弊病。第一個"病"是動詞性。B36W71 以其病病。

bó

【泊】

bó　《廣韻·入聲·鐸》傍各切。上古：鐸部，並母。

（1）淡泊,恬静。B64W20 我泊焉未佻。

（2）通"薄"。澆薄。B01W38 忠信之泊也而亂之首也。

【博】

bó 《廣韻・入聲・鐸》補各切。上古:鐸部,幫母。

（1）廣泛,普遍。B17W54 其德乃博。

（2）特指知識廣博。B31W81 知者不博。

【搏】

bó 《廣韻・入聲・鐸》補合切。上古:鐸部,幫母。

搏觸擊打。B18W55 攫鳥猛獸弗搏。

bǔ

【補】

bǔ 《廣韻・上聲・姥》博古切。上古:魚部,幫母。

增補。B42W77 不足者補之。

bù

【不】

bù 《廣韻・入聲・尤》分勿切。上古:之部,幫母。

（1）否定副詞。不。B07W44 知足不辱。

（2）不曾;未到。B68W23 飄風不冬朝。

【不殆】

没有危險。B15W52 没身不殆。

【不道】

不合乎道。B18W55 不道早已。

【不得已】

不是出於自身意願,不能不如此。B75W31 不得已而用之。

【不德】

不自以爲有德。B01W38 上德不德。

【不敢】

沒有勇氣做某事。B32W67 不敢爲天下先。

【不穀】

不善。侯王自稱的謙詞。B02W39 侯王自謂孤寡不穀。

【不過】

副詞。只；僅僅。B24W61 大邦者不過欲兼畜人。

【不和】

不和睦。B62W18 六親不和。

【不渴】

不盡。B49W05 虛而不渴。

【不可】

不能，不可以。B80W36 魚不可脫於淵。

【不美】

不華美。B31W81 信言不美。

【不明】

不明白，不明顯。B66W24 自見者不明。

【不堇】

(1) 不勤苦。"堇"通"勤"。B15W52 終身不堇。

(2) 不窮盡，不枯竭。"堇"通"勤"。B50W06 用之不堇。

【不然】

不如此，不這樣。B42W77 人之道則不然。

【不仁】

無仁厚之德。指不偏愛。B49W05 天地不仁。

【不若】

不如。B25W62 不若坐而進此。

【不善】

惡。B12W49 不善者亦善之。

【不神】

不靈驗，不起作用。B23W60 其鬼不神。

【不勝】

不能取勝。B41W76 兵强則不勝。

【不失】

（1）不失掉。B01W38 下德不失德。

（2）没有漏失。B38W73 疏而不失。

【不死】

永恒存在。B50W06 浴神不死。

【不爲】

（1）不做；不當。B11W48 无爲而无不爲。

（2）不以爲。B26W63 聖人終不爲大。

（3）不爲了。B56W12 爲腹不爲目。

【不武】

不尚武力。B33W68 善爲士者不武。

【不祥】

不吉祥。B75W31 不祥之器。

【不宵】

不像。B32W67 大而不肖。

【不行】

不實行。B10W47 聖人不行而知。

【不言之教】

不進行説教的教育方式。B06W43 不言之教，无爲之益，天下希能及之矣。

【不争】

不争競。B47W03 使民不争。

【不治】

不能治理，不可治理。B40W75 百姓之不治。

【不足】

（1）不充足，不夠。B03W41 廣德如不足。

（2）不能,不可。B79W35 視之不足見也。

C

căi

【采】

căi 《廣韻・上聲・海》倉宰切。上古：之部,清母。
彩色的絲織品。B16W53 服文采。

cài

【蔡】

cài 《廣韻・去聲・泰》倉大切。上古：月部,清母。

【蔡蔡】

即"察察"。分析明辨的樣子。B64W20 鬻人蔡蔡。

căn

【憯】

căn 《廣韻・上聲・感》七感切。上古：侵部,清母。
痛,慘痛。B09W46 咎莫憯於欲得。

cāng

【倉】

cāng 《廣韻・平聲・唐》七岡切。上古：陽部,清母。
貯藏糧食的場所,倉庫。B16W53 倉甚虛。

cáng

【藏】

cáng 《廣韻・平聲・唐》昨郎切。上古：陽部,從母。

收藏,存藏。B07W44 多藏必厚亡。

cǎo

【草】

cǎo　《廣韻·上聲·皓》采老切。上古:幽部,清母。

【草木】

指草本植物和木本植物。B41W76 萬物草木之生也柔脆。

cè

【策】

cè　《廣韻·入聲·麥》楚革切。上古:錫部,初母。

計數用的工具。B71W27 善數者不以籌策。

chá

【察】

chá　《廣韻·入聲·黠》初八切。上古:月部,初母。

【察察】

清楚、明辨。B21W58 其正察察。

chài

【蠆】

chài　《廣韻·去聲·夬》丑犗切。上古:月部,透母。

蠍子一類的毒蟲。B18W55 蜂蠆虺蛇弗螫。

cháng

【長】

cháng　《廣韻·平聲·陽》直良切。上古:陽部,定母。

(1)時空距離大。B51W07 天長地久。

（2）遠。B17W54 其德乃長。

【長2】

zhǎng　《廣韻・上聲・養》知丈切。上古：陽部，端母。

（1）首領。B32W67 成事長。

（2）敬重。B66W24 自矜者不長。

【長短】

長和短。指距離。B46W02 長短之相刑也。

【長久】

時間很長，持久。B07W44 可以長久。

【長生】

長久生存。B22W59 長生久視之道。

【常】

cháng　《廣韻・平聲・陽》市羊切。上古：陽部，禪母。

（1）事物在一定條件保持不變的法則。B18W55 知常曰明。

（2）指智慧。B15W52 是謂襲常。

cháo

【朝】

cháo　《廣韻・平聲・宵》直遥切。上古：宵部，定母。

宮室。B16W53 朝甚除。

【朝2】

zhāo　《廣韻・平聲・宵》陟遥切。上古：宵部，端母。

早晨。B68W23 飄風不冬朝。

chē

【車】

chē　《廣韻・平聲・麻》尺遮切。上古：魚部，昌母。

車子，陸地上有輪子的交通運輸工具。B30W80 有車周无所乘之。

chè

【徹】

chè 《廣韻·入聲·薛》丑列切。上古：月部，透母。
相傳爲周代的田稅制度。B44W79 无德司徹。

chén

【臣】

chén 《廣韻·平聲·真》植鄰切。上古：真部，禪母。
(1) 官吏和庶民的總稱。B62W18 案有貞臣。
(2) 使臣服。B76W32 天下弗敢臣。

【陳】

chén 《廣韻·平聲·真》直珍切。上古：真部，定母。
陳列。B30W80 有甲兵无所陳之。

【塵】

chén 《廣韻·平聲·真》直珍切。上古：真部，定母。
塵世，俗世。B19W56 同其塵。

chēng

【稱】

chēng 《廣韻》處陵切，平蒸，昌。
舉。B34W69 稱兵相若。

chéng

【成】

chéng 《廣韻·平聲·清》是征切。上古：耕部，禪母。
(1) 成功；完成。B10W47 弗爲而成。
(2) 形成。B46W02 難易之相成也。

（3）成爲；變成。B46W02 成事長。

（4）完備。B08W45 大成若缺。

（5）終。B03W41 善始且善成。

（6）重；層。B27W64 九成之台。

【成功】

成就功業或事業。B42W77 成功而弗居。

【成事】

完成。B27W64 恒於其成事而敗之。

【誠】

chéng　《廣韻・平聲・清》是征切。上古：耕部，禪母。

實。確實。B67W22 誠全歸之。

【乘】

chéng　《廣韻・平聲・蒸》食陵切。上古：蒸部，船母。

乘坐。B30W80 有車周无所乘之。

【乘 2】

shèng　《廣韻》實證切，去證，船。

車子。春秋時多指兵車，包括一車四馬。B70W26 萬乘之王。

chěng

【騁】

chěng　《廣韻・上聲・静》丑郢切。上古：耕部，透母。

原指奔跑，這裏與“馳”連用，作“駕馭，役使”講。B06W43 天下之
　至柔馳騁乎天下之至堅。

chí

【持】

chí　《廣韻・平聲・之部》直之切。上古：之部，定母。

守，保持。B27W64 易持也。

【揑】

chí

通"持"。執持,保持。B53W09 揑而盈之。

【馳】

chí 《廣韻·平聲·支》直離切。上古:歌部,定母。

【馳騁】

原指縱馬疾馳。此作"駕禦,役使"講。B06W43 天下之至柔馳騁
　乎天下之至堅。

chǐ

【尺】

chǐ 《廣韻·入聲·昔》昌石切。上古:鐸部,昌母。

長度單位。B34W69 進寸而芮尺。

chì

【赤】

chì 《廣韻·入聲·昔》昌石切。上古:鐸部,昌母。

淺朱色。亦泛指紅色。B18W55 含德之厚者,比於赤子。

【赤子】

初生的嬰兒。B18W55 含德之厚者,比於赤子。

chōng

【沖】

chōng 《廣韻·平聲·東》直弓切。上古:冬部,定母。

空虛。B48W04 道沖。

【盅】

chōng 《廣韻·平聲·東》直弓切。上古:冬部,定母。

通"沖"。空虛。B08W45 大盈若盅。

chóu

【籌】

chóu　《廣韻・平聲・尤》直由切。上古：幽部，定母。
計數用的工具。B71W27 善數不用籌策。

【籌策】

古代計數用的竹制工具。B71W27 善數不用籌策。

chū

【出】

chū　《廣韻・入聲・術》赤律切。上古：物部，昌母。
(1) 自内而外，與"入"相對。B10W47 不出於户。
(2) 出處，來源。B45W01 兩者同出。
(3) 産生。B49W05 動而愈出。
(4) 出現。B62W18 知快出。

【出生入死】

從出生到死去。B13W50 出生入死。

chú

【芻】

chú　《廣韻・平聲・虞》測隅切。上古：侯部，初母。
草。B49W05 以萬物爲芻狗。

【芻狗】

古代祭祀時用草紮成的狗，用畢即棄。B49W05 以萬物爲芻狗。

【除】

chú　《廣韻・平聲・魚》直魚切。上古：魚部，定母。
(1) 修飾。B16W53 朝甚除。
(2) 去除。B54W10 修除玄鑒。

chǔ

【處】

chǔ　《廣韻・上聲・語》昌與切。上古：魚部，昌母。

(1) 居。B70W26 燕處則昭若。

(2) 處理。B75W31 以喪禮處之。

【楮】

chǔ　《廣韻・上聲・語》丑呂切。上古：魚部，透母。

假借爲"奢"。奢侈。指過分。B73W29 聲人去甚、去大、去楮。

【楚】

chǔ　《廣韻・上聲・語》創舉切。上古：魚部，初母。

木名。荆。B74W30 楚枊生之。

chuān

【川】

chuān　《廣韻・平聲・仙》昌緣切。上古：文部，昌母。

河流。B59W15 與呵其若冬涉川。

chuán

【椯】

chuán　《廣韻》市緣切，平仙，禪。

通"投"。措置。B13W50 矢无所椯其角。

chuī

【炊】

chuī　《廣韻・平聲・支》昌垂切。上古：歌部，昌母。

通"企"。踮起腳跟。B66W24 炊者不立。

【硩】

chuī

假借爲"吹"。寒。B73W29 或熱或硩。

chūn

【春】

chūn 《廣韻·平聲·諄》昌脣切。上古：文部，昌母。

春天。B64W20 若鄉於大牢，而春登臺。

chǔn

【蠢】

chǔn 《廣韻·上聲·准》尺尹切。上古：文部，昌母。

【蠢蠢】

愚蠢無知的樣子。B64W20 蠢蠢呵。

cī

【疵】

cī 《廣韻·平聲·支》疾移切。上古：支部，從母。

瑕疵。B54W10 能毋有疵乎。

cí

【慈】

cí 《廣韻·平聲·之》疾之切。上古：之部，從母。

慈愛。B32W67 一曰慈。

cǐ

【此】

cǐ 《廣韻·上聲·紙》雌氏切。上古：支部，清母。

這;這個。與"彼"相對。B01W38 去皮取此。

cì

【次】

cì 《廣韻・去聲・至》七四切。上古:脂部,清母。
等級低一級的。B61W17 其次,親譽之。

【刺】

cì 《廣韻・去聲・寘》七賜切。上古:錫部,清母。
以尖銳的東西刺入物體。指傷人。B21W58 兼而不刺。

cóng

【從】

cóng 《廣韻・平聲・鍾》疾容切。上古:東部,從母。
服從。B65W21 唯道是從。

【從事】

(1)做事。B27W64 民之從事。
(2)致力於(某件事情)。B68W23 從事而道者同於道。

cuì

【脆】

cuì 《廣韻・去聲・祭》此芮切。上古:月部,清母。
脆弱,軟弱。B41W76 萬物草木之生也柔脆。

cún

【存】

cún 《廣韻・平聲・魂》徂尊切。上古:文部,從母。
(1)存在。B48W04 湛呵似或存。
(2)保全。B51W07 外其身而身存。

（3）記住，留意。B03W41 若存若亡。

cùn

【寸】

cùn　《廣韻・去聲・慁》倉困切。上古：文部，清母。
長度單位。B34W69 進寸而芮尺。

cuò

【挫】

cuò　《廣韻・去聲・過》則卧切。上古：歌部，精母。
摧折。B19W56 挫其閱。

【銼】

cuò　《廣韻・去聲・過》則卧切。上古：歌部，清母。
通"挫"。摧折。B48W04 銼其兌。

D

dà

【大】

dà　《廣韻・去聲・箇》唐佐切。上古：歌部，定母。
（1）最。等級最高的。B03W41 大白如辱。
（2）表示程度深。B03W41 大笑。
（3）形容體積、面積、數量、力量等方面超過一般或超過所比較的
　　物件。B07W44 甚愛必大費。
（4）没有邊際，無所不包。B26W63 聖人終不爲大。

【大白】

極白，最白。B03W41 大白如辱。

【大邦】

大國。B24W61 大邦者,下流也。

【大成】

最完備。B08W45 大成若缺。

【大道】

(1) 大路。B16W53 行于大道。

(2) 指不經人力干預的自然法則。B62W18 故大道廢。

【大方】

極方,最方。B03W41 大方无隅。

【大國】

大的國家。此指大的諸侯國。B23W60 治大國若亨小鮮。

【大梡】

大的禍患。"梡"通"患"。B57W13 貴大梡若身。

【大匠】

技藝高超的木工。B39W74 代大匠斲。

【大器免成】

極大器物不能完成。B03W41 大器免成。

【大巧】

極巧,最巧。B08W45 大巧若拙。

【大順】

自然。B28W65 乃至大順。

【大小】

這裏意爲大產生於小。B26W63 大小,多少。

【大音希聲】

最大的聲音没有聲音。B03W41 大音希聲。

【大盈】

極爲充盈,最充盈。B08W45 大盈若盅。

【大丈夫】
達到順應自然境界的，有智慧的男子。B01W38 大丈夫居其厚而
　不居其泊。

【大制】
最大的裁制。此指以大道治理天下。B72W28 大制无割。

【大 2】
tài　《廣韻・去聲・泰》他蓋切。上古：月部，透母。
"太"的古字。B64W20 若鄉於大牢。

【大 2 牢】
太牢。古代祭祀，牛羊豕三牲具備謂之太牢。B64W20 若鄉於大牢。

dá

【達】
dá　《廣韻・入聲・曷》唐割切。上古：月部，定母。
通達。B54W10 明白四達。

dài

【代】
dài　《廣韻・去聲・代》徒耐切。上古：職部，定母。
代替。B39W74 夫代司殺者殺。

【殆】
dài　《廣韻・上聲・海》徒亥切。上古：之部，定母。
危險。B07W44 知止不殆。

【怠】
dài　《廣韻・上聲・海》徒亥切。上古：之部，定母。
通"殆"。危險。B60W16 没身不怠。

【帶】
dài　《廣韻・去聲・泰》當蓋切。上古：月部，端母。

佩帶。B16 W53 帶利劍。

dān

【單】

dān　《廣韻》都寒切，平寒，端。

通"戰"。戰鬥。B38W73 不單而善勝。

dào

【道】

dào　《廣韻·上聲·晧》徒晧切。上古：幽部，定母。

（1）老子所認爲的宇宙萬物的本原、本體；對宇宙本體的正確認
　　識。B01W38 失道而後德。

（2）方法。B22W59 長生久視之道。

（3）規律，法則。B31W81 天之道。

（4）動詞。説。B45W01 可道。

【道紀】

"道"的發端。B58W14 是謂道紀。

【盜】

dào　《廣韻·去聲·號》徒到切。上古：宵部，定母。

偷竊的人；盜賊。B16W53 是謂盜竽。

【盜竽】

盜賊的首領；大盜。B16W53 是謂盜竽。

【盜賊】

偷竊劫奪之人。B20W57 盜賊多有。

dé

【得】

dé　《廣韻·入聲·德》多則切。上古：職部，端母。

(1) 獲得,取得。B02W39 昔之得一者。

(2) 明白,知曉。B15W52 既得其母。

(3) 達到。B24W61 皆得其欲。

(4) 能夠。B19W56 不可得而親。

【得死】

謂得善終。B05W42 强梁者不得死。

【得志】

謂實現志願。B75W31 不可以得志於天下矣。

【德】

dé 《廣韻・入聲・德》多則切。上古：職部,端母。

(1) 老子哲學體系中的基本範疇之一,是"道"的基本特徵和外在表現。幽隱無形的"道"顯現於萬物,萬物因"道"所得的特殊規律或特殊性質。B01W38 上德不德。

(2) 通"得"。得到。B12W49 德善也。

(3) 德性。B22W59 重積德。

(4) 福。B28W65 邦之德也。

(5) 恩惠;恩德。B26W63 報怨以德。

dēng

【登】

dēng 《廣韻・平聲・登》都滕切。上古：蒸部,端母。

登上。B64W20 春登臺。

dí

【適】

dí 《集韻・入聲・錫》亭歷切。上古：錫部,書母。

通"敵"。敵人。B34W69 无適近亡吾葆矣。

【適 2】

適 zhé 《集韻‧入聲‧麥》陟革切。上古：錫部，書母。

毛病，過失。B71W27 善言者无瑕適。

【敵】

dí 《廣韻‧入聲‧錫》徒歷切。上古：錫部，定母。

敵人。B33W68 善勝敵者弗與。

dǐ

【氐】

dǐ 《集韻‧上聲‧邸》典禮切。【上古音無構擬。】

樹根。特指直根。B22W59 深根固氐。

【地】

dì 《廣韻‧去聲‧至》徒四切。上古：歌部，定母。

（1）大地。與“天”相對。B02W39 地得一以寧。

（2）指卑下處。B52W08 居善地。

【帝】

dì 《廣韻‧去聲‧霽》都計切。上古：錫部，端母。

天帝。B48W04 象帝之先。

dìng

【定】

dìng 《廣韻》徒徑切。

直，不彎曲。B67W22 枉則定。

dōng

【冬】

dōng 《廣韻‧平聲‧冬》都宗切。上古：冬部，端母。

冬天。B59W15 與呵其若冬涉水。

dòng

【動】

dòng　《集韻·上聲·董》杜孔切。上古：東部，定母。

（1）行動。B13W50 而民生生，動皆之死地也十有三。

（2）鼓動。B49W05 動而愈出。

（3）運動。發展，變化。B04W40 道之動也。

dū

【督】

dū　《廣韻·入聲·沃》冬毒切。上古：覺部，端母。

通"篤"。厚。B60W16 守靜督也。

dú

【毒】

dú　《廣韻·入聲·沃》徒沃切。上古：覺部，定母。

安定。B14W51 亭之毒之。

【獨】

dú　《廣韻》徒谷切，入屋，定。

單獨，唯獨。B64W20 我獨遺。

【獨立】

不依靠其他事物而存在。B69W25 獨立而不改。

duì

【兑】

duì　《廣韻·去聲·泰》杜外切。上古：月部，定母。

通"銳"。鋒芒。B48W04 銼其兑。

【垅】

duì　《廣韻·去聲·泰》杜外切。上古：月部，定母。

孔竅。B15W52 塞其㤹。

dùn

【沌】

dùn　《廣韻·上聲·混》徒損切。上古：文部，定母。
愚昧無知。B59W15 沌呵其若樸。

duō

【多】

duō　《廣韻·平聲·歌》得何切。上古：歌部，端母。
（1）數量大。與"少"相對。B07W44 多藏必厚亡。
（2）重，貴重。B07W44 身與貨孰多。

duó

【奪】

duó　《廣韻·入聲·末》徒活切。上古：月部，定母。
奪取。B80W36 將欲奪之。

duò

【撱】

duò　《廣韻·上聲·果》徒果切。上古：歌部，定母。
假借爲"墮"。落。B73W29 或杯或撱。

E

è

【惡】

è　《廣韻·入聲·鐸》烏各切。上古：鐸部，影母。

醜陋。B46W02 天下皆知美之爲美，恶已。

【惡 2】
wù　《廣韻・去聲・暮》烏路切。上古：魚部，影母。
厭惡。B05W42 天下之所恶唯孤寡不穀。

ér

【而】
ér　《廣韻・平聲・之》如之切。上古：之部，日母。
(1) 連詞。表示承接。猶就；然後。B01W38 上德无爲而无以爲也。
(2) 連詞。表示轉折。猶然而，卻。B14W51 生而弗有也。
(3) 如。B64W20 若鄉於大牢而春登臺。
【而後】
連詞。然後。B01W38 故失道而後德。
【兒】
ér　《廣韻・平聲・支》汝移切。上古：支部，日母。
見【嬰兒】

ěr

【耳】
ěr　《廣韻・上聲・止》而止切。上古：之部，日母。
耳朵。聽覺器官。B12W49 百姓皆屬耳目焉。
【耳聾】
聽覺不靈敏。B56W12 五音使人之耳聾。
【耳目】
耳朵和眼睛。此指視聽。B12W49 百姓皆屬耳目焉。
【餌】
ěr　《廣韻・去聲・志》仍吏切。上古：之部，日母。
食物。此指美味的食物。B79W35 樂與餌。

èr

【二】

èr 《廣韻・去聲・至》而至切。上古：之部，日母。

（1）指陰氣和陽氣。B05W42 一生二。

（2）第二。B32W67 二曰檢。

F

fā

【發】

fā 《廣韻・入聲・月》方伐切。上古：月部，幫母。

（1）震動。B02W39 地毋已寧將恐發。

（2）發作。B56W12 馳騁田臘使人心發狂。

【發狂】

躁動狂亂。B56W12 馳騁田臘使人心發狂。

fá

【伐】

fá 《廣韻・入聲・月》房越切。上古：月部，並母。

誇耀。B66W24 自伐者无功。

fǎ

【法】

fǎ 《廣韻・入聲・乏》方乏切。上古：葉部，幫母。

效法。B69W25 人法地。

【法物】

珍貴美好之物。B20W57 法物滋章。

fǎn

【反】

fǎn　《廣韻·上聲·阮》府遠切。上古：元部，幫母。

（1）相反，對立面。B43W78 正言若反。

（2）返，復。B04W40 反也者，道之動也。

fàn

【泛】

fàn　《廣韻·去聲·梵》孚梵切。上古：侵部，滂母。

漲溢。B78W34 道泛呵其可左右也。

fāng

【方】

fāng　《廣韻·平聲·陽》府良切。上古：陽部，幫母。

（1）方正。B03W41 大方无隅。

（2）通“妨”。傷，損害。B56W12 难得之貨使人之行方。

fēi

【非】

fēi　《廣韻·平聲·微》甫微切。上古：微部，幫母。

不，不是。B02W39 非也。

fèi

【廢】

fèi　《廣韻》方肺切，去廢，非。

廢棄。B62W18 大道廢。

【費】

fèi　《廣韻·去聲·未來》芳未切。上古：物部，滂母。

（1）耗費。B07W44 其愛必大費。

（2）假借爲"昧"。暗昧不明。B03W41 明道如費。

fēn

【紛】

fēn　《廣韻·平聲·文》撫文切。上古：文部，滂母。

紛爭。B19W56 解其紛。

fèn

【糞】

fèn　《廣韻·去聲·問》方問切。上古：文部，幫母。

施肥。B09W46 卻走馬以糞。

fēng

【風】

fēng　《廣韻·平聲·東》方戎切。上古：冬部，幫母。

空氣流動的現象。B68W23 飄風不終朝。

【蜂】

fēng　《廣韻·平聲·鍾》敷容切。上古：東部，滂母。

膜翅類昆蟲。多有毒刺。B18W55 蜂蠆虺蛇弗螫。

【蜂蠆】

蜂和蠍子。此指毒蟲。B18W55 蜂蠆虺蛇弗螫。

【豐】

fēng　《廣韻·平聲·東》敷隆切。上古：冬部，滂母。

豐厚。B17W54 其德乃豐。

fèng

【奉】

fèng　《廣韻·上聲·腫》扶攏切。上古：東部，並母。

供養。B42W77 損不足以奉有餘。

fū

【夫】

fū 《廣韻・平聲・虞》甫無切。上古：魚部，幫母。

成年男子的通稱。B01W38 大丈夫居其厚而不居其泊。

【夫 2】

fú 《廣韻・平聲・虞》防無切。上古：魚部，並母。

（1）代詞。表示第三人稱。他；它；他們。B81W37 夫將不辱。

（2）代詞。表示遠指。那，那些。B47W03 使夫知不敢。

（3）助詞。用於句首，表發端。B01W38 夫礼者。

fú

【伏】

fú 《廣韻・入聲・屋》房六切。上古：職部，並母。

藏伏。B21W58 禍之所伏。

【福】

fú 《廣韻・入聲・屋》方六切。上古：職部，幫母。

幸福。B21W58 福之所倚。

【輻】

fú 《廣韻・入聲・屋》方六切。上古：職部，幫母。

車輪中湊集於中心轂上的直木。B55W11 卅輻同一轂。

【弗】

fú 《廣韻・入聲・物》分勿切。上古：物部，幫母。

不。B03W41 弗笑。

【服】

fú 《廣韻・入聲・屋》房六切。上古：職部，並母。

（1）服從。B22W59 是以蚤服。

（2）穿戴。動詞。B16W53 服文采。

（3）衣服，衣着。B30W80 美其服。

fǔ

【父】

fǔ 《廣韻・上聲・虞》方矩切。上古：魚部，幫母。
通"甫"。開始。指根本。B05W42 我將以爲學父。

【輔】

fǔ 《廣韻・上聲・虞》扶雨切。上古：魚部，並母。
助，輔助。B27W64 能輔萬物之自然，而弗敢爲。

fù

【負】

fù 《廣韻・上聲・有》房九切。上古：之部，並母。

（1）背。此處意爲蘊藏。B05W42 萬物負陰而抱陽。

（2）通"倍"。照原數等加。B63W19 民利百負。

【負陰而抱陽】

蘊藏着産生萬物的陰陽二氣。此處"負"、"抱"均蘊藏意。B05W42
　萬物負陰而抱陽。

【復】

fù 《廣韻・入聲・屋》房六切。上古：覺部，並母。

（1）返回；歸復。B27W64 而復衆人之所過。

（2）恢復。B63W19 民復孝玆。

（3）又。B15W52 復守其母。

【復歸】

回復；返回。B15W52 復歸其明。

【復命】

回歸本原，還復本性。B60W16 是謂復命。

【富】

fù　《廣韻・去聲・宥》方副切。上古：職部，幫母。
富足。B20W57 我无事而民自富。

【腹】

fù　《廣韻・入聲・屋》方六切。上古：覺部，幫母。
肚子。B47W03 實其腹。

【覆】

fù　《廣韻・入聲・屋》芳福切。上古：覺部，滂母。
保護,庇護。B14W51 養之覆之。

G

gǎi

【改】

gǎi　《廣韻・上聲・海》古亥切。上古：之部，見母。
改變。B69W25 獨立而不改。

gài

【蓋】

gài　《廣韻・去聲・泰》古太切。上古：月部，見母。
發語詞。用於句首。B13W50 蓋聞善執生者。

gān

【甘】

gān　《廣韻・平聲・談》古三切。上古：談部，見母。
甘美。B30W80 甘其食。

gǎn

【敢】

gǎn　《廣韻・上聲・敢》古覽切。上古：談部，見母。

謂有勇氣、有膽量做某事。B27W64 能輔萬物之自然，而弗敢爲。

gāng

【剛】

gāng　《廣韻・平聲・唐》古郎切。上古：陽部，見母。

剛强。B43W78 柔之勝剛也。

gāo

【高】

gāo　《廣韻・平聲・豪》古勞切。上古：宵部，見母。

(1) 由下至上距離大。與"下"相對。B02W39 必高矣而以下爲基。

(2) 尊貴；貴顯。B02W39 侯王毋已貴以高將恐蹶。

(3) 在一般標準或平均水準之上。B42W77 高者印之。

【高下】

高和低。B46W02 高下之相盈也。

gǎo

【槁】

gǎo　《廣韻・上聲・皓》苦浩切。

見【枯槁】

gē

【割】

gē　《廣韻・入聲・曷》古達切。上古：月部，見母。

（1）割裂。B72W28 夫大制无割。

（2）以刀傷物。此指傷人。B21W58 方而不割。

gé

【格】

gé　《廣韻·入聲·陌》古伯切。上古：鐸部，見母。

通“客”。客人。B79W35 過格止。

gēn

【根】

gēn　《廣韻·平聲·痕》古痕切。上古：文部，見母。

（1）植物生長於土中吸收營養的部分。B22W59 深根固氐。

（2）本源。B50W06 天地之根。

（3）基礎。B70W26 重爲輕根。

gōng

【弓】

gōng　《廣韻·平聲·東》居戎切。上古：蒸部，見母。

射箭或打彈的器械。B42W77 天之道，猶張弓者也。

【公】

gōng　《廣韻·平聲·東》古紅切。上古：東部，見母。

（1）公正無私。B60W16 容乃公。

（2）五等爵位中最高一等。B05W42 王公以自名也。

【功】

gōng　《廣韻·平聲·東》古紅切。上古：東部，見母。

功業，事業。B42W77 成功而弗居也。

【攻】

gōng　《廣韻·平聲·東》古紅切。上古：東部，見母。

進攻。B43W78 攻堅,强者莫之能先也。

gǒng

【共】

gǒng 《廣韻·上聲·腫》居悚切。上古:東部,見母。
通"拱"。兩手合抱。B25W62 雖有共之璧以先四馬。

gǒu

【狗】

gǒu 《廣韻·上聲·厚》古厚切。上古:侯部,見母。
即犬。家畜名。俗稱狗。B30W80 雞狗之聲相聞。

gòu

【詬】

gòu 《廣韻·上聲·厚》古厚切。上古:侯部,曉母。
恥辱。B43W78 受邦之詬。

gǔ

【古】

gǔ 《廣韻·上聲·姥》公户切。上古:魚部,見母。
(1) 古代,往昔,與"今"相對。B25W62 古之所以貴此者何也。
(2) 通"固"。姑且。B80W36 必古張之。

【古始】

宇宙的原始或"道"的端始。B58W14 以知古始。

【谷】

gǔ 《廣韻·入聲·屋》古禄切。上古:屋部,見母。
河谷,山谷。B02W39 谷得一以盈。

【谷神】

"谷"、"神"均指"玄牝"的特點。"谷"喻其虛懷處卑,"神"謂其變化莫測。B50W06 谷神不死。

【孤】

gū　《廣韻·平聲·模》古胡切。上古：魚部，見母。

（1）侯王的謙稱。B02W39 侯王自謂孤寡不穀。

（2）孤獨。B05W42 天下之所惡唯孤寡不穀。

【骨】

gǔ　《廣韻·入聲·没》古忽切。上古：物部，見母。

骨頭；筋骨。B18W55 骨弱筋柔而握固。

【轂】

gǔ　《廣韻·入聲·屋》古禄切。上古：屋部，見母。

車輪的中心部位，周圍與車輻的一端相接，中有圓孔，用以插軸。

　　B55W11 卅輻同一轂。

gù

【固】

gù　《廣韻·去聲·暮》古暮切。上古：魚部，見母。

（1）牢固。B18W55 骨弱筋柔而握固。

（2）本來。B21W58 其日固久矣。

【故】

gù　《廣韻·去聲·暮》古暮切。上古：魚部，見母。

（1）原因，緣故。B13W50 夫何故也。

（2）本來。B58W14 故混而爲。

（3）連詞。所以，因此。B01W38 故失道而後德。

guǎ

【寡】

guǎ　《廣韻·上聲·馬》古瓦切，上古：魚部，見母。

（1）少。B26W63 夫輕諾必寡信。

（2）侯王自稱的謙詞。B02W39 侯王自謂孤寡不穀。

【寡民】

謂民少。B30W80 小邦，寡民。

【寡信】

少信用。B26W63 夫輕諾必寡信。

【寡欲】

減少欲望。B63W19 少私而寡欲。

guài

【夬】

guài 《廣韻·去聲·夬》古邁切。上古：月部，見母。

【夬夬】

狡詐的樣子。B21W58 其邦夬夬。

guān

【關】

guān 《廣韻·平聲·删》古還切。上古：元部，見母。
通“管”。參見“關籥”。

【關籥】

鎖匙。B71W27 善閉者无關籥而不可啟也。

【官】

guān 《廣韻·平聲·桓》古丸切。上古：元部，見母。
（1）官員。B72W28 則爲官長。
（2）通“觀”。建築物之一種。B70W26 雖有環官。

【觀】

guān 《廣韻·平聲·桓》古丸切。上古：元部，見母。
觀察，觀照。B17W54 以身觀身。

guāng

【光】

guāng 《廣韻·平聲·唐》古黃切。上古：陽部，見母。

（1）光明。B21W58 光而不眺。

（2）光華。此指智慧。B15W52 用其光。

guǎng

【廣】

guǎng 《廣韻·上聲·蕩》古晃切。上古：陽部，見母。

（1）廣大。B03W41 廣德如不足。

（2）寬裕。B32W67 检檢，故能廣。

guī

【歸】

guī 《廣韻·平聲·微》舉韋切。上古：微部，見母。

（1）返回。B15W52 復歸其明。

（2）歸復。B67W22 誠全歸之。

（3）歸於；歸依。B23W60 德交歸焉。

guǐ

【鬼】

guǐ 《廣韻·上聲·尾》居偉切。上古：微部，見母。

萬物精靈。B23W60 其鬼不神。

guì

【貴】

guì 《廣韻·去聲·未》居胃切。上古：物部，見母。

（1）地位顯貴。B02W39 侯王毋已貴以高將恐蹶。

（2）重視；認爲寶貴。B14W51 萬物尊道而貴德。

（3）珍貴。B14W51 德之貴也。

【貴富】

猶富貴。顯貴而富裕。B53W09 貴富而驕。

guó

【國】

guó 《廣韻·入聲·德》古或切。上古：職部，見母。

諸侯國。B22W59 可以有國。

guǒ

【果】

guǒ 《廣韻·上聲·果》古火切。上古：歌部，見母。

成就。B74W30 善者果而已矣。

guò

【過】

guò 《廣韻·去聲·過》古卧切。上古：歌部，見母。

（1）路過，經過。B79W35 過格止。

（2）過失。B27W64 復衆人之所過。

H

hái

【孩】

hái 《廣韻·平聲·咍》户來切。上古：之部，匣母。

當作嬰孩看待。B12W49 聖人皆孩之。

【咳】

hái 《廣韻·平聲·咍》戶來切。上古：之部，曉母。

小兒笑。B64W20 若嬰兒未咳。

hǎi

【海】

hǎi 《廣韻·上聲·海》呼改切。上古：之部，曉母。

大海。百川會聚之處。B29W66 江海之所以能爲百谷王者。

hài

【害】

hài 《廣韻·去聲·泰》胡蓋切。上古：月部，匣母。

（1）損害。B19W56 不可得而害。

（2）禍害，災禍。B38W73 或利或害。

hán

【含】

hán 《廣韻·平聲·覃》胡男切。上古：侵部，匣母。

包含，懷藏。B18W55 含德之厚者。

【寒】

hán 《廣韻·平聲·寒》胡安切。上古：元部，匣母。

寒冷。與"熱"相對。B08W45 趮勝寒。

háo

【號】

háo 《廣韻·平聲·豪》胡刀切。上古：宵部，匣母。

號哭，大聲哭。B18W55 終日號而不嚘。

【毫】

háo　《廣韻·平聲·豪》胡刀切。上古：宵部，匣母。

毫毛，極纖細的毛。B27W64 生於毫末。

【毫末】

毫毛的末端。比喻極其細微。B27W64 生於毫末。

hào

【好】

hào　《廣韻·去聲·號》呼到切。上古：幽部，曉母。

（1）喜歡。動詞。B16W53 民甚好解。

（2）表示物性或事理的傾向。B74W30 其事好還。

hé

【合】

hé　《廣韻·入聲·合》侯閤切。上古：緝部，匣母。

（1）合攏。B27W64 合抱之木。

（2）配合；結合。B76W32 天地相合。

【合抱】

兩臂環抱。多形容樹身之粗大。B27W64 合抱之木。

【何】

hé　《廣韻·平聲·歌》胡歌切。上古：歌部，匣母。

（1）疑問代詞。什麼。B13W50 夫何故也。

（2）爲什麼。B25W62 古之所以貴此者何也。

（3）怎麼。B25W62 何棄之有。

【和】

hé　《廣韻·平聲·戈》戶戈切。上古：歌部，匣母。

（1）淳和。B18W55 和之至也。

（2）和解，調解。B44W79 和大怨。

（3）應和。B46W02 音聲之相和也。

（4）和睦。B62W18 六親不和。

（5）指陰陽二氣和合而成的萬物基因。B05W42 沖氣以爲和。

（6）混同。B19W56 和其光。

【闔】

hé　《廣韻·入聲·盍》胡臘切。上古：葉部，匣母。

閉合。B54W10 天門啟闔。

hè

【賀】

hè　《廣韻·去聲·箇》胡箇切。上古：歌部，匣母。

假借爲"加"。施及。B25W62 尊行可以賀人。

【褐】

hè　《廣韻·入聲·曷》胡葛切。上古：月部，匣母。

指粗布或粗布衣，古時貧賤者所服。B35W70 被褐而懷玉。

héng

【恒】

héng　《廣韻·平聲·登》胡登切。上古：蒸部，匣母。

（1）長久；永恒。B09W46 恒足矣。

（2）假借爲"烘"，燃燒。B41W76 木强則恒。

hóu

【侯】

hóu　《廣韻·平聲·侯》户鉤切。上古：侯部，匣母。

君主，古時有國者的通稱。B02W39 侯王得一而以爲天下正。

【侯王】

泛指諸侯。B02W39 侯王得一而以爲天下正。

hòu

【後】

hòu 《廣韻・去聲・厚》胡遘切。上古：候部，匣母。

(1) 時間、位置、順序等在後，與"先"、"前"相對。B01W38 失道而後德。

(2) 落後。特指退讓。B29W66 必以其身後之。

(3) 後面，末尾。B58W14 隨而不見其後。

【厚】

hòu 《廣韻・上聲・厚》胡口切。上古：侯部，匣母。

(1) 敦厚，樸實。B01W38 大丈夫居其厚而不居其泊。

(2) 深厚。B18W55 含德之厚者。

(3) 腴厚。這裏指生活奉養腴厚。B40W75 以其求生之厚也。

(4) 多；大。B07W44 多藏必厚亡。

hū

【乎】

hū 《廣韻・平聲・模》户吴切。上古：魚部，匣母。

(1) 相當於介詞"於"，意爲"在"。B06W43 天下之至柔馳騁乎天下之至堅。

(2) 表反詰語氣。B42W77 惟有道者乎。

(3) 表疑問語氣。B42W77 孰能有餘而有以取奉於天者乎。

(4) 語中助詞。表停頓或使語氣舒緩。B71W27 雖知乎大眯。

【忽】

hū 《廣韻・入聲・没》呼骨切。上古：物部，曉母。

(1) 同"忽望"。即"惚恍"。恍惚不明。B64W20 忽呵，其若海。

(2) 假借爲"昧"。昏暗。B58W14 其下不忽。

【忽望】

即"惚恍"。混沌不清。B58W14 是謂忽望。

hǔ

【虎】

hǔ 《廣韻・上聲・姥》呼古切。上古：魚部，曉母。
老虎。B13W50 陵行不辟矢虎。

hù

【户】

hù 《廣韻・上聲・姥》侯古切。上古：魚部，匣母。
單扇門。亦泛指門户。B10W47 不出於户。

huá

【華】

huá 《廣韻・平聲・麻》户花切。上古：魚部，匣母。
虛華，浮華。B01W38 道之華也而愚之首也。

huà

【化】

huà 《廣韻・去聲・禡》呼霸切。上古：歌部，曉母。
化育。B20W57 我无爲而民自化。

huái

【懷】

huái 《廣韻・平聲・皆》户乖切。上古：微部，匣母。
懷藏。B35W70 聖人被褐而懷玉。

huán

【環】

huán 《廣韻・平聲・删》户關切。上古：元部，匣母。

營築,營建。動詞。B70W26 雖有環官。

【還】

huán 　《廣韻·平聲·刪》户關切。上古:元部,匣母。
還報。B74W30 其事好還。

huàn

【涣】

huàn 　《廣韻·去聲·換》火貫切。上古:元部,曉母。
涣散。B59W15 涣呵其若淩澤。

【梡】

huàn 　《廣韻·上聲·緩》胡管切。上古:元部,匣母。
通"患"。禍患。B57W13 貴大梡若身。

huī

【恢】

huī 　《廣韻·平聲·灰》苦回切。上古:之部,曉母。

【恢恢】

寬闊廣大貌。B38W73 天網恢恢。

huǐ

【虺】

huǐ 　《廣韻·上聲·尾》許偉切。上古:微部,曉母。
古稱蝮蛇一類的毒蛇。B18W55 蜂蠆虺蛇弗螫。

【虺蛇】

毒蛇。B18W55 蜂蠆虺蛇弗螫。

huì

【會】

huì 　《廣韻·去聲·泰》黃外切。上古:月部,匣母。

合。此指男女交合。B18W55 未知牝牡之會而脧怒。

【諱】

huì 《廣韻·去聲·未》許貴切。上古：微部,曉母。
顧忌。B20W57 夫天下多忌諱,而民彌貧。

hūn

【昏】

hūn 《廣韻·平聲·魂》呼昆切。上古：文部,曉母。
(1) 昏亂。B20W57 民多利器,而邦家滋昏。
(2) 愚昧,糊塗。B64W20 我獨若昏呵。

hún

【渾】

hún 《廣韻·平聲·魂》戶昆切。上古：文部,匣母。
渾樸。B12W49 爲天下渾心。

【渾心】

使心渾樸。B12W49 爲天下渾心。

hùn

【昆】

hùn 《集韻·上聲·混》戶袞切。上古：文部,見母。
通"混"。混同,渾然一體。B69W25 有物昆成。

【混】

hùn 《廣韻·上聲·混》胡本切。上古：文部,匣母。
混合。B58W14 混而爲一。

【混而爲一】

混合成爲一體,即混合成爲"道"。B58W14 混而爲一。

【湣】

hùn 《廣韻·上聲·混》胡本切。上古：文部,匣母。

通"混"。渾沌。B59W15 湷呵其若濁。

huò

【貨】
huò 《廣韻·去聲·過》呼臥切。上古：歌部,曉母。
財貨。B07W44 身與貨孰多。

【禍】
huò 《廣韻·上聲·果》胡果切。上古：歌部,匣母。
禍患。B09W46 禍莫大於不知足。

【惑】
huò 《廣韻·入聲·德》胡國切。上古：職部,匣母。
迷惑,迷失。B67W22 多則惑。

【或】
huò 《廣韻·入聲·德》胡國切。上古：職部,匣母。
（1）有的。B05W42 物或損之而益。
（2）常常。B66W24 物或惡之。
（3）助詞。無義。B48W04 湛呵似或存。

J

jī

【饑】
jī 《廣韻·平聲·脂》居夷切。上古：微部,見母。
饑餓。B40W75 人之饑也。

【雞】
jī 《廣韻·平聲·齊》古奚切。上古：支部,見母。
（1）家禽之一種。B30W80 雞狗之聲相聞。

（2）離失。B72W28 恒德不離。

【基】

jī 《廣韻・平聲・之》居之切。上古：之部，見母。
根本，基礎。B02W39 必高矣而以下爲基。

【積】

jī 《廣韻・入聲・昔》資昔切。上古：錫部，精母。
積聚。B22W59 重積德。

【齎】

jī 《廣韻・平聲・齊》祖稽切。上古：脂部，精母。
通"資"。利用，借鑒。B71W27 故善人之齎也。

【畸】

jī 《廣韻・平聲・支》居宜切。上古：歌部，見母。
詭奇。B20W57 以畸用兵。

【稽】

jī 《廣韻・平聲・齊》古奚切。上古：脂部，見母。
相合，相同。B28W65 亦稽式也。

【稽式】

合乎準則、法式。B28W65 亦稽式也。

jí

【及】

jí 《廣韻・入聲・緝私》其立切。上古：緝部，群母。
（1）至。B65W21 自今及古。
（2）比得上。B06W43 天下希能及之矣。
（3）如果。BY57W13 及吾無身。

【吉】

jí 《廣韻・入聲・質》居質切。上古：質部，見母。
吉祥。B75W31 吉事上左。

【吉事】

吉祥之事。古指祭祀、冠禮、婚嫁等。B75W31 吉事上左。

【即】

jí　《廣韻·入聲·職》子力切。上古：質部，精母。

連詞。則。意爲"就"。B18W55 物壯即老。

【極】

jí　《廣韻·入聲·職》渠力切。上古：職部，群母。

（1）極點。B60W16 至虛極也。

（2）終極準則。B33W68 古之極也。

（3）終極，究竟。B21W58 孰知其極。

【棘】

jí　《廣韻·入聲·職》紀力切。上古：職部，見母。

通"救"。挽救。B15W52 終身不棘。

jǐ

【己】

jǐ　《廣韻·上聲·止》居理切。上古：之部，見母。

自己，自身。B31W81 己愈有。

【幾】

jǐ　《廣韻·上聲·蟣》居狶切。上古：微部，見母。

多少。B64W20 其相去幾何。

【幾何】

猶若干，多少。B64W20 其相去幾何。

【幾2】

jī

近，接近。B52W08 幾於道矣。

jì

【忌】

jì 《廣韻・去聲・志》渠記切。上古：之部，群母。

禁忌。B20W57 天下多忌諱，而民彌貧。

【忌諱】

禁忌，顧忌。B20W57 天下多忌諱，而民彌貧。

【紀】

jì 《廣韻・上聲・止》居理切。上古：之部，見母。

事物的開端。B58W14 是謂道紀。

【既】

jì 《集韻・去聲・未》居氣切。上古：物部，見母。

（1）盡，窮盡。B79W35 用之不可既也。

（2）已經。B15W52 既得其母。

【既以】

已經。B31W81 既以爲人。

【濟】

jì 《廣韻・去聲・霽》子計切。上古：脂部，精母。

完成，成就。B15W52 濟其事。

【祭】

jì 《廣韻・去聲・祭》子例切。上古：月部，精母。

祭祀。對陳物供奉神鬼祖先的通稱。B17W54 子孫以祭祀
　不絕。

【祭祀】

對陳物供奉神鬼祖先的通稱。B17W54 子孫以祭祀不絕。

【寄】

jì 《廣韻・去聲・寘》居義切。上古：歌部，見母。

寄託，委託。B57W13 女可以寄天下。

【跡】

jī 《廣韻·入聲·昔》資昔切。上古：錫部，精母。

足跡。B71W27 善行者无轍跡。

【稷】

jì 《廣韻·入聲·職》子力切。上古：職部，精母。

五穀之神。B43W78 社稷之主。

jiā

【家】

jiā 《廣韻·平聲·麻》古牙切。上古：魚部，見母。

（1）家庭。B17W54 修之家。

（2）卿大夫或卿大夫的埰地食邑。B20W57 民多利器而邦家
　　滋昏。

jiǎ

【甲】

jiǎ 《廣韻·入聲·狎》古狎切。上古：葉部，見母。

用皮革、金屬等製成的護身服。鎧甲。B13W50 入軍不被甲兵。

【甲兵】

鎧甲和兵械。此處泛指兵器。B13W50 入軍不被甲兵。

jiān

【堅】

jiān 《廣韻·平聲·先》古賢切。上古：真部，見母。

剛強，堅硬。B06W43 天下之至柔馳騁於天下之至堅。

【堅強】

（1）僵硬。B41W76 人之生也柔弱，其死也蓓仞堅強。

（2）剛強。B41W76 堅強者，死之徒也。

【間】

jiān 《廣韻·平聲·山》古閑切。上古：元部，見母。
中間。B49W05 天地之間其猶橐籥與。

【間 2】

jiàn 《廣韻·去聲·襉》古莧切。上古：元部，見母。
間隙。B06W43 无有入於无間。

【兼】

jiān 《廣韻·平聲·添》古甜切。上古：談部，見母。
兼併。B24W61 大邦者，不過欲兼畜人。

jiǎn

【檢】

jiǎn 《廣韻·上聲·琰》居奄切。上古：談部，見母。
通"儉"。儉約。B32W67 二曰檢。

jiàn

【見】

jiàn 《廣韻·去聲·霰》古電切。上古：元部，見母。
看見；看到。B10W47 不見而名。

【見 2】

xiàn 《廣韻·去聲·霰》胡甸切。上古：元部，匣母。
"現"的古字。顯現；顯露。B37W72 聖人自知而不自見也。

【見 2 素抱樸】

現其本真，守其純樸。B63W19 見素抱樸。

【賤】

jiàn 《廣韻·去聲·線》才線切。上古：元部，從母。
低賤。B02W39 必貴而以賤爲本。

【建】

jiàn 《廣韻·去聲·願》居萬切。上古：元部，見母。

（1）立。B03W41 建言有之。

（2）通"健"。剛健。B03W41 建德如偷。

【建言】

立言。立論，即提出某種見解或主張。B03W41 建言有之。

【鑒】

jiàn 《廣韻·去聲·鑒》格懺切。上古：談部，見母。

鏡子。B54W10 修除玄鑒。

jiāng

【江】

jiāng 《廣韻·平聲·江》古雙切。上古：東部，見母。

見【江海】

【江海】

江和海。B29W66 江海之所以能爲百谷王者。

【將】

jiāng 《廣韻·平聲·陽》即良切。上古：陽部，精母。

（1）打算。B05W42 我將以爲學父。

（2）將要。B11W48 將欲取天下也。

（3）會。B02W39 毋已清將恐裂。

（4）一定。B28W65 將以愚之也。

jiàng

【匠】

jiàng 《廣韻·去聲·漾》疾亮切。上古：陽部，從母。

木工。B39W74 夫代司殺者殺，是代大匠斲。

jiāo

【交】

jiāo　《廣韻·平聲·肴》古肴切。上古：宵部，見母。

交互。B23W60 德交歸焉。

【郊】

jiāo　《廣韻·平聲·肴》古肴切。上古：宵部，見母。

（1）邊境。B09W46 戎馬生於郊。

（2）交會，會合。B24W61 天下之郊。

【教】

jiāo　《廣韻·平聲·肴》古肴切。上古：宵部，見母。

教導。B05W42 人之所教。

【驕】

jiāo　《廣韻·平聲·宵》舉喬切。上古：宵部，見母。

驕恣。B53W09 貴富而驕，自遺其咎。

jiǎo

【角】

jiǎo　《廣韻·入聲·覺》古岳切。上古：屋，見木。

兒頭頂或吻前突生的堅硬骨狀物。有防禦進攻等作用。B13W50
　　矢无所椯其角。

jiào

【噭】

jiào　《廣韻·去聲·嘯》古吊切。上古：宵部，見母。

要求。B45W01 觀其所噭。

jiē

【皆】

jiē　《廣韻·平聲·皆》古諧切。上古：脂部，見母。

都。B12W49 百姓皆屬耳目焉。

jié

【結】

jié　《廣韻·入聲·屑》古屑切。上古：質部，見母。

用線、繩、草等條狀物打結。B30W80 使民復結繩而用之。

【結繩】

上古無文字，結繩以記事。B30W80 使民復結繩而用之。

jiě

【解】

jiě　《廣韻·上聲·蟹》佳買切。上古：錫部，見母。

（1）解開。B71W27 善結者无繆約而不可解也。

（2）消解，解除。B19W56 解其紛。

（3）通“徑”。小路。B16W53 大民甚好解。

jiè

【介】

jiè　《廣韻·去聲·怪》古拜切。上古：月部，見母。

假借爲“契”。古時契分爲左右兩半，雙方各執其一，用時將兩半合
　　對以作徵信。後泛指契約。B44W79 聖人執右介，而不以責於人。

jīn

【今】

jīn　《廣韻·平聲·侵》居吟切。上古：侵部，見母。

（1）現在。B58W14 執今之道。

（2）假如。連詞。B32W67 今舍其慈，且勇。

【金】

jīn　《廣韻·平聲·侵》居吟切。上古：侵部，見母。

黃金。B53W09 金玉盈室。

【金玉】

黃金與珠玉。珍寶的通稱。B53W09 金玉盈室。

【矜】

jīn　《廣韻·平聲·蒸》居陵切。上古：真部，群母。

驕傲。B66W24 自矜者不長。

【筋】

jīn　《廣韻·平聲·欣》舉欣切。上古：文部，見母。

肌肉；肌腱或附在骨頭上的韌帶。B18W55 骨弱筋柔而握固。

【菦】

筋 jīn　《廣韻·平聲·欣》舉欣切。上古：文部，見母。

假借爲“筋”。肌腱或附在骨頭上的韌帶。B41W76 其死也菦仞
　賢强。

jìn

【進】

jìn　《廣韻·去聲·震》即刃切。上古：真部，精母。

（1）前進；向前。B03W41 進道如退。

（2）推進。B29W66 天下樂進而弗厭也。

（3）進獻。B25W62 不若坐而進此。

【近】

jìn　《廣韻·上聲·近》其謹切。上古：文部，群母。

幾乎，將近。B34W69 无適近亡吾葆矣。

jīng

【驚】

jīng 《廣韻·平聲·庚》舉卿切。上古：耕部,見母。
驚恐。B57W13 龍辱若驚。

jìng

【靚】

jìng 《廣韻·上聲·静》疾郢切。上古：耕部,從母。
通"静"。安静。B08W45 靚勝炅。

【静】

jìng 《廣韻·上聲·静》疾郢切。上古：耕部,從母。
（1）清静;安静。B20W57 我好静而民自正。
（2）通"争"。争奪。B52W08 夫唯不静,故无尤。

jiǒng

【炅】

jiǒng 《廣韻·上聲·迥》古迥切。
熱。與"寒"相對。B08W45 靚勝炅。

jiǔ

【九】

jiǔ 《廣韻·上聲·有》舉有切。上古：幽部,見母。
數詞。指數量大。B27W64 九成之台。

【九成】

九重,九級。亦用以喻極高。B27W64 九成之台。

【久】

jiǔ 《廣韻·上聲·有》舉有切。上古：之部,見母。

時間長。B51W07 天地之所以能長且久者。

jiù

【咎】

jiù　《廣韻·上聲·有》其九切。上古：幽部，群母。
災禍。B09W46 咎莫憯於欲得。

【救】

jiù　《廣韻·去聲·宥》居佑切。上古：幽部，見母。
救助。B71W27 聖人恒善救人。

jū

【居】

jū　《廣韻·平聲·魚》九魚切。上古：魚部，見母。
（1）居所。B30W80 安其居。
（2）處在，處於。B01W38 大丈夫居其厚而不居其泊。
（3）占據。B42W77 成功而弗居也。
（4）處理。B75W31 以喪禮居之也。
（5）語助詞。B74W30 果而毋得已居。

jǔ

【舉】

jǔ　《廣韻·上聲·語》居許切。上古：魚部，見母。
升高。B42W77 下者舉之。

jù

【懼】

jù　《廣韻》其遇切，去遇，群。
恐嚇。B39W74 奈何以殺懼之也。

jué

【絕】

jué　《廣韻・入聲・薛》情雪切。上古：月部，從母。

(1) 斷絕。B17W54 子孫以祭祀不絕。

(2) 棄絕。B63W19 絕聖棄知。

【淈】

jué　《集韻・入聲・迄》渠勿切。上古：物部，溪母。

通"屈"。窮盡。B49W05 虛而不淈。

【爵】

jué　《廣韻・入聲・藥》即略切。上古：藥部，精母。

賜爵，封爵。動詞。B14W51 夫莫之爵，而恒自然也。

【蹶】

jué　《廣韻・入聲・月》居月切。上古：月部，見母。

顛覆。B02W39 侯王毋已貴以高將恐蹶。

【攫】

jué　《廣韻・入聲・藥》居縛切。上古：鐸部，見母。

鳥獸以爪抓取。B18W55 攫鳥猛獸弗搏。

【攫鳥】

以爪搏鬥的鳥。意謂兇猛的鳥。B18W55 攫鳥猛獸弗搏。

jūn

【軍】

jūn　《廣韻・平聲・文》舉云切。上古：文部，見母。

軍隊。B13W50 入軍不被甲兵。

【君】

jūn　《廣韻・平聲・文》舉云切。上古：文部，見母。

主體；主宰。B35W70 言有君。

【君子】

才德出衆的人。B75W31 君子居則貴左。

【均】

jūn　《廣韻·平聲·諄》居匀切。上古：真部，見母。

均匀。B76W32 民莫之令而自均焉。

K

kě

【渴】

kě　《廣韻》苦曷切，入曷，溪。

jié　《廣韻·入聲·薛》渠列切。上古：月部，群母。

"竭"的古字。水乾涸；盡。B02W39 谷毋已盈將恐渴。

【可】

kě　《廣韻·上聲·哿》枯我切。上古：歌部，溪母。

可以，能夠。B45W01 道，可道也。

【可以】

能夠。B07W44 可以長久。

【可欲】

足以引起貪欲的事物。B09W46 罪莫大於可欲。

kè

【克】

kè　《廣韻·入聲·德》苦得切。上古：職部，溪母。

勝過。B22W59 无不克。

【客】

kè　《廣韻·入聲·陌》苦格切。上古：鐸部，溪母。

(1) 客人。B59W15 嚴呵其若客。
(2) 指軍事上采取守勢的一方。B34W69 吾不敢爲主而爲客。

kǒng

【孔】

kǒng 《廣韻・上聲・董》康董切。上古：東部，溪母。

大，盛。B65W21 孔德之容。

【孔德】

大德。B65W21 孔德之容。

【恐】

kǒng 《廣韻・上聲・腫》丘隴切。上古：東部，溪母。

恐怕。B02W39 天毋已清將恐裂。

kǒu

【口】

kǒu 《廣韻・上聲・厚》苦后切。上古：侯部，溪母。

人類用來發聲和進飲食的器官。B56W12 五味使人之口爽。

【口爽】

口舌失去辨味的能力。B56W12 五味使人之口爽。

kū

【枯】

kū 《廣韻・平聲・模》苦胡切。上古：魚部，溪母。

枯槁。B41W76 死也枯槁。

【枯槁】

枯萎。B41W76 死也枯槁。

kuài

【快】

kuài　《廣韻·去聲·夬》苦夬切。上古：月部，溪母。
通"慧"。B62W18 知快出，案有大偽。

kuáng

【狂】

kuáng　《廣韻·平聲·陽》巨王切。上古：陽部，群母。
失去常態，狂亂。B56W12 馳騁田獵使人心發狂。

kuàng

【況】

kuàng　《廣韻·去聲·漾》許訪切。上古：陽部，曉母。

【況於】

何況。B68W23 又況於人乎。

【湆】

kuàng　《廣韻·去聲·宕》苦謗切。上古：陽部，溪母。
通"曠"。空曠。B59W15 湆呵其若浴。

kuī

【悝】

kuī　《廣韻·平聲·灰》苦回切。上古：之部，溪母。
通"俚"。鄙陋。B64W20 我獨頑以悝。

【窺】

kuī　《廣韻》去隨切，平支，溪。
窺察。B10W47 不窺於牖。

kuò

【栝】

kuò　《廣韻・入聲・末》古活切。上古：月部，見母。

通"活"。生命存在。與"死"相對。B38W73 勇於不敢者則栝。

L

láo

【牢】

láo　《廣韻・平聲・豪》魯刀切。上古：幽部，來母。

古代祭禮用的牛、羊、豕三牲。三牲各一爲一牢。B64W20 若鄉於
　　大牢，而春登臺。

lǎo

【老】

lǎo　《廣韻・上聲・皓》盧晧切。上古：幽部，來母。

(1) 年歲大。B30W80 民至老死不相往來。

(2) 衰敗。B18W55 物壯即老。

lè

【樂】

lè　《廣韻・入聲・鐸》盧各切。上古：藥部，來母。

(1) 快樂。B30W80 樂其俗。

(2) 喜歡。B75W31 是樂殺人也。

(3) 樂於。B29W66 天下樂進而弗厭也。

【樂 2】

yuè 《廣韻》五角切,入覺,疑。

音樂。B79W35 樂與餌。

lèi

【羸】

léi 《廣韻·平聲·支》力爲切。上古：歌部,來母。

弱。B73W29 或强或羸。

【纍】

léi 《廣韻·平聲·脂》力追切。上古：微部,來母。

頹喪,倦怠。B64W20 纍呵,如无所歸。

lěi

【累】

lěi 《廣韻·上聲·紙》力委切。上古：微部,來母。

即"虆"。裝土之籠。B27W64 作於累土。

【累土】

一虆所盛之泥土。喻土少。"累"即"虆",土籠名。B27W64 作於
累土。

lèi

【類】

lèi 《廣韻·去聲·至》力遂切。上古：物部,來母。

通"纇"。偏;不平。B03W41 夷道如類。

lí

【離】

lí 《廣韻》呂支切,平支,來。

分離。B54W10 能毋離乎。

lí

【禮】

lǐ 《廣韻・上聲・薺》盧啟切。上古：脂部，來母。

(1) 社會生活中由於風俗習慣而形成的行爲準則、道德規範和各種禮節。B01W38 上禮爲之而莫之應也。

(2) 禮儀。B75W31 以喪禮居之也。

lì

【力】

lì 《廣韻・入聲・職》林直切。上古：職部，來母。

威力。B77W33 勝人者，有力也。

【立】

lì 《廣韻・入聲・緝》力入切。上古：緝部，來母。

(1) 站。B66W24 炊者不立。

(2) 設立。指君主即位。B25W62 立天子。

(3) 通"蒞"。臨。B75W31 以悲依立之。

【朸】

lì 《廣韻》林直切，入職，來。

荆棘。B74W30 楚朸生之。

【利】

lì 《廣韻・去聲・至》力至切。上古：質部，來母。

(1) 鋒利。B16W53 帶利劍。

(2) 利益。B19W56 不可得而利。

(3) 貨利。B63W19 絕巧棄利。

【利劍】

鋒利的劍。B16W53 帶利劍。

【利器】

（1）精良的工具。B20W57 民多利器,而邦家滋昏。

（2）銳利的武器。此指賞罰之權。B80W36 邦利器不可以視人。

【蒞】

lì　《廣韻・去聲・至》力至切。上古：質部,來母。

臨視;治理。B23W60 以道蒞天下。

lián

【廉】

lián　《廣韻・平聲・鹽》力鹽切。上古：談部,來母。

有稜角。喻人秉性剛直。B21W58 廉而不刺。

liáng

【梁】

liáng　《廣韻・平聲・陽》吕張切。上古：陽部,來母。

建築中可堪負重的部分,這裏指力强。B05W42 故强梁者不得死。

liǎng

【兩】

liǎng　《廣韻・上聲・養》良奬切。上古：陽部,來母。

雙方。B23W60 兩不相傷。

【兩者】

用於同時出現的兩個事物。B38W73 此兩者。

liáo

【繆】

liáo

通"寥"。空虚。B69W25 繡呵繆呵。

lín

【鄰】
lín 《廣韻・平聲・真》力珍切。上古：真部，來母。
相鄰，鄰近。B30W80 鄰邦相望。

【鄰邦】
相鄰的國家。B30W80 鄰邦相望。

líng

【靈】
líng 《廣韻・平聲・青》郎丁切。上古：耕部，來母。
靈妙，靈驗。B02W39 神得一以靈。

【淩】
líng 《廣韻・平聲・蒸》力膺切。上古：蒸部，來母。
冰。B59W15 渙呵其若淩澤。

【陵】
líng 《廣韻・平聲・蒸》力膺切。上古：蒸部，來母。
大土山。B13W50 陵行不辟矢虎。

lìng

【令】
lìng 《廣韻・去聲・令》力政切。上古：耕部，來母。
（1）命令。B76W32 民莫之令而自均焉。
（2）使。B63W19 令之有所屬。

liú

【流】
liú 《廣韻・平聲・尤》力求切。上古：幽部，來母。

河水離開源頭後的部分。與源對言。B24W61 大邦者，下流也。

lóng

【龍】

lóng 《廣韻・平聲・鍾》力鍾切。上古：東部，來母。
通"寵"。寵愛。此指受寵愛。B57W13 龍辱若驚。

【聾】

lóng 《廣韻・平聲・東》盧紅切。上古：東部，來母。
聽覺失靈。B56W12 五音使人之耳聾。

lù

【禄】

lù 《廣韻・入聲・屋》盧谷切。上古：屋部，來母。

【禄禄】

又作"琭琭"。象聲詞。象玉聲。B02W39 不欲禄禄若玉。

luàn

【亂】

luàn 《廣韻・去聲・換》郎段切。上古：元部，來母。
混亂。B27W64 治之於其未亂也。

luò

【硌】

luò 《廣韻・入聲・鐸》盧各切。上古：鐸部，來母。

【硌硌】

象聲詞。象石聲。B02W39 硌硌若石。

M

měi

【美】

měi　《廣韻・上聲・旨》無鄙切。上古：脂部，明母。

(1) 美麗；善。B46W02 天下皆知美爲美。

(2) 精美。B30W80 美其服。

(3) 好。意爲“認爲好”。B75W31 勿美也。

【美言】

(1) 美好的言辭。B25W62 美言可以市。

(2) 華麗的言詞。貶義。B31W81 美言不信。

mén

【門】

mén　《廣韻・平聲・魂》莫奔切。上古：文部，明母。

(1) 門徑。B45W01 衆眇之門。

(2) 人身的孔竅。B15W52 閉其門。

mèn

【悶】

mèn　《廣韻・去聲・恩》莫困切。上古：文部，明明。

【悶悶】

昏昏昧昧。這裏意爲寬厚。B21W58 其正悶悶。

měng

【猛】

měng　《廣韻・上聲・梗》莫杏切。上古：陽部，明母。

兇猛。B18W55 攫鳥猛獸弗搏。

【猛獸】

指體碩大而性兇猛的獸類。B18W55 攫鳥猛獸弗搏。

mí

【迷】

mí 《廣韻・平聲・齊》莫兮切。上古：脂部，明母。

迷惑。B21W58 人之迷也。

【彌】

mí 《廣韻・平聲・支》武移切。上古：脂部，明母。

愈，益，更加。B10W47 其出也彌遠。

【眯】

mí 《集韻・平聲・支》民卑切。

通"迷"。迷惑。B71W27 唯知乎大眯。

mián

【綿】

mián 《廣韻・平聲・仙》武延切。上古：元部，明母。

【綿綿】

連綿不絕。B50W06 綿綿呵若存。

miǎn

【免】

miǎn 《廣韻・上聲・獮》亡辨切。上古：元部，明母。

免除。B25W62 有罪以免。

miào

【眇】

miào 《廣韻・上聲・眇》亡沼切。上古：宵部，明母。

通"妙"。精微;奥妙。B71W27 是謂眇要。

mín

【民】
mín 《廣韻·平聲·真》彌鄰切。上古:真部,明母。
衆人;百姓。B13W50 民生生,動皆之死地十有三。

【揹】
mín
撫摸。B58W14 揹之而弗得。

míng

【名】
míng 《廣韻·平聲·清》武並切。上古:耕部,明母。
(1) 名稱,名號。B03W41 道褒无名。
(2) 動詞。稱呼,命名。B05W42 而王公以自名也。
(3) 稱説,説得出。B45W01 可名也。
(4) 聲名,名譽。B07W44 名與身孰親?
(5) 通"明"。明瞭。B10W47 不見而名。

【明】
míng 《廣韻·平聲·庚》武兵切。上古:陽部,明母。
(1) 光明;明亮。B03W41 明道如費。
(2) 明察;明智。B15W52 見小曰明。
(3) 指内在智慧。B15W52 復歸其明。
(4) 明顯。B66W24 自見者不明。
(5) 聰明。此指巧詐。B28W65 非以明民也。
(6) 即"盲"。失明。指眼花繚亂。B56W12 五色使人目明。

【明白】
通曉,瞭解。B54W10 明白四達。

【鳴】

míng　《廣韻・平聲・庚》武兵切。上古：庚部，明母。

冥。昏暗不明。B65W21 幽呵鳴呵。

mìng

【命】

mìng　《廣韻》眉病切，去映，明。

本性。B60W16 静，是謂復命。

mò

【末】

mò　《廣韻・入聲・末》莫撥切。上古：月部，明母。

末端。B27W64 生於毫末。

【没】

mò　《廣韻・入聲・没》莫勃切。上古：物部，明母。

盡，終。B15W52 没身不殆。

【没身】

終身。B15W52 没身不殆。

【莫】

mò　《廣韻・入聲・鐸》慕各切。上古：鐸部，明母。

代詞。没有誰，没有什麼。B01W38 上禮爲之而莫之應也。

【莫若】

莫如，不如。B22W59 治人事天莫若嗇。

【纆】

mò　《廣韻・入聲・德》莫北切。上古：職部，明母。

繩索。B71W27 善結者无纆約而不可解也。

móu

【謀】

móu　《廣韻·平聲·尤》莫浮切。上古：之部，明母。

（1）籌謀，謀劃。B38W73 彈而善謀。

（2）圖謀。B27W64 其未兆也，易謀也。

mǔ

【母】

mǔ　《廣韻·上聲·厚》莫厚切。上古：之部，明母。

（1）根本，本源。即道。B15W52 以爲天下母。

（2）通"侮"。輕侮。B61W17 其下，母之。

【牡】

mǔ　《廣韻·上聲·厚》莫厚切。上古：幽部，明母。

獸類的雄性。泛指雄性。B18W55 未知牝牡之會而朘怒。

mù

【木】

mù　《廣韻·入聲·屋》莫卜切。上古：屋部，明母。

樹，木本植物的通稱。B27W64 萬物草木之生也柔脆。

【目】

mù　《廣韻·入聲·屋》莫六切。上古：覺部，明母。

眼睛。B56W12 五色使人目盲。

【牧】

mù　《廣韻·入聲·屋》莫六切。上古：職部，明母。

法式，法度。B67W22 聲人執一，以爲天下牧。

N

nà

【炳】

nà　《廣韻・入聲・炳》乃本切。【上古音無構擬。】
假借爲"肭"。虧損，不足。B08W45 大赢如炳。

năi

【乃】

năi　《廣韻・上聲・海》奴亥切。上古：之部，泥母。
連詞。表承接。於是，就。B17W54 其德乃真。

【乃2】

rèng　《廣韻・去聲・蒸》。上古：蒸部，日母。
假借爲"扔"。牽引；拉。B01W38 攘臂而乃之。

【奈】

nài　《廣韻・去聲・泰》奴帶切。上古：月部，泥母。

【奈何】

怎麼，爲什麼。B39W74 奈何以殺懼之也？

nán

【難】

nán　《廣韻・平聲・寒》那干切。上古：元部，泥母。
困難。B26W63 圖難於其易。

【難得之貨】

珍貴之物。B27W64 不貴難得之貨。

néng

【能】

néng 《廣韻·平聲·登》奴登切。上古：之部，泥母。
（1）能夠。B03W41 葷能行之。
（2）發揮才能。這裏指任自然。B52W08 事善能。
（3）寧。B59W15 能敝而不成。

niǎo

【鳥】

niǎo 《廣韻·上聲·筱》都了切。上古：幽部，端母。
古指尾羽長的飛禽。B18W55 攫鳥猛獸弗搏。

níng

【寧】

níng 《廣韻·平聲·青》奴丁切。上古：耕部，泥母。
安寧。B02W39 地得一以寧。

nù

【怒】

nù 《廣韻·去聲·暮》乃故切。上古：日部，泥母。
（1）忿怒。B33W68 善戰者不怒。
（2）奮起。此指勃起。B18W55 未知牝牡之會而朘怒。

nǔ

【女】

nǔ 《廣韻·上聲·語》尼吕切。上古：魚部，泥母。
通"如"。意爲如此，如果這樣。B57W13 愛以身爲天下，女可以寄天下。

P

pàn

【判】

pàn　《廣韻·去聲·換》普半切。上古：元部，滂母。
剖開。此指破，消除。B27W64 其脆也，易判也。

páng

【旁】

páng　《廣韻·平聲·唐》步光切。上古：陽部，並母。
並，一起。B60W16 萬物旁作。

pèi

【配】

pèi　《廣韻·去聲·隊》滂佩切。上古：物部，滂母。
合，配合。B33W68 是謂配天。

【配天】

合乎天道。B33W68 是謂配天。

pēng

【亨】

pēng　《廣韻·平聲·庚》撫庚切。上古：陽部，滂母。
"烹"的古字。烹飪。B23W60 治大國若亨小鮮。

pí

【皮】

pí　《廣韻·平聲·支》符羈切。上古：歌部，幫母。

通"彼"。指示代詞。那；那個；那裏。"此"的對稱。B01W38 去皮
　　取此。

piān

【偏】
piān　《廣韻・平聲・仙》芳連切。上古：真部，滂母。
【偏將軍】
行軍作戰時軍中主帥的輔助性軍官。與上將軍對應。B75W31 是
　　以偏將軍居左，而上將軍居右。

piāo

【飄】
piāo　《廣韻・平聲・宵》撫招切。上古：宵部，滂母。
風勢迅疾的樣子。B68W23 飄風不終朝。
【飄風】
狂風。B68W23 飄風不終朝。

pín

【貧】
pín　《廣韻・平聲・真》符巾切。上古：文部，並母。
貧困。B20W57 天下多忌諱，而民彌貧。

pìn

【牝】
pìn　《廣韻・上聲・軫》毗忍切。上古：脂部，並母。
（1）鳥獸的雌性。泛指雌性。B18W55 未知牝牡之會而脧怒。
（2）指柔靜、卑讓的一方。B24W61 天下之牝。

【牝牡】

男性和女性。B18W55 未知牝牡之會而脧怒。

【牝牡之會】

男女交合。B18W55 未知牝牡之會而脧怒。

píng

【平】

píng 《廣韻》符兵切,平庚,並。

平和。B79W35 安平太。

pǔ

【樸】

pǔ 《廣韻・入聲・覺》匹角切。上古：屋部,滂母。

(1) 未經加工成器的木材。B59W15 沌呵其若樸。

(2) 質樸的本性。B63W19 見素抱樸。

(3) 質樸,樸實。B20W57 我欲不欲而民自樸。

Q

qí

【其】

qí 《廣韻・平聲・之》渠之切。上古：之部,群母。

(1) 第三人稱代詞。它;他;他們。B08W45 其用不幣。

(2) 代詞。表近指或遠指。猶此,彼,或這些,那些。B27W64 其安也,易持也。

(3) 自己,自身。B15W52 用其光。

(4) 副詞。表時間。將,將要。B27W64 恒於其成事而敗之。

（5）無義。B02W39 此其賤之本與。

（6）如果；假如。B02W39 其致之也。

【其次】

等級較低的。B61W17 其次，親譽之。

【其中】

這裏面；那裏面。(65)W21 其中有信。

【奇】

qí 《廣韻・平聲・支》渠羈切。上古：歌部，群母。

（1）珍奇。B20W57 人多知，而奇物滋起。

（2）異常。B21W58 正復爲奇。

【奇物】

珍奇之物。B20W57 人多知，而奇物滋起。

qǐ

【啟】

qǐ 《廣韻・上聲・薺》康禮切。上古：脂部，溪母。

開，打開。B15W52 啟其堄。

【啟闔】

開啟與閉合。B54W10 天門啟闔。

【起】

qǐ 《廣韻・上聲・止》墟里切。上古：之部，溪母。

興起，發生。B20W57 人多知，而奇物滋起。

qì

【氣】

qì 《廣韻・去聲・未》去既切。上古：物部，溪母。

見【使氣】【搏氣】

【棄】

qì　《廣韻·去聲·至》詰利切。上古：質部，溪母。

拋棄；擯棄。B25W62 何棄之有。

【器】

qī　《廣韻·去聲·至》去冀切。上古：質部，溪母。

物；器物；器具。B03W41 大器免成。

qián

【前】

qián　《廣韻·平聲·先》昨先切。上古：元部，從母。

（1）表方位、位次。與"後"相對。B29W66 居前而民弗害也。

（2）預先，事前。B01W38 前識者。

【前識】

謂先見之明。B01W38 前識者，道之華也而愚之首也。

qiǎn

【淺】

qiǎn　《廣韻·上聲·獮》七演切。上古：元部，清母。

通"賤"。與"貴"相對。地位低。B19W56 亦不可得而淺。

qiáng

【强】

qiáng　《廣韻·平聲·陽》巨良切。上古：陽部，群母。

（1）强壯；强健。B47W03 强其骨。

（2）强大。B15W52 守柔曰强。

（3）逞强；剛强。B18W55 心使氣曰强。

（4）勉强。B69W25 吾强爲之名曰大。

（5）通"僵"。僵硬，不靈活。B41W76 其死也蓓仞賢强。

【强大】

力量雄厚。B41W76 强大居下。

【强梁】

强勁有力;勇武。B05W42 故强梁者不得死。

【强行】

勉力行事。B77W33 强行者,有志也。

qiǎo

【巧】

qiǎo 《廣韻·上聲·巧》苦絞切。上古:幽部,溪母。

巧智。B08W45 大巧如拙。

qiě

【且】

qiě 《廣韻·上聲·馬》七也切。上古:魚部,清母。

連詞。而且;並且。B03W41 善始且善成。

【且2】

zhā

通"挏"。求取。B32W67 今舍其慈,且勇。

qiè

【挈】

qiè 《廣韻·入聲·屑》苦結切。上古:月部,溪母。

掌握。B16W53 使我挈有知。

qīn

【親】

qīn 《廣韻·平聲·真》七人切。上古:真部,清母。

(1) 熱愛。B61W17 親譽之。

(2) 親近。與"疏"相對。B07W44 名與身孰親。

qín

【堇】

qín 《廣韻·平聲·欣》巨斤切。上部：文部，群母。

(1) 通"勤"。勞苦。B15W52 終身不堇。

(2) 通"勤"。盡力做，努力做。B03W41 堇能行之。

(3) 通"勤"。窮盡，枯竭。B50W06 用之不堇。

qīng

【輕】

qīng 《廣韻·平聲·清》去盈切。上古：耕部，溪母。

(1) 輕，薄。與"重"、"厚"相對。B70W26 重爲輕根。

(2) 輕率。B26W63 夫輕諾必寡信。

(3) 輕易。B40W75 是以輕死。

【輕諾】

輕率許諾。B26W63 夫輕諾必寡信。

【輕諾必寡信】

輕率許諾必然難以守信。B26W63 夫輕諾必寡信。

【清】

qīng 《廣韻·平聲·清》七情切。上古：耕部，清母。

清明。B02W39 天得一以清。

【卿】

qīng 《廣韻·平聲·庚》去京切。上古：陽部，溪母。

古時高級官員的名稱。B25W62 置三卿。

qīng

【請】

qīng 《廣韻・平聲・清》七情切。上古：耕部，清母。
通"清"。清静；寂静。B08W45 請靚，可以爲天下正。

【請 2】

qíng 《廣韻・平聲・清》疾盈切。上古：耕部，從母。
通"情"。真，實。B65W21 其請甚真。

【請靚】

即清静。無爲，不煩擾。B08W45 請靚，可以爲天下正。

qióng

【窮】

qióng 《廣韻・平聲・東》渠弓切。上古：冬部，群母。
困窘。B49W05 多聞數窮。

【宭】

qióng 《廣韻・平聲・東》渠弓切。上古：冬部，群母。
通"窮"。窮盡。B08W45 其用不宭。

qiú

【求】

qiú 《廣韻・平聲・尤》巨鳩切。上古：幽部，群母。
（1）求取。B40W75 求生之厚。
（2）請求。B25W62 求以得。

qū

【曲】

qū 《廣韻・入聲・燭》丘玉切。上古：屋部，溪母。

彎曲。B67W22 曲則全。

【曲全】

委曲求全。B67W22 古之所謂"曲全"者。

【詘】

qū　《廣韻·入聲·物》區勿切。上古：物部，溪母。

通"屈"。彎曲。B08W45 大直如詘。

qǔ

【取】

qǔ　《廣韻·上聲·虞》七庾切。上古：侯部，清母。

（1）獲得。B24W61 大邦以下小邦，則取小邦。

（2）采取；選取。B01W38 去皮取此。

（3）治理。B11W48 將欲取天下也。

（4）求。B74W30 毋以取强焉。

qù

【去】

qù　《廣韻·去聲·禦》丘倨切。上古：魚部，溪母。

（1）距離。B64W20 其相去幾何。

（2）失去。B46W02 夫唯弗居，是以弗去。

（3）拋棄，捨棄。B01W38 去皮取此。

quán

【全】

quán　《廣韻·平聲·仙》疾緣切。上古：元部，從母。

（1）保全。B67W22 曲則全。

（2）完全。B67W22 誠全歸之。

quē

【缺】

quē　《廣韻・入聲・屑》苦穴切。上古：月部，溪母。
欠缺，不足。B08W45 大成若缺。

【卻】

què　《廣韻・入聲・藥》去約切。上古：鐸部，溪母。
摒退。B09W46 卻走馬以糞。

R

rán

【然】

rán　《廣韻・平聲・仙》如延切。上古：元部，日母。
這樣，如此。B17W54 吾何以知天下之然哉。

rǎng

【攘】

rǎng　《廣韻・上聲・養》如兩切。上古：陽部，日母。
捋，揎。B01W38 攘臂而乃之。

【攘臂】

捋起衣袖，伸出胳膊。B01W38 攘臂而乃之。

rén

【人】

rén　《廣韻・平聲・真》如鄰切。上古：真部，日母。
（1）指一般意義上的人；人們。B20W57 人多知，而奇物滋起。

（2）別人，他人。B05W42 人之所教。

（3）民衆。B22W59 治人事天莫若嗇。

（4）人世。B42W77 人之道則不然。

【人主】

人君，君主。B74W30 以道佐人主。

【仁】

rén 《廣韻・平聲・真》如鄰切，上古：真部，日母。

（1）仁愛；相親。B01W38 上仁爲之而无以爲也。

（2）特指偏愛。B49W05 天地不仁。

【仁義】

仁愛，正義。B62W18 故大道廢，案有仁義。

rèn

【刃】

rèn 《廣韻・去聲・震》而振切。上古：文部，日母。

刀鋒，刀刃。B13W50 兵无所容其刃。

【仞】

rèn 《廣韻・去聲・震》而振切。上古：文部，日母。

（1）古代長度單位。七尺爲一仞。一説，八尺爲一仞。B27W64 百
　　仞之高。

（2）假借爲“肕”，堅硬的肉。B41W76 其死也㯏仞賢强。

rì

【日】

rì 《廣韻・入聲・質》人質切。上古：質部，日母。

（1）時日。B21W58 其日固久矣。

（2）每天；一天一天地。B11W48 爲學者日益。

（3）通“榮”。B72W28 知其日。

【日益】

日日有所增益。B11W48 爲學者日益。

róng

【戎】

róng 《廣韻・平聲・東》如融切。上古：冬部，日母。

【戎馬】

戰馬。B09W46 戎馬生於郊。

【容】

róng 《廣韻・平聲・鍾》餘封切。上古：東部，余母。

（1）包容。B60W16 知常容。

（2）形容，描摹。B59W15 强爲之容。

（3）用。B13W50 兵無所容其刃。

（4）動。B65W21 孔德之容。

róu

【柔】

róu 《廣韻・平聲・尤》耳由切。上古：幽部，日母。

柔弱，柔軟。B06W43 天下之至柔馳騁於天下之致堅。

【柔弱】

軟弱；柔弱。B41W76 人之生也柔弱。

rú

【如】

rú 《廣韻・平聲・魚》人諸切。上古：魚部，日母。

（1）像；如同。B03W41 明道如費。

（2）連詞。表示承接關係。就。B32W67 天將建之，如以玆垣之。

rǔ

【辱】

rǔ 《廣韻・入聲・燭》而蜀切。上古：屋部，日母。

（1）侮辱。B57W13 寵辱若驚。

（2）通"黵"。污垢。B03W41 大白如辱。

rù

【入】

rù 《廣韻・入聲・緝》人執切。上古：緝部，日母。

進入。B06W43 无有入於无間。

ruì

【芮】

ruì 《廣韻・去聲・祭》而銳切。上古：月部，日母。

假借爲"退"。後退。B34W69 不敢進寸而芮尺。

ruò

【若】

ruò 《廣韻・入聲・藥》而灼切。上古：鐸部，日母。

（1）如。B02W39 禄禄若玉。

（2）如果。B32W67 若宵，细久矣。

（3）就。B57W13 若可以托天下矣。

（4）連詞。或；或者。B03W41 若存若亡。

（5）助詞。形容詞詞尾。B70W26 燕處則昭若。

【若何】

爲什麽。B70W26 若何萬乘之王而以身輕於天下。

另見【相若】

【弱】

ruò　《廣韻·入聲·藥》而灼切。上古：藥部，日母。

(1) 柔弱；柔軟。B04W40 弱也者，道之用也。

(2) 削弱。B47W03 弱其志。

S

sà

【卅】

sà　《集韻·入聲·盍》悉盍切。上古：緝部，心母。

數詞。三十。B55W11 卅楅同一轂。

sān

【三】

sān　《廣韻·平聲·談》蘇甘切。上古：侵部，心母。

(1) 陰陽相和而形成的"和氣"。一說是陰陽相和所形成的一個均
調和諧的狀態。B05W42 三生萬物。

(2) 數詞。B13W50 生之徒十有三。

(3) 第三。B32W67 三曰不敢爲天下先。

sàn

【散】

sàn　《廣韻·去聲·翰》蘇旰切。上古：元部，心母。

(1) 分散。B72W28 樸散則爲器。

(2) 散失。B27W64 其微也，易散也。

sāng

【喪】

sāng 《廣韻·平聲·唐》息郎切。上古：陽部，心母。
泛指與人死亡有關的各種事情。B75W31 喪事上右。

【喪事】

泛指人死後殮奠殯葬等事宜。B75W31 喪事上右。

【喪禮】

喪儀。B75W31 以喪禮處之。

sè

【色】

sè 《廣韻·入聲·職》所力切。上古：職部，山母。
顏色。B56W12 五色使人目明。

【嗇】

sè 《廣韻·入聲·職》所力切。上古：職部，山母。
愛惜。B22W59 夫惟嗇。

【塞】

sè 《廣韻·入聲·德》蘇則切。上古：職部，心母。
堵塞。B15W52 塞其坑。

shā

【殺】

shā 《廣韻·入聲·黠》所八切。上古：月部，山母。
（1）死。B38W73 勇於敢者則殺。
（2）殺死。B39W74 爲奇者吾將得而殺之。

shān

【埏】

shān　《廣韻・平聲・氈》式連切。【上古音無構擬。】
通"埏"。以水和土。B55W11 埏埴爲器。

shàn

【善】

shàn　《廣韻・上聲・獮》常演切。上古：元部，禪母。
(1) 善良。B12W49 善者善之。
(2) 善於。B03W41 善始且善成。
(3) 妥善。B44W79 焉可以爲善。

【善人】

有道德的人；善良的人。B44W79 恒與善人。

shāng

【傷】

shāng　《廣韻・平聲・陽》式羊切。上古：陽部，書母。
傷害。B23W60 其神不傷人也。

shàng

【上】

shàng　《廣韻・去聲・養》時亮切。上古：陽部，禪母。
(1) 等第高或品質良好。跟"下"相對。B01W38 上德不德。
(2) 上位；在社會上層。B29W66 聖人之欲上民也。
(3) 君主；統治者。B40W75 以其上有以爲也。
(4) 通"尚"。崇尚；看重。B47W03 不上賢。
(5) 高處。B58W14 其上不攸。

【上德】

至德；盛德。B01W38 上德不德。

【上將軍】

行軍作戰時軍中的主帥。B75W31 上將軍居右。

【上禮】

至禮。最高的禮。B01W38 上禮爲之而莫之應也。

【上仁】

至仁。B01W38 上仁爲之而无以爲也。

【上士】

最上等的知識階層。此指道德高尚的人。B03W41 上士聞道。

【上義】

至義。B01W38 上義爲之而有以爲也。

【尚】

shàng　《廣韻·去·漾》時亮切。

通"上"。等級最好的。B36W71 知不知，尚矣。

shǎo

【少】

shǎo　《廣韻·上聲·小》書沼切。上古：宵部，書母。

數量小。與"多"相對。B10W47 其知彌少。

shé

【蛇】

shé　《廣韻·平聲·麻》食遮切。上古：歌部，船母。

爬行動物。體圓而細長，有鱗，無四肢。B18W55 蜂蠆虺蛇弗螫。

shě

【舍】

shě　《廣韻·上聲·馬》書冶切。上古：魚部，書母。

捨棄。B32W67 今舍其慈,且勇。

shè

【社】
shè 《廣韻・上聲・馬》常者切。上古:魚部,禪母。
古代謂土地神。B43W78 社稷之主。

【社稷】
古代帝王、諸侯所祭的土神和穀神。此處用爲國家的代稱。
B43W78 社稷之主。

【涉】
shè 《廣韻・入聲・葉》時攝切。上古:葉部,禪母。
渡水。B59W15 與呵其若冬涉川。

shēn

【身】
shēn 《廣韻・平聲・真》失人切。上古:真部,書母。
(1) 生命。B07W44 名與身孰親。
(2) 自身,自己。B29W66 以其身後之。

【深】
shēn 《廣韻・平聲・侵》式針切。上古:侵部,書母。
(1) 從上到下距離大。B22W59 深根固氐。
(2) 幽深;精微。B28W65 玄德深矣,遠矣。

【深根固氐】
謂使根基深固而不可動搖。B22W59 是謂深根固氐。

shén

【神】
shén 《廣韻・平聲・真》食鄰切。上古:真部,船母。

(1) 神靈。B02W39 神得一以靈。

(2) 靈驗,起作用。B23W60 其鬼不神。

【神器】

神物。B73W29 夫天下,神器也。

shèn

【甚】

shèn 《廣韻・上聲・寝》常枕切。上古：侵部,禪母。

(1) 過分。B73W29 聖人去甚、去大、去楮。

(2) 很;極。B07W44 甚愛必大費。

【慎】

shèn 《廣韻・去聲・震》時刃切。上古：真部,禪母。

慎重,謹慎。B27W64 慎終若始。

【慎終如始】

結束時仍然慎重,就同開始時一樣。指做事從頭至尾小心謹慎。

　B27W64 慎終若始,則无敗事矣。

shēng

【生】

shēng 《廣韻・平聲・庚》所庚切。上古：耕部,山母。

(1) 生長。B27W64 生於毫末。

(2) 生育。B09W46 戎馬生於郊。

(3) 産生,滋生。B04W40 天下之物生於有。

(4) 活。與"死"相對。B13W50 出生入死。

(5) 生活。B40W75 求生之厚。

【生生】

養生。B13W50 民生生,動皆之死地。

【聲】
shēng 《廣韻・平聲・清》書盈切。上古：耕部，書母。
聲音，聲響。B03W41 大音希聲。

shéng

【繩】
shéng 《廣韻・平聲・蒸》食陵切。上古：蒸部，船母。
繩子。B30W80 使民復結繩而用之。

shèng

【聖】
shèng 《廣韻・去聲・勁》式正切。上古：耕部，書母。
聰明睿智。B63W19 絕聖棄智。
【聖人】
指修養達到最高境界的人。B10W47 聖人不行而知。
【勝】
shèng 《廣韻・去聲・證》詩證切。上古：蒸部，書母。
（1）勝利；戰勝。B32W67 以戰則勝。
（2）克制；克服。B08W45 趮勝寒。

shī

【失】
shī 《廣韻・入聲・質》式質切。上古：質部，書母。
（1）失掉；失去。B01W38 下德不失德。
（2）漏失。B38W73 疏而不失。
【師】
shī 《廣韻・平聲・師》疏夷切。上古：脂部，山母。
（1）老師。B71W27 善人之師。

（2）軍隊。B74W30 師之所居。

shí

【十】

shí　《廣韻·入聲·緝》是執切。上古：緝部，禪母。

數詞。B13W50 生之徒十有三。

【石】

shí　《廣韻·入聲·昔》常只切。上古：鐸部，禪母。

石頭。B02W3 硌硌若石。

【識】

shí　《廣韻·入聲·職》賞職切。上古：職部，書母。

知道；瞭解。B01W38 前識者，道之華也而愚之首也。

【時】

shí　《廣韻》市之切，平之，禪。

時機。B52W08 動善時。

【實】

shí　《廣韻·入聲·質》神質切。上古：質部，船母。

（1）篤實。B01W38 居其實不居其華。

（2）充實。B47W03 實其腹。

【拾】

shí　《廣韻·入聲·緝》是執切。上古：緝部，禪母。

通"翕"。收縮。B80W36 將欲拾之，必古張之。

【食】

shí　《廣韻·入聲·職》乘力切。上古：職部，船母。

食品。B30W80 甘其食。

【食2】

sì　《集韻·去聲·志》祥吏切。上古：職部，船母。

飼，養。B64W20 吾欲獨異於人，而貴食母。

【食母】

養護根本。B64W20 吾欲獨異於人，而貴食母。

shǐ

【矢】

矢 shǐ 《廣韻·上聲·旨》式視切。上古：脂部，書母。
通"兕"。古代獸名。B13W50 陵行不辟矢虎。

【使】

shǐ 《廣韻·上聲·止》疎士切。上古：之部，山母。

（1）令；致使。B30W80 使十百人之器毋用。

（2）放縱。B18W55 心使氣曰强。

（3）假使。B16W53 使我挈有知。

【使氣】

恣逞意氣。B18W55 心使氣曰强。

【始】

shǐ 《廣韻·上聲·止》詩止切。上古：之部，書母。

（1）開始。B03W41 善始且善成。

（2）原始，本始。B15W52 天下有始。

（3）特指造作事端。B46W02 萬物昔而弗始也。

shì

【士】

shì 《廣韻·平聲·止》鉏里切。上古：之部，崇母。

（1）知識階層。B03W41 上士聞道。

（2）將帥。B33W68 善爲士者不武。

【市】

shì 《廣韻·上聲·止》時止切。上古：之部，禪母。
交易行爲。B25W62 美言可以市。

【式】

shì 《廣韻·入聲·職》賞職切。上古：職部，書母。

準則，法度。B28W65 恒知稽式。

【是】

shì 《廣韻·上聲·紙》承紙切。上古：支部，禪母。

（1）代詞。此，這；這裏。B15W52 是謂襲常。

（2）表示確指，將賓語提前。B16W53 唯他是畏。

【是以】

連詞。因此，所以。B01W38 是以有德。

【室】

shì 《廣韻·入聲·質》式質切。上古：質部，書母。

謂堂後之正室。古人房屋内部，前部稱爲堂，堂後以牆隔開，後部中央稱爲室。B53W09 金玉盈室。

【視】

shì 《廣韻·去聲·至》常利切。上古：脂部，禪母。

（1）看。B58W14 視之而弗見。

（2）活，生存。B22W59 長生久視。

（3）通“是”。認爲正確。B66W24 自視者不章。

（4）通“示”。給人看。B80W36 邦利器不可以視人。

【事】

shì 《廣韻·去聲·志》鉏吏切。上古：之部，崇母。

（1）事情，事端。B11W48 恒无事。

（2）處事。B52W08 事善能。

（3）有事。與“無事”相對。B26W63 事无事。

（4）事奉。B24W61 小邦者不過欲入事人。

（5）治理。B22W59 治人事天莫若嗇。

【筮】

shì 《廣韻·去聲·祭》時制切。上古：月部，禪母。

運動不息。B69W25 大曰筮。
【螫】
shì　《廣韻·入聲·昔》施只切。上古：鐸部,書母。
毒蟲或蛇咬刺。B18W55 蜂蠆虺蛇弗螫。

shǒu

【手】
shǒu　《廣韻·上聲·有》書九切。上古：幽部,書母。
人體上肢腕以下持物的部分。B39W74 希不傷其手。
【守】
shǒu　《廣韻·上聲·有》書九切。上古：幽部,書母。
堅守,持守。B15W52 復守其母。
【首】
shǒu　《廣韻·上聲·有》書九切。上古：幽部,書母。
(1) 開端,開始。B01W38 忠信之薄而亂之首也。
(2) 頭。B58W14 迎而不見其首。

shòu

【受】
shòu　《廣韻·上聲·有》殖酉切。上古：幽部,禪母。
承受。B43W78 受邦之訽。
【壽】
shòu　《廣韻·去聲·宥》承呪切。上古：幽部,禪母。
長壽。B77W33 死不忘者,壽也。
【獸】
shòu　《廣韻·去聲·宥》舒救切。上古：幽部,書母。
野獸。B18W55 攫鳥猛兽弗搏。

shū

【疏】

shū　《廣韻·平聲·魚》所葅切。上古：魚部，山母。

(1) 疏遠。B19W56 亦不可得而疏。

(2) 稀疏。B38W73 疏而不失。

shú

【孰】

shú　《廣韻·入聲·屋子》殊六切。上古：覺部，禪母。

疑問代詞。誰；哪個。B07W44 名與身孰親。

【屬】

shǔ　《廣韻·入聲·燭》市玉切。上古：屋部，禪母。

歸屬。B63W19 故令之有所屬。

【屬 2】

zhǔ　《廣韻·入聲·燭》之欲切。上古：屋部，章母。

集中，聚集。B12W49 百姓皆屬耳目焉。

shù

【述】

shù　《廣韻·入聲·術》食聿切。上古：物部，船母。

通"遂"。完成，成功。B53W09 功述身芮。

【數】

shù　《廣韻·去聲·遇》色句切。上古：侯部，山母。

通"速"。快。B49W05 多聞數窮。

【數 2】

shǔ　《廣韻·上聲·麌》所矩切。上古：侯部，山母。

計算。B71W27 善數者不以籌策。

【數 3】

shuò　《廣韻・入聲・覺》所角切。上古：屋部，山母。
多。B02W39 致數與无輿。

shuǎng

【爽】

shuǎng　《廣韻・上聲・養》疎兩切。上古：陽部，山母。
傷敗。B56W12 五味令人之口爽。

shuí

【誰】

shuí　《廣韻・平聲・脂》視隹切。上古：微部，禪母。
疑問代詞。相當於"何"、"什麼"。B48W04 吾不知其誰之子也。

shuǐ

【水】

shuǐ　《廣韻・上聲・旨》式軌切。上古：微部，書母。
指一般意義的自然之水。B43W78 天下莫柔弱于水。

shuì

【送】

shuì　《廣韻・去聲・祭》舒芮切。上古：月部，書母。
通"隧"。途徑，手段。B40W75 以其取食送之多也。

shùn

【順】

shùn　《廣韻・去聲・稕》食閏切。上古：文部，船母。
循。B65W21 以順衆父。

另見【大順】

sī

【司】

sī　《廣韻・平聲・之》息茲切。上古：之部，心母。

掌管。B39W74 恒有司殺者。

【私】

sī　《廣韻・平聲・脂》息夷切。上古：脂部，心母。

(1) 個人的；自己的。B51W07 不以其无私輿。

(2) 私心。B63W19 少私而寡欲。

sǐ

【死】

sǐ　《廣韻・上聲・旨》息姊切。上古：脂部，心母。

死亡。B30W80 民至老死不相往來。

【死地】

死亡之地。B13W50 動皆之死地。

sì

【四】

sì　《廣韻・去聲・至》息利切。上古：質部，心母。

(1) 數詞。B69W25 國中有四大。

(2) 即"駟"。指駕一車之四馬。B25W62 共之璧以先四馬。

【四鄰】

四方鄰國。B59W15 猶呵其若畏四鄰。

【四馬】

即"駟馬"。指駕一車之四馬。B25W62 共之璧以先四馬。

【寺】

sì　《廣韻・去聲・志》祥吏切。上古：之部，邪母。

"恃"的古字。自負。B14W51 爲而弗寺也。

【祀】

sì　《廣韻・上聲・止》詳里切。上古：之部，邪母。

古代對神鬼、先祖所舉行的祭禮。B17W54 子孫以祭祀不絕。

sú

【俗】

sú　《廣韻・入聲・燭》似足切。上古：屋部，邪母。

習俗。B30W80 樂其俗。

sù

【素】

sù　《廣韻・去聲・暮》桑故切。上古：魚部，心母。

本義爲未染色的絲。此處意爲質樸无飾。B63W19 見素抱樸。

suī

【雖】

suī　《廣韻・平聲・脂》息遺切。上古：微部，心母。

連詞。表示假設或讓步關係。雖然；即使。B25W62 雖有共之璧
　　以先四馬。

suí

【隨】

suí　《廣韻・平聲・支》旬爲切。上古：歌部，邪母。

跟隨。B58W14 隨而不見其後。

suì

【遂】

suì 《廣韻·去聲·至》徐醉切。上古：物部，邪母。

（1）成就。成就事業。B61W17 成功遂事。

（2）通"育"，養育。B14W51 長之遂之。

【遂事】

成就事業。B61W17 成功遂事。

sūn

【孫】

sūn 《廣韻·平聲·魂》思渾切。上古：文部，心母。

兒子的兒子。B17W54 子孫以祭祀不絶。

sǔn

【損】

sǔn 《廣韻·上聲·混》蘇本切。上古：文部，心母。

減損。B05W42 物或損之而益。

suǒ

【所】

suǒ 《廣韻·上聲·語》踈舉切。上古：魚部，山母。

（1）處所。B77W33 不失其所者，久也。

（2）指事之詞。指出動作、行爲的對象。B05W42 天下之所惡唯孤
　　寡不穀。

【所謂】

所説，所稱。B67W22 古之所謂"曲全"者。

【所以】

連詞。指原因。B57W13 吾所以有大梡者。

T

tā

【他】

tā 《廣韻·平聲·歌》託何切。上古：歌部，透母。

通"迆"。邪。B16W53 唯他是畏。

tái

【臺】

tái 《廣韻·平聲·咍》徒哀切。上古：之部，定母。

高而上平的方形建築物。供觀察眺望用。B27W64 九成之臺。

tài

【太】

太 tài 《廣韻·去聲·泰》他蓋切。上古：月部，透母。

(1) 最高等級的。B61W17 太上，下知有之。

(2) 安寧。B79W35 安平太。

【太上】

最上，最高。B61W17 太上，下知有之。

tán

【談】

tán 《廣韻·平聲·談》徒甘切。上古：談部，定母。

平淡。B79W35 談呵其无味也。

【彈】

tán 《廣韻·平聲·寒》徒干切。上古：元部，定母。
通"坦"。安。B38W73 彈而善謀。

tè

【貣】

tè 《廣韻·入聲·德》他德切。上古：德部，透母。
通"忒"。差錯。B72W28 恒德不貣。

tiān

【天】

tiān 《廣韻·平聲·先》他前切。上古：真部，透母。
（1）天體。與"地"相對。B02W39 天得一以清。
（2）自然。B33W68 是謂配天。
（3）指自身。B22W59 治人事天莫若嗇。

【天長地久】
天地長久存在。B51W07 天長地久。

【天道】
自然規律。B10W47 以知天道。

【天地】
天和地；特指自然。B49W05 天地不仁。

【天門】
口鼻等感官。B54W10 天門啟闔。

【天網】
上天布下的羅網。B38W73 天網恢恢。

【天網恢恢】
上天布下的羅網寬闊廣大。B38W73 天網恢恢。

【天網恢恢,疏而不失】

上天布下的羅網很寬廣,雖然稀疏,但是任何東西都不會漏失。

　B38W73 天網恢恢,疏而不失。

【天下】

泛指全國;也指國家政權。B04W40 天下之物生於有。

【天子】

帝王。B25W62 立天子。

tián

【田】

tián　《廣韻・平聲・先》徒年切。上古:真部,定母。

(1) 田地,農田。B16W53 田甚蕪。

(2) 打獵。B56W12 馳騁田臘使人心發狂。

【田臘】

打獵。B56W12 馳騁田臘使人心發狂。

tiǎn

【銛】

tiǎn　《廣韻・上聲・忝》他玷切。上古:談部,心母。

通"恬"。安靜。B75W31 銛襲爲上。

【銛襲】

清静淡泊。"銛"通"恬","襲"通"淡"。B75W31 銛襲爲上。

tiāo

【佻】

tiāo　《廣韻・平聲・蕭》吐雕切。上古:宵部,透母。

讀 zhào。兆,徵兆。B64W20 我泊焉未佻。

tiào

【眺】

tiào　《廣韻·去聲·嘯》他吊切。上古：宵部，透母。
通"燿"。耀目。此指傷人。B21W58 光而不眺。

tíng

【亭】

tíng　《廣韻·平聲·青》特丁切。上古：耕部，定母。
安定。B14W51 亭之毒之。

tóng

【同】

tóng　《廣韻·平聲·東》徒紅切。上古：東部，定母。
(1) 混同；齊一。B19W56 同其塵。
(2) 共同。B45W01 兩者同出。

【同出】

來源相同。B45W01 兩者同出。

tōu

【偷】

tōu　《廣韻·平聲·侯》託侯切。上古：侯部，透母。
怠惰，懈怠。B03W41 建德如偷。

tú

【徒】

tú　《廣韻·平聲·模》同都切。上古：魚部，定母。
類，屬。B13W50 生之徒十有三。

【圖】

tú 《廣韻·平聲·模》同都切。上古:魚部,定母。
設法克服。B26W63 圖難乎其易也。

tǔ

【土】

tǔ 《廣韻·上聲·姥》他魯切。上古:魚部,透母。
土壤;泥土。B27W64 作於累土。

tuān

【摶】

tuān 《廣韻·平聲·桓》徒官切。上古:元部,定母。
集聚。B54W10 摶氣至柔。

【摶氣】

集聚精氣。B54W10 摶氣至柔。

tuì

【退】

tuì 《廣韻·去聲·隊》他內切。上古:物部,透母。
(1) 後退。B03W41 進道如退。
(2) 退讓。B51W07 聖人退其身而身先。

tuō

【託】

tuō 《廣韻·入聲·鐸》他各切。上古:鐸部,透母。
委托。B57W13 若可以託天下矣。

【脫】

tuō 《廣韻·入聲·末》他括切。上古:月部,透母。

脱開。B17W54 善抱者不脱。

tuó

【橐】

tuó 《廣韻·入聲·鐸》他各切。上古：鐸部，透母。

用獸皮製成的風箱主體。以籥鼓動皮橐，可鼓風吹火。B49W05
　天地之間，其猶橐籥與。

【橐籥】

古代冶煉時用以鼓風吹火的裝置，猶今之風箱。B49W05 天地之
　間，其猶橐籥與。

W

wā

【窪】

wā 《廣韻·平聲·麻》烏瓜切。上古：支部，影母。

低窪。B67W22 窪則盈。

wài

【外】

wài 《廣韻·去聲·泰》五會切。上古：月部，疑母。

置之度外。B51W07 外其身而身存。

【外身】

置自身於度外。B51W07 外其身而身存。

wán

【頑】

wán 《廣韻·平聲·刪》五還切。上古：元部，疑母。

愚頑。B64W20 我獨頑以悝。

wǎn

【免】

wǎn 《廣韻·上聲·阮》無遠切。上古：元部,明母。

通"無"。B03W41 大器免成。

【萬】

wàn 《廣韻·去聲·願》無販切。上古：元部,明母。

極言其多。B05W42 三生萬物。

【萬乘】

指能出兵車萬乘的大國。B70W26 若何萬乘之王而以身輕於
天下。

【萬乘之王】

大國之君。B70W26 若何萬乘之王而以身輕於天下。

【萬物】

統指宇宙間的一切事物。B05W42 三生萬物。

wáng

【亡】

wáng 《廣韻·平聲·陽》武方切。上古：陽部,明母。

(1) 喪失,失去。B07W44 得與亡孰病。

(2) 通"忘"。忘記。B03W41 若存若亡。

【王】

wáng 《廣韻·平聲·陽》雨方切。上古：陽部,匣母。

(1) 天子。B43W78 天下之王。

(2) 歸往。B60W16 公乃王。

(3) 同類中最特出的。B29W66 江海之所以能爲百谷王者。

【王公】

天子及諸侯。B05W42 王公以自名也。

wǎng

【往】

wǎng　《廣韻・上聲・養》於兩切。上古：陽部，匣母。
歸往。B79W35 天下往。

【往來】

交往，交際。B30W80 民至老死不相往來。

【枉】

wǎng　《廣韻・上聲・養》紆往切。上古：陽部，影母。
彎曲。B67W22 枉則定。

【網】

wǎng　《廣韻・上聲・養》文兩切。上古：陽部，明母。
羅網。B38W73 天網恢恢。

wàng

【妄】

wàng　《廣韻・去聲・漾》巫放切。上古：陽部，明母。
胡亂，隨便。B60W16 不知常，妄。

【妄作】

輕舉妄動。B60W16 妄作，兇。

【忘】

wàng　《廣韻》巫放切，去漾，微。
通"亡"。消亡。B77W33 死不忘者，壽也。

【望】

wàng　《廣韻・去聲・漾》巫放切。上古：陽部，明母。
（1）望見。B30W80 鄰邦相望。

（2）廣,遠。B64W20 望呵其未央哉。

（3）通"恍"。混沌、模糊。B65W21 唯望唯忽。

wēi

【微】

wēi 《廣韻·平聲·微》無非切。上古：微部,明母。

（1）微小;少。B27W64 其微也,易散也。

（2）看了而看不見。這種情況就叫做"微"。B58W14 視之而弗見,
　　名之曰微。

【微眇】

精微奧妙。B59W15 微眇玄達。

【微明】

微隱而明著。B80W36 是謂微明。

wéi

【爲】

wéi 《廣韻·平聲·攴》薳支切。上古：歌部,匣母。

（1）做;從事。動詞。B01W38 上德无爲。

（2）成爲。B29W66 江海之所以能爲百浴王者。

（3）施爲。B31W81 爲而弗争。

（4）作爲;充當。B49W05 以萬物爲芻狗。

（5）是。B70W26 重爲輕根。

（6）被。B19W56 故爲天下貴。

（7）治理。B27W64 爲之於其未有。

（8）謀取。B27W64 爲之者敗之。

（9）制。B14W51 爲而弗寺也。

（10）作。B78W34 萬物歸焉而弗爲主。

【爲道】

行道。B28W65 爲道者非以明民也。

【爲學】

做學問；治學。B11W48 爲學者日益。

【爲 2】

wèi　《廣韻·去聲·眞》於僞切。上古：歌部,匣母。

(1) 幫助。B31W81 既以爲人,己愈有。

(2) 給；替。B59W15 强爲之容。

(3) 爲了。B12W49 爲天下渾心。

(4) 因爲。B24W61 爲其靚也,故宜爲下。

(5) 僞詐。B63W19 以爲文未足。

【爲 2 人】

幫助他人。B31W81 既以爲人,己愈有。

【唯】

wéi　《廣韻·平聲·脂》以追切。上古：微部,余母。

(1) 只有。B03W41 夫唯道,善始且善成。

(2) 因爲。B32W67 夫唯大,故不宵。

(3) 雖然。B76W32 樸唯小,而天下弗敢臣。

(4) 又。B65W21 唯望唯忽。

(5) 就是。B05W42 天下之所惡唯孤寡不穀。

【唯 2】

wěi

應答。B64W20 唯與訶。

【惟】

wéi　《廣韻·平聲·脂》以追切。上古：微部,余母。

(1) 只有。B42W77 惟有道者乎。

(2) 因爲。B22W59 夫惟嗇,是以蚤服。

wěi

【偽】

wěi 《廣韻·去聲·寘》危睡切。上古：歌部，疑母。
偽詐。B62W18 知快出，案有大偽。

wèi

【未】

wèi 《廣韻·去聲·未》無沸切。上古：物部，明母。
不。B27W64 治之于其未亂也。

【未央】

沒有盡頭。B64W20 望呵其未央哉。

【未有】

沒有。B27W64 爲之于其未有。

【未兆】

尚未顯出徵兆。B27W64 其未兆也。

【未知】

不知道。B18W55 未知牝牡之會而朘怒。

【味】

wèi 《廣韻·去聲·未》無沸切。上古：物部，明母。
（1）味道。B56W12 五味使人之口爽。
（2）有味道。與“無味”相對。B26W63 味无味。

【畏】

wèi 《廣韻·去聲·未》於胃切。上古：微部，影母。
（1）害怕；恐懼。B16W53 唯他是畏。
（2）通“威”。威壓。B37W72 大畏將至矣。

【謂】

wèi 《廣韻·平聲·未》於貴切。上古：物部，匣母。

（1）説；以爲。B32W67 天下皆謂我大。

（2）叫做。B16W53 是謂盗竽。

（3）稱呼。B4W01 異名同謂。

wén

【文】

wén 《廣韻・平聲・文・》無分切。上古：文部，明母。

繪花紋、彩色以裝飾，文飾。B16W53 服文采。

【文采】

以花紋彩色裝飾的絲織品或華麗的衣服。B16W53 服文采。

【聞】

wén 《廣韻・平聲・文》無分切。上古：文部，明母。

聽見，聽到。B03W41 上士聞道。

【聞道】

領會自然之道。B03W41 上士聞道。

wǒ

【我】

wǒ 《廣韻・上聲・哿》五可切。上古：歌部，疑母。

代詞。稱自己。B05W42 亦我而教人。

wò

【握】

wò 《廣韻・入聲・覺》於角切。上古：屋部，影母。

屈指成拳。B18W55 骨弱筋柔而握固。

【握固】

屈指成拳很牢固。B18W55 骨弱筋柔而握固。

wú

【无(無)】
wú 《廣韻·平聲·虞》武夫切。上古：魚部,明母。

(1) 沒有。B12W49 聖人恒无心。

(2) 指事物的不存在,有"無形"、"無名"、"虛無"等義。B46W02 有
  无之相生。

【无不】
沒有不,全都。B22W59 无不克。

【无道】
政治昏亂。B09W46 天下无道。

【无德】
沒有德行;沒有德行的人。B44W79 无德司劵。

【无功】
沒有功勞。B66W24 自伐者无功。

【无極】
老子認爲形成宁宙萬物的本原。以其無形無象,無聲無色,無始無
  終,無可指名,故曰無極。B72W28 復歸於无極。

【无名】
道家稱天地未形成時的狀態爲"無名"。B45W01 无名,萬物之
  始也。

【无名之樸】
道家謂質樸自然、清静無爲之"道"爲"無名之樸"。B81W37 吾將
  鎮之以无名之樸。

【无難】
沒有困難、禍患。B26W63 終於无難矣。

【无親】
沒有偏愛。B44W79 夫天道无親。

【無事】

不造作事端。即無爲。BY20W57 以無事取天下。

【无私】

不自私。B51W07 不以其无私與。

【无所】

無處；無法。B13W50 矢无所椯其角。

【无爲】

老子主張清静虚無，順應自然，稱爲"無爲"。B01W38 上德无爲而无以爲也。

【无味】

没有味道。B79W35 谈呵其无味也。

【无物】

空虚無形。B58W14 復歸於无物。

【无心】

没有私心。B12W49 聖人恒无心。

【无憂】

没有憂患。B64W20 絶學无憂。

【无有】

（1）虚無，無形。B06W43 无有入於無間。

（2）没有。B63W19 盗賊无有。

【无狀】

没有形狀。B58W14 无狀之狀。

【毋】

wú 《廣韻·平聲·虞》武夫切。上古：魚部，明母。

（1）否定副詞。不。B02W39 天毋已清將恐裂。

（2）没有。B54W10 能毋疵乎。

【吾】

wú　《廣韻·平聲·模》五乎切。上古：魚部，疑母。

我。表示第一人稱。B06W43 吾是以知無爲之有益也。

【蕪】

wú　《廣韻·平聲·虞》武夫切。上古：魚部，明母。

荒蕪。B16W53 田甚蕪。

wǔ

【五】

wǔ　《廣韻·上聲·姥》疑古切。上古：魚部，疑母。

數詞。B56W12 五色使人目明。

【五色】

指青、赤、黃、白、黑五色。此指多種顏色。B56W12 五色使人
　目明。

【五味】

酸甜苦辣鹹五種味道。此指多種味道。B56W12 五味使人口爽。

【五音】

我國古代五聲音階中的五個音級，即宮、商、角、徵、羽。B56W12
　五音使人之耳聾。

wù

【物】

wù　《廣韻·入聲·物》文弗切。上古：物部，明母。

（1）客觀存在的事物。B04W40 天下之物生於有。

（2）萬物。特指人。B66W24 物或惡之。

X

xī

【希】

xī　《廣韻·平聲·微》香衣切。上古：微部，曉母。

(1) 少。罕有。B06W43 天下希能及之矣。

(2) 寂静無聲。B03W41 大音希聲。

(3) 特指聽了而聽不到。這種情況就叫做"希"。B58W14 聽之而
　　弗聞，名之曰希。

【希言】

少説話。指不施加聲教法令。B68W23 希言自然。

【昔】

xī　《廣韻·入聲·昔》思積切。上古：鐸部，心母。

從前；過去。與"今"相對。B02W39 昔之得一者。

【溪】

xī　《廣韻·平聲·齊》苦奚切。上古：支部，溪母。

山間的流水。B72W28 爲天下溪。

【熙】

xī　《廣韻·平聲·之》許其切。上古：之部，曉母。

【熙熙】

和樂的樣子。B64W20 衆人熙熙。

【懀】

xī

【懀懀】

無所區分。B12W49 懀懀焉，爲天下渾心。

xí

【襲】

xí 《廣韻·入聲·緝》似入切。上古：緝部，邪母。

（1）韜藏。B15W52 是謂襲常。

（2）通"淡"。淡泊。B75W31 銛襲爲上。

【襲常】

韜藏智慧。B15W52 是謂襲常。

【襲明】

收斂、蘊藏智慧。B71W27 是謂襲明。

xǐ

【徙】

xǐ 《廣韻·上聲·紙》斯氏切。上古：支部，心母。

遷移；移居。B30W80 使民重死而遠徙。

xì

【細】

xì 《廣韻·去聲·霽》蘇計切。上古：脂部，心母。

細微。與大相對。B26W63 爲大乎其細。

xiá

【瑕】

xiá 《廣韻·平聲·麻》胡加切。上古：平麻，匣。

瑕疵。B71W27 善言者无瑕適。

【瑕適】

玉上的斑痕。比喻人的缺點、過錯。B71W27 善言者无瑕適。

xià

【下】

xià 《廣韻・去聲・禡》胡駕切。上古：魚部，匣母。

（1）位置低。與"高"相對。B02W39 高下之相盈。

（2）位置在低處。與"上"相對。B58W14 其下不忽。

（3）指等級低。跟"上"相對。B01W38 下德不失德。

（4）處在低下的地位。比喻謙讓。B29W66 以其善下之。

（5）臣下。B61W17 下知有之。

（6）卑下。B57W13 龍之爲下。

【下德】

下等之德。B01W38 下德不失德。

【下流】

江河的下游。B24W61 大邦者，下流也。

【下士】

才德差的人。B03W41 下士聞道，大笑之。

xiān

【先】

xiān 《廣韻・平聲・先》蘇前切。上古：文部，心母。

（1）時間、次序在前。B25W62 有共之璧以先四馬。

（2）祖先。B48W04 象帝之先。

（3）超過。B43W78 强者莫之能先也。

（4）占先。B51W07 聖人退其身而身先。

（5）首始。B32W67 三曰不敢爲天下先。

（6）領導。B29W66 其欲先民也。

【先後】

前和後。B46W02 先後之相隨也。

【鮮】

xiān 《廣韻・平聲・仙》相然切。上古：元部，心母。

魚。B23W60 治大國若亨小鮮。

xián

【賢】

xián 《廣韻・平聲・先》胡田切。上古：真部，匣母。

（1）賢能。B42W77 若此其不欲見賢也。

（2）勝過，超過。B40W75 是賢貴生。

（3）假借爲“堅”。堅，硬。B41W76 其死也菫仞賢强。

xiāng

【鄉】

xiāng 《廣韻・平聲・陽》許良切。上古：陽部，曉母。

（1）行政區劃名。周制一萬兩千五百家爲鄉。B17W54 修之鄉。

（2）通“饗”。享用。B64W20 若鄉於大牢，而春登臺。

【相】

xiāng 《廣韻・平聲・陽》息良切。上古：陽部，心母。

相互；交互。B23W60 夫兩不相傷。

【相合】

相互配合；相符。B76W32 天地相合。

【相和】

互相應和。B46W02 音聲之相和也。

【相去】

相距，相差。B64W20 其相去幾何。

【相若】

相當。B34W69 稱兵相若。

【相望】

相互望得見。言其近。B30W80 鄰邦相望。

【相聞】

相互聽到。指相互聽得見的距離。言其近。B30W80 雞狗之聲
 相聞。

xiáng

【祥】

xiáng 《廣韻·平聲·陽》似羊切。上古：陽部，邪母。

（1）吉利。B75W31 不祥之器。

（2）災殃。B18W55 益生曰祥。

xiàng

【象】

xiàng 《廣韻·上聲·養》徐兩切。上古：陽部，邪母。

（1）形象。B58W14 无物之象。

（2）好像。B48W04 象帝之先。

xiāo

【宵】

xiāo 《廣韻·平聲·宵》相邀切。上古：宵部，心母。
通"肖"。相似。B32W67 大而不宵。

xiǎo

【小】

xiǎo 《廣韻·上聲·小》私兆切。上古：宵部，心母。
微小的，細微的。B15W52 見小曰明。

【小邦】

小國。B24W61 大邦以下小邦。

【小鮮】

小魚。B23W60 治大國若亨小鮮。

xiào

【孝】

xiào　《廣韻》呼教切,去效,曉。

孝順。B62W18 案有孝慈。

【笑】

xiào　《廣韻·去聲·笑》私妙切。上古:宵部,心母。

嘲笑。B03W41 大笑之。

xiē

【紲】

xiè　《廣韻·入聲·薛》私列切。上古:月部,心母。

通"肆"。放肆,肆意。B21W58 直而不紲。

【歇】

xiē　《廣韻·入聲·月》許竭切。上古:月部,曉母。

消失。B02W39 神毋已靈將恐歇。

xīn

【心】

xīn　《廣韻·平聲·侵》息林切。上古:侵部,心母。

(1) 思想;感情。B12W49 聖人恒无心。

(2) 心胸。B52W08 心善淵。

【新】

xīn　《廣韻·平聲·真》息鄰切。上古:真部,心母。

更新。B67W22 敝則新。

xìn

【信】

xìn　《廣韻·去聲·震》息晉切。上古：真部,心母。

(1) 誠實,守信。B01W38 忠信之泊也而亂之首也。

(2) 真實的。B31W81 信言不美。

【信言】

真實的話。B31W81 信言不美。

xíng

【行】

xíng　《廣韻·平聲·庚》戶庚切。上古：陽部,匣母。

(1) 行走。B13W50 陵行不辟矢虎。

(2) 實行,實施。B03W41 菫能行之。

(3) 德行;品行。B25W62 尊行可以賀人。

【行方】

品行受到損害。“方”通“妨”。B56W12 難得之貨使人之行方。

【行 2】

háng　《廣韻·平聲·唐》胡郎切。上古：陽部,匣母。

軍隊的行列。B34W69 行无行。

【刑】

xíng　《廣韻·平聲·青》戶經切。上古：耕部,匣母。

(1) 通“形”。使有形。B14W51 物刑之而器成之。

(2) 通“形”。比較。B46W02 長短之相刑也。

xìng

【姓】

xìng　《廣韻·去聲·勁》息正切。上古：耕部,心母。

見【百姓】

xiōng

【凶】

xiōng　《廣韻・平聲・鍾》許容切。上古：東部，曉母。
禍殃。B60W16 妄作，凶。

xiū

【修】

xiū　《廣韻・品數・尤》息流切。上古：幽部，心母。
(1) 行，治。B17W54 修之身。
(2) 通"滌"。清洗。B54W10 修除玄鑒。

【繡】

xiù　《廣韻・去聲・宥》息救切。上古：幽部，心母。
假借爲"寂"。寂静。B69W25 繡呵繆呵。

xū

【虛】

xū　《廣韻・平聲・魚》朽居切。上古：魚部，曉母。
空虛。B16W53 倉甚虛。

xú

【徐】

xú　《廣韻・平聲・魚》似魚切。上古：魚部，邪母。
緩慢的。B59W15 濁而静之，徐清。

xù

【畜】

xù　《廣韻・入聲・屋》許竹切。上古：覺部，曉母。

畜養。B14W51 道生之而德畜之。

xuán

【玄】

xuán 《廣韻·平聲·先》胡涓切。上古：真部，匣母。

深奧，玄妙。B45W01 玄之有玄。

【玄德】

深奧玄妙之德。B14W51 是謂玄德。

【玄鑒】

猶玄鏡。指人的内心。B54W10 修除玄鑒。

【玄牝】

孳生萬物之本源。B50W06 是謂玄牝。

【玄同】

與萬物混同。B19W56 是謂玄同。

【玄之有玄，衆眇之門】

幽深又幽深，是一切微妙變化的總門。B45W01 玄之有玄，衆眇之門。

xué

【學】

xué 《廣韻·入聲·覺》胡覺切。上古：覺部，匣母。

（1）學習。B11W48 爲學者日益。

（2）學問。B64W20 絶學无憂。

【學 2】

xiào 《集韻·去聲·效》後教切。上古：覺部，匣母。

同"敩"。教導，施教。B05W42 我將以爲學父。

【學 2 父】

教戒的開始。指可資學習的榜樣。B05W42 我將以爲學父。

xún

【尋】

xún 《廣韻·平聲·侵》徐林切。上古：侵部，邪母。

【尋尋】

茫茫無涯際的樣子。B58W14 尋尋呵不可名也。

Y

yān

【焉】

yān 《廣韻·平聲·仙》於干切。上古：元部，影母。

(1) 相當於"之"。B78W34 萬物歸焉而弗爲主。

(2) 相當於"於此"。B12W49 百姓皆屬耳目焉。

(3) 疑問代詞。相當於"怎麼"。B44W79 焉可以爲善。

(4) 詞尾。用於形容詞或副詞之後。表示"……的樣子"。B12W49 愉愉焉。

(5) 語助詞。B69W25 王居一焉。

yǎn

【嚴】

yǎn 《廣韻·上聲·儼》魚埯切。上古：談部，疑母。
通"儼"。莊嚴貌。B59W15 嚴呵其若客。

yàn

【厭】

yàn 《廣韻·去聲·豔》於豔切。上古：談部，影母。

（1）厭惡。B29W66 天下樂進而弗厭也。

（2）飽足。B16W53 厭飲食而資財有餘。

（3）壓迫。B37W72 毋厭其所生。

【燕】

yàn　《廣韻・去聲・霰》於甸切。上古：元部，影母。

安逸，安寧。B70W26 燕處則昭若。

【燕處】

安閒居住。B70W26 燕處則昭若。

yāng

【央】

yāng　《廣韻・平聲・陽》於良切。上古：陽部，影母。

（1）盡頭。B64W20 望呵其未央哉。

（2）通"殃"。災禍。B15W52 毋遺身央。

yáng

【陽】

yáng　《廣韻・平聲・陽》與章切。上古：陽部，余母。

指宇宙中通貫物質和人事的兩大對立面之一。與"陰"相對。

B05W42 萬物負陰而抱陽。

yǎng

【養】

yǎng　《廣韻・上聲・養》餘兩切。上古：陽部，余母。

養育。B14W51 養之覆之。

yāo

【妖】

yāo　《廣韻・平聲・宵》于喬切。上古：宵部，影母。

邪惡。B21W58 正復爲奇,善復爲妖。

yào

【要】

yào 《廣韻·去聲·笑》於笑切。上古：宵部,影母。
精要。B71W27 不是謂眇要。

yě

【也】

yě 《廣韻·上聲·馬》羊者切。上古：歌部,余母。
(1) 語氣助詞。用在句末,表示判斷肯定。B05W42 王公以自名也。
(2) 語氣助詞。用在句中,表停頓。B10W47 其出也彌遠。
(3) 語氣助詞。表反問語氣。B02W39 此其賤之本與? 非也?

yī

【一】

yī 《廣韻·入聲·質》於悉切。上古：質部,影母。
(1) 數詞。B55W11 卅輻同一轂。
(2) 第一。B32W67 一曰兹。
(3) 若干分中的一分。B69W25 王居一焉。
(4) 道。B67W22 聖人執一。
(5) 老子用以稱宇宙萬物的原始狀態。B05W42 道生一。

【依】

yī 《廣韻·平聲·微》於希切。上古：微部,影母。
假借爲"哀"。悲傷。B75W31 以悲依立之。

yí

【夷】

yí 《廣韻·平聲·脂》以脂切。上古：脂部,余母。

(1) 平坦。B03W41 夷道如纇。

(2) 撫摸而撫摸不着。這種情況就叫做"夷"。B58W14 捪之而弗
　　得,名之曰夷。

【宜】

yí　《廣韻・平聲・支》魚羈切。上古：歌部,疑母。

應當。B24W61 宜爲下。

【遺】

yí　《廣韻・平聲・脂》以追切。上古：微部,余母。

(1) 帶來。B15W52 毋遺身央。

(2) 假借爲"匱"。不足。B64W20 我獨遺。

yǐ

【己】

yǐ　《廣韻・上聲・止》羊己切。上古：之部,余母。

(1) 停止。B02W39 天毋已清將恐裂。

(2) 語氣詞。表確定語氣。B46W02 天下皆知美之爲美,惡已。

【以】

yǐ　《廣韻・上聲・止》羊己切。上古：之部,余母。

(1) 施用。B64W20 衆人皆有以。

(2) 表示對事物的處置,相當於用、拿、把。B05W42 王公以自
　　名也。

(3) 介詞。表示動作行爲的憑藉或前提。猶言憑、根據。B24W61
　　牝恒以靚勝牡。

(4) 可以,足以。B10W47 以知天下。

(5) 連詞。表並列,相當於"和"。B02W39 侯王毋已貴以高將
　　恐蹶。

(6) 相當於連詞"而"。B09W46 卻走馬以糞。

(7) 連詞。表承接,相當於"則"。B17W54 子孫以祭祀不絕。

（8）連詞。因而。B60W16 萬物旁作,吾以觀其複也。

（9）因爲。B29W66 以其善下之。

（10）助詞。用在單純方位詞前,組成合成方位詞表示方位。
　　　B25W62 雖有共之璧以先四馬。

【以爲】

（1）有意作爲。B01W38 上德无爲而无以爲也。

（2）作爲;用作;當作。B02W39 侯王得一而以爲天下正。

（3）而成。B05W42 中氣以爲和。

【以至於】

猶言直至,直到。B11W48 以至於无爲。

另見**【可以】【是以】【所以】**

【矣】

yǐ 《廣韻・上聲・止》於紀切。上古:之部,匣母。

（1）語氣助詞。表示必然。B06W43 天下希能及之矣。

（2）語氣助詞。表感歎,猶“啊”。B28W65 玄德深矣遠矣。

（3）語氣助詞。表停頓。B02W39 必高矣而以下爲基。

【倚】

yǐ 《廣韻・上聲・紙》於綺切。上古:歌部,影母。

倚傍。B21W58 禍,福之所倚。

yì

【亦】

yī 《廣韻・入聲・昔》羊益切。上古:鐸部,余母。

（1）副詞。也。B05W42 亦我而教人。

（2）皆。B28W65 亦稽式也。

【易】

yì 《廣韻・去聲・寘》以豉切。上古:錫部,余母。

（1）容易。與“難”相對。B26W63 圖難乎其易。

(2) 變易。B43W78 其无以易之。

【益】

yì　《廣韻・入聲・昔》伊昔切。上古：錫部，影母。

(1) 增加。B05W42 物或損之而益。

(2) 好處，益處。B06W43 吾是以知无爲之有益也。

【益生】

助益於生。此指貪生。B18W55 益生曰祥。

【異】

yì　《廣韻・去聲・志》羊吏切。上古：職部，余母。

不同。B45W01 異名同謂。

【義】

yì　《廣韻・去聲・寘》宜寄切。上古：歌部，疑母。

謂一般意義上的符合正義或道德規範。老子持否定態度。

　　B01W38 上義爲之而有以爲也。

yīn

【印】

yìn　《廣韻・去聲・震》於刃切。上古：真部，影母。

通"抑"。向下壓。B42W77 高者印之。

【音】

yīn　《廣韻・平聲・侵》於金切。上古：侵部，影母。

(1) 聲音。B03W41 大音希聲。

(2) 音樂。B56W12 五音使人之耳聾。

【音聲】

音和聲。B46W02 音聲之相和也。

【陰】

yīn　《廣韻・平聲・侵》於金切。上古：部侵，影母。

指宇宙中貫通物質和人事的兩個對立面之一。跟"陽"相對。

B05W42 萬物負陰而抱陽。

yǐn

【飲】

yǐn 《廣韻·上聲·寢》於錦切。上古：侵部，影母。

飲料。B16W53 厭飲食而資財有餘。

【飲食】

指飲料和食品。B16W53 厭飲食而資財有餘。

yīng

【嬰】

yīng 《廣韻·平聲·清》於盈切。上古：耕部，影母。

初生兒。B54W10 能嬰兒乎。

【嬰兒】

初生幼兒。B54W10 能嬰兒乎。

yíng

【迎】

yíng 《廣韻·平聲·庚》語京切。上古：陽部，疑母。

迎着，正面相對。B58W14 迎而不見其首。

【盈】

yíng 《廣韻·平聲·清》以成切。上古：耕部，余母。

（1）滿。B02W39 浴得一以盈。

（2）窮盡。B48W04 用之有弗盈也。

（3）假借爲"呈"。呈現。B46W02 高下之相盈也。

【營】

yíng 《廣韻·平聲·清》余傾切。上古：耕部，余母。

【營柏】

魂魄。"營"通"魂"，"柏"通"魄"。B54W10 戴營柏抱一。

【嬴】
yíng 《廣韻·平聲·清》以成切。上古：耕部，余母。
嬴利。B08W45 大嬴如炳。

yìng

【應】
yìng 《廣韻·去聲·證》於證切，上古：蒸部，影母。
回應。B01W38 上禮爲之而莫之應也。

yǒng

【勇】
yǒng 《廣韻·上聲·腫》余隴切。上古：東部，余母。
(1) 勇武。B32W67 今舍其慈且勇。
(2) 果敢。B38W73 勇於敢者則殺。

yòng

【用】
yòng 《廣韻·去聲·用》余頌切。上古：東部，余母。
(1) 使用。B30W80 使十百人之器毋用。
(2) 作用，用處。B08W45 其用不幣。
【用兵】
指揮作戰。B20W57 以畸用兵。
【用人】
使用人才。這裏指正確的用人方法。B33W68 善用人者爲之下。

yōu

【憂】
yōu 《廣韻·平聲·尤》於求切。上古：幽部，影母。

憂患。B64W20 絕學无憂。

【攸】

yōu　《廣韻・平聲・尤》以周切。上古：幽部，余母。

通"曒"。光明。B58W14 其上不攸。

【幽】

yōu　《廣韻・平聲・幽》於虯切。上古：幽部，影母。

深遠。B65W21 幽呵鳴呵。

【嚘】

yōu　《廣韻・平聲・尤》於求切。上古：幽部，影母。

氣上沖而不順。B18W55 終日號而不嚘。

yóu

【尤】

yóu　《廣韻・平聲・尤》羽求切。上古：之部，匣母。

怨咎。B52W08 夫唯不静，故无尤。

【猶】

yóu　《廣韻・平聲・尤》以周切。上古：幽部，余母。

(1) 如。B42W77 天之道，猶張弓者也。

(2) 遲疑不決。此指謹慎警惕。B26W63 聖人猶難之。

yǒu

【有】

yǒu　《廣韻・上聲・有》云久切。上古：之部，匣母。

(1) 指事物的存在。與"無"相對。B04W40 天下之物生於有。

(2) 产生，出現。B20W57 法物滋章，而盜賊多有。

(3) 領有；保有；占有。B14W51 生而弗有也。

(4) 求取。B52W08 水善利萬物而有静。

(5) 多，富有。B31W81 己愈有。

（6）用同"或"，"域"的古字。州域。B58W14 以御今之有。

【有2】

yòu 《集韻・去聲・宥》尤救切。上古：之部，匣母。

（1）通"又"。復，更加。B45W01 玄之有玄。

（2）通"又"。用於整數與零數之間。B13W50 生之徒十有三。

（3）通"又"。副詞。表示轉折。B48W04 用之有弗盈也。

【有道】

循道而行，這裏指政治清明。B09W46 天下有道。

【有德】

有德行。B01W38 是以有德。

【有名】

道家指萬物本原的命名。B45W01 有名，萬物之母也。

【有事】

生事，好有事。B11W48 及其有事也。

【有餘】

有剩餘，超過足夠的程度。B16W53 厭飲食而資財有餘。

【有欲】

有道。"欲"假借爲"裕"。B66W24 有欲者弗居。

【牖】

yǒu 《廣韻・上聲・有》與久切。幽部，余母。

窗，窗户。B10W47 不窺於牖。

yòu

【又】

yòu 《廣韻・去聲・宥》於救切。上古：之部，匣母。

更；再。B11W48 損之又損。

【右】

yòu 《廣韻・去聲・宥》於救切。上古：之部，匣母。

右手一邊的方位,與"左"相對。B44W79 聖人執右介,而不以責於人。

yú

【於】

yú 《廣韻・平聲・魚》央居切。上古:魚部,影母。

(1) 在。B16W53 行於大道。

(2) 對;對於。B68W23 又況於人乎。

(3) 到,至。B58W14 復歸於无物。

(4) 連詞。而。B38W73 勇於敢者則殺。

(5) 介詞。從,自。B04W40 天下之物生於有。

(6) 介詞。比。表示比較。B09W46 罪莫大於可欲。

(7) 介詞。被。表示被動。B24W61 取於大邦。

(8) 爲(wéi)。B78W34 可名於大。

(9) 和,同。B18W55 比於赤子。

另見【以至於】

【餘】

yú 《廣韻・平聲・魚》以諸切。上古:魚部,余母。

不盡的,殘剩的。B44W79 必有餘怨。

另見【有餘】

【魚】

yú 《廣韻・平聲・魚》語居切。上古:魚部,疑母。

魚類統稱。B80W36 魚不可脱於淵。

【竽】

yú 《廣韻・平聲・虞》羽俱切。上古:魚部,匣母。

古代竹制簧管樂器。與笙相似而略大。這裏指長,首;最大者。

B16W53 是謂盜竽。

【俞】

yú 《廣韻・平聲・虞》羊朱切。上古:侯部,余母。

通"雨"。降雨。動詞。B76W32 以俞甘洛。

【愚】

yú 《廣韻·平聲·虞》遇俱切。上古：侯部，疑母。

（1）愚昧，不明。B01W38 道之華也而愚之首也。

（2）特指淳樸。B64W20 我愚人之心也。

【隅】

yú 《廣韻·平聲·虞》遇俱切。上古：侯部，疑母。

角，稜角。B03W41 大方无隅。

【與】

yú 《廣韻·平聲·魚》以諸切。上古：魚部，余母。

（1）爭。B33W68 善勝敵者弗與。

（2）說明。B44W79 恒與善人。

（3）同，跟。B07W44 名與身孰親。

（4）於。B76W32 猶小浴之與江海也。

（5）通"舉"。推舉；選舉。B80W36 必古與之。

【與2】

yú

語氣詞。表疑問或反詰。B02W39 此其賤之本與。

【與3】

yù

（1）通"豫"。遲疑不決。此指小心謹慎。B59W15 與呵其若冬
　　涉川。

（2）假借爲"譽"。名譽，聲譽。B02W39 致數與无與。

yǔ

【雨】

yǔ 《廣韻·上聲·虞》王矩切。上古：魚部，匣母。

一般意義的雨。B68W23 暴雨不終日。

【語】

yǔ　《廣韻·上聲·語》魚巨切。上古：魚部，疑母。

空話。B67W22 豈語哉。

【予】

yǔ　《廣韻·上聲·語》余呂切。上古：魚部，余母。

給予。B31W81 既以予人。

yù

【玉】

yù　《廣韻·入聲·燭》魚欲切。上古：屋部，疑母。

溫潤而有光澤的美石。B02W39 禄禄若玉。

【浴】

yù　《廣韻》余蜀切，入燭，以。

通"谷"。山谷。B59W15 湉呵其若浴。

【欲】

yù　《廣韻·入聲·燭》余蜀切。上古：屋部，余母。

（1）欲望；貪欲。B09W46 罪莫大於可欲。

（2）想要，希望。B02W39 不欲禄禄若玉。

（3）假借爲"裕"。道。B66W24 有欲者弗居。

【御】

yù　《廣韻·去聲·禦》牛倨切。上古：魚部，疑母。

治理。B58W14 以御今之有。

【愈】

yù　《廣韻·上聲·麌》以主切。上古：侯部，余母。

副詞。"更加"、"越"。B31W81 己愈有。

【譽】

yù　《廣韻·去聲·禦》羊洳切。上古：魚部，余母。

稱讚。B61W17 親譽之。

【鬻】

yù　《廣韻·入聲·屋》余六切。上古：覺部，余母。
世俗的，一般的。B64W2 鬻人昭昭。

【鬻人】

俗人。B64W2 鬻人昭昭。

yuān

【淵】

yuān　《廣韻·平聲·先》烏玄切。上古：真部，影母。
（1）深潭。B80W36 魚不可脫於淵。
（2）深，深邃。B48W04 淵呵似萬物之宗。

yuán

【垣】

yuán　《廣韻·平聲·元》雨元切。上古：元部，匣母。
衛護。B32W67 如以慈垣之。

yuǎn

【遠】

yuǎn　《廣韻·上聲·阮》云阮切。上古：元部，匣母。
（1）遙遠，距離長。B10W47 其出也彌遠。
（2）遠離。B30W80 使民重死而遠徙。
（3）深遠；深奧。B28W65 玄德深矣遠矣。

yuàn

【怨】

yuàn　《廣韻·去聲·願》於願切。上古：元部，影母。
仇怨。B26W63 報怨以德。

yuē

【曰】

yuē 《廣韻・入聲・月》王伐切。上古：月部，匣母。

(1) 説；説道。B03W41 建言有之曰。

(2) 叫做。B18W55 和曰常。

(3) 介詞。於是，就。B69W25 大曰筮。

【約】

yuē 《廣韻・入聲・藥》於略切。上古：藥部，影母。

繩子。B71W27 善結者无繻約而不可解也。

yuè

【閲】

yuè 《廣韻・入聲・薛》弋雪切。上古：月部，余母。

通"鋭"。鋒芒。B19W56 挫其閲。

【籥】

yuè 《廣韻・入聲・藥》以灼切。上古：藥部，余母。

(1) 古時風箱的部件。以竹管製成，上有吸氣排氣的孔眼。鼓動皮囊，可鼓風吹火。用獸皮製成的風箱主體。以籥鼓動皮囊，可鼓風吹火。B49W05 天地之間其猶橐籥與。

(2) 通"鑰"。鎖鑰。B71W27 善閉者无關籥而不可啟也。

yún

【雲】

yún 《廣韻・平聲・文》王分切。上古：文部，匣母。

【雲雲】

衆多、茂盛的樣子。B60W16 天物雲雲。

Z

zāi

【哉】

zāi 《廣韻·平聲·咍》祖才切。上古：之部，精母。
(1) 語氣助詞。表示感歎。B64W20 望呵其未央哉。
(2) 語氣助詞。表示反詰、疑問。B16W53 非道也哉。

zǎi

【宰】

zǎi 《廣韻·上聲·海》作亥切。上古：之部，精母。
主宰。B14W51 長而弗宰也。

zài

【在】

zài 《廣韻·上聲·海》昨宰切。上古：之部，從母。
(1) 處於，處在。B12W49 聖人之在天下也。
(2) 介詞。於。B66W24 其在道曰。

【載】

zài 《廣韻·去聲·代》作代切。上古：之部，精母。
處。B54W10 載營柏抱一。

záo

【鑿】

záo 《廣韻·入聲·鐸》在各切。上古：藥部，從母。
開鑿。B55W11 鑿户牖。

zǎo

【蚤】

zǎo　《廣韻・上聲・皓》子晧切。上古：幽部，精母。

(1) 在一定時間以前。B18W55 不道蚤已。

(2) 通"爪"。鳥獸的趾端有尖甲的腳。亦指其尖利趾甲。這裏指老虎的爪子。B13W50 虎无所昔其蚤。

【蚤服】

早已服從。B22W59 是以蚤服。

zào

【趮】

zào　《廣韻・去聲・號》則到切。上古：宵部，精母。

急驟地動作。B08W45 趮勝寒。

zé

【則】

zé　《廣韻・入聲・德》子德切。上古：職部，精母。

(1) 以爲準則，效法。B35W70 則我貴矣。

(2) 連詞。表承接。用於順承，猶即，就。B01W38 則攘臂而乃之。

(3) 那麼。B22W59 則莫知其極。

(4) 卻。B42W77 人之道則不然。

【責】

zé　《廣韻・入聲・麥》側革切。上古：錫部，莊母。

索取。B44W79 聖人執右介而不以責於人。

【澤】

zé　《廣韻・入聲・陌》場伯切。上古：鐸部，定母。

通"釋"。消融。B59W15 涣呵其若凌澤。

zéi

【賊】

zéi 《廣韻·入聲·德》昨則切。上古：職部，從母。

（1）搶劫或偷竊財物的人。B20W57 法物滋章而盜賊多有。

（2）災禍。B28W65 邦之賊也。

zhá

【閘】

zhá 《廣韻·入聲·狎》烏甲切。

通"狎"。狹窄。B37W72 毋閘其所居。

zhàn

【戰】

zhàn 《廣韻·去聲·線》之膳切。上古：元部，章母。

戰爭；作戰。B32W67 以戰則勝。

【湛】

zhàn 《廣韻·上聲·豏》徒減切。上古：侵部，定母。

深沉。B48W04 湛呵似或存。

zhāng

【張】

zhāng 《廣韻·平聲·陽》陟良切。上古：陽部，端母。

（1）拉緊弓弦。B42W77 猶張弓者也。

（2）擴張。B80W36 必古張之。

【章】

zhāng 《廣韻·平聲·陽》諸良切。上古：陽部，章母。

（1）彰明，顯著。B66W24 自視者不章。

（2）盛。B20W57 法物滋章而盜賊多有。

zhàng

【丈夫】

zhàng　《廣韻》直兩切，上養，澄。

成年男子的通稱。B01W38 大丈夫居其厚而不居其泊。

zhāo

【昭】

zhāo　《廣韻·平聲·宵》止遙切。上古：宵部，章母。

通"超"。超脫。B70W26 燕處則昭若。

【昭昭】

光耀自見的樣子。B64W20 鬻人昭昭。

【朝】

zhāo　《廣韻·平聲·宵》陟遙切。上古：宵部，端母。

早晨。B68W23 飄風不終朝。

zhào

【召】

zhào　《廣韻·去聲·笑》直照切。上古：宵部，定母。

召喚使來。B38W73 不召而自來。

【兆】

zhào　《廣韻·上聲·小》治小切。上古：宵部，定母。

徵兆。B27W64 其未兆也，易謀也。

zhé

【轍】

zhé　《廣韻·入聲·薛》直列切。上古：月部，定母。

車輪碾過的痕跡。B71W27 善行者无轍跡。

【轍跡】

車轍馬足跡。指行走留下的痕跡。B71W27 善行者无轍跡。

zhě

【者】

zhě 《廣韻・上聲・馬》章也切。上古：魚部，章母。

（1）代詞。用在形容詞、動詞、動詞片語或主謂詞組等之後，組成"者"字結構，用以指代人、事、物。B31W81 知者不博。

（2）助詞。標明語音上的停頓，並引出下文，常表示判斷。B01W38 夫禮者，忠信之泊也而亂之首也。

zhēn

【真】

zhēn 《廣韻・平聲・真》職鄰切。上古：真部，章母。

真純。B17W54 修之身，其德乃真。

zhèn

【鎮】

zhèn 《廣韻・去聲・震》陟刃切。上古：真部，端母。

用重物壓在上面。B81W37 吾將鎮之以无名之樸。

zhēng

【諍】

zhēng 《集韻・平聲・耕》甾莖切。上古：耕部，莊母。

通"爭"。爭競；爭奪。B29W66 非以其无諍與。

zhèng

【正】

zhèng 《廣韻·去聲·勁》之盛切。上古：耕部，章母。

（1）模範。B02W39 侯王得一而以爲天下正。

（2）合乎規範。B20W57 我好静而民自正。

（3）正面的。與“反”相對。B43W78 正言若反。

（4）規範，定則。B20W57 以正之邦。

（5）通“政”。政治，政事。B52W08 正善治。

【正言若反】

正面的話好像反面的話一樣。B43W78 正言若反。

【政】

zhèng 《廣韻·去聲·勁》之盛切。上古：耕部，章母。

政事。B21W58 其政悶悶。

zhī

【之】

zhī 《廣韻·平聲·之》止而切。上古：之部，章母。

（1）至，往。B13W50 民生生，動皆之死地亦十有三。

（2）指稱人、物。猶他、它；他的、它的。B03W41 董能行之。

（3）指示代詞“是”。即“這”、“這個”義。B65W21 道之物。

（4）猶則。B55W11 故有之以爲利，无之以爲用。

（5）連詞。相當於“而”。B11W48 損之又損。

（6）助詞。表示詞語之間的結構關係。B02W39 昔之得一者。

（7）助詞。用以調整音節或表示提頓，無實在意義。B53W09 揎而盈之。

（8）通“治”。治理。B20W57 以正之邦。

【知】

zhī　《廣韻・平聲・支》陟離切。上古：支部，端母。

（1）知道，瞭解。B06W43 吾是以知无爲之有益也。

（2）知識。B16W53 使我挈有知。

【知 2】

zhì

（1）通"智"。睿智。褒義。B19W56 知者弗言。

（2）通"智"。巧智。貶義。B63W19 絕聖棄知。

（3）治理。B28W65 知邦。

【知常】

瞭解自然法則。B18W55 知常曰明。

【知止】

謂懂得適可而止。B07W44 知止不殆。

【知止不殆】

謂適可而止，就能避免危險。B07W44 知止不殆。

【知足】

謂自知滿足，不作過分的企求。B07W44 知足不辱。

【知足不辱】

自知滿足就不會招致侮辱。B07W44 知足不辱。

zhí

【直】

zhí　《廣韻・入聲・職》除力切。上古：職部，定母。

（1）不彎曲。B08W45 大直如屈。

（2）直率。B21W58 直而不绁。

【埴】

zhí　《廣韻・入聲・職》常職切。上古：職部，禪母。

粘土。B55W11 埏埴爲器。

【執】

zhí 《廣韻·入聲·緝》之入切。上古：緝部，章母。

（1）拿。B34W69 執无兵。

（2）握持不放。B27W64 執之者失之。

（3）掌握。B58W14 執今之道。

【執生】

持守身體。B13W50 蓋聞善執生者。

【執一】

掌握"道"。B67W22 聖人執一。

zhǐ

【止】

zhǐ 《廣韻·上聲·止》諸市切。上古：之部，章母。

（1）停止。B79W35 過格止。

（2）止境。B64W20 其若无所止。

另見【知止】

zhì

【至】

zhì 《廣韻·去聲·章》脂利切。上古：質部，章母。

（1）到；到來。B30W80 民至老死不相往來。

（2）極點；頂點。B18W55 精之至也。

（3）極，最。B06W43 天下之至柔馳騁乎天下之至堅。

（4）通"致"。達到。B54W10 搏氣至柔。

（5）通"致"。求。B58W14 此三者不可至計。

【至計】

究詰，追究。B58W14 此三者不可至計。

【志】

zhì 《廣韻・去聲・志》職吏切。上古：之部，章母。

（1）意志。B47W03 弱其志。

（2）志向。B75W3 不可以得志於天下矣。

（3）認識，瞭解。B59W15 深不可志。

（4）通"恃"。指自恃有功。B46W02 爲而弗志也。

【治】

zhì 《廣韻・去聲・志》直吏切。上古：之部，定母。

（1）治理。B22W59 治人事天莫若嗇。

（2）合理，有秩序。B40W75 百姓之不治也。

【治人】

治理人民。B22W59 治人事天莫若嗇。

【致】

zhì 《廣韻・去聲・至》脂利切。上古：質部，端母。

（1）招致。B02W39 致數與无與。

（2）通"至"。盡；極。B02W39 其致之也。

【制】

zhì 《廣韻・去聲・祭》征例切。上古：月部，章母。

（1）裁。B72W28 大制无割。

（2）創制。B76W32 始制有名。

【置】

zhì 《廣韻・去聲・志》陟吏切。上古：職部，端母。

設置。B25W62 置三卿。

【質】

zhì 《廣韻・入聲・質》之日切。上古：質部，端母。

質樸，樸實。B03W41 質真如渝。

zhōng

【中】

zhōng 《廣韻·平聲·東》陟弓切。上古：東部，端母。

（1）中等。B03W41 中士聞道。

（2）内，中間。B65W21 中有象呵。

（3）虛無清静。即道之理。B49W05 不若守於中。

（4）通"冲"。湧摇。B05W42 中氣以爲和。

【忠】

zhōng 《廣韻·平聲·東》陟弓切。上古：東部，端母。

忠誠無私。B01W38 忠信之泊也而亂之首也。

【忠信】

忠誠信實。B01W38 忠信之泊也而亂之首也。

【終】

zhōng 《廣韻·平聲·東》職戎切。上古：冬部，章母。

（1）結束。與"始"相對。B27W64 慎終若始。

（2）指自始至終整段時間。B68W23 飄風不終朝。

（3）到底。B26W63 聖人終不爲大。

【終日】

整天。B18W55 終日號而不嚘。

【終身】

一生；終竟此身。B15W52 終身不堇。

【終朝】

整個早晨。從天亮到早飯時。B68W23 飄風不終朝。

zhòng

【衆】

zhòng 《廣韻·去聲·送》之仲切。上古：冬部，章母。

多。B45W01 衆眇之門。

【衆人】

一般人。B27W64 復衆人之所過。

【重】

zhòng　《廣韻・上聲・腫》直隴切。上古：東部,定母。

(1) 重厚。B70W26 重爲輕根。

(2) 看重。B30W80 使民重死而遠徙。

(3) 累。B29W66 居上而民弗重也。

(4) 通“動”。脱離静止狀態。B59W15 安以重之。

【重 2】

chóng　《廣韻・平聲・鍾》直容切。上古：東部,定母。

不斷地。B22W59 重積德。

zhōu

【周】

zhōu　《廣韻・平聲・尤》職流切。上古：幽部,章母。

通“舟”。船。B30W80 有車周无所乘之。

zhǔ

【主】

zhǔ　《廣韻・上聲・麌》之庾切。上古：侯部,章母。

(1) 國君。B43W78 社稷之主。

(2) 主宰。B78W34 萬物歸焉而弗爲主。

(3) 指軍事上采取攻勢的一方。B34W69 吾不敢爲主而爲客。

　　另見【人主】

zhù

【注】

zhù　《廣韻・去聲・遇》之戍切。上古：侯部,章母。

通"主"。主人。B25W62 萬物之注也。

zhuàng

【壯】

zhuàng　《廣韻・去聲・漾》側亮切。上古：陽部，莊母。強壯。此指過分的强壯。B18W55 物壯即老。

【狀】

zhuàng　《廣韻・去聲・漾》鋤亮切。上古：陽部，崇母。形狀。B58W14 无狀之狀。

zhuī

【揣】

zhuī　《集韻・平聲・脂》朱惟切。上古：歌部，初母。捶擊。B53W09 揣而允之。

zhuì

【贅】

zhuì　《廣韻・去聲・祭》之芮切。上古：月部，章母。贅瘤。此指多餘，無用。B66W24 餘食贅行。

zhūn

【屯】

zhūn　《廣韻・平聲・諄》陟綸切。上古：文部，端母。

【屯屯】

敦厚的樣子。B21W58 其民屯屯。

zhuō

【拙】

zhuō　《廣韻・入聲・薛》職悅切。上古：物部，章母。

笨拙。B08W45 大巧如拙。

zhuó

【濁】

zhuó 《廣韻·入聲·覺》直角切。上古：屋部，定母。

渾濁。B59W15 涷呵其若濁。

【斲】

zhuó 《廣韻·入聲·覺》竹角切。上古：屋部，端母。

砍。B39W74 代大匠斲。

zī

【資】

zī 《廣韻·平聲·脂》即夷切。上古：脂部，精母。

貨物，錢財。B16W53 資財有餘。

【資財】

錢財物資。B16W53 資財有餘。

【滋】

zī 《廣韻·平聲·之部》子之切。上古：之部，精母。

更加。B20W57 民多利器而邦家滋昏。

【輜】

zī 《廣韻·平聲·之》側持切。上古：之部，莊母。

代有帷蓋的載重車。B70W26 不離其輜重。

【輜重】

本指隨軍運載的軍用器械、糧秣等。這裏指外出時攜載的物資。

　B70W26 不離其輜重。

zǐ

【子】

zǐ 《廣韻·上聲·止》即里切。上古：之部，精母。

（1）兒子。B48W04 吾不知其誰之子也。

（2）派生的;從屬的。與本體或母體相對。這裏指由根源滋生出
的萬物。B15W52 以知其子。

【子孫】

兒子和孫子,泛指後代。B17W54 子孫以祭祀不輟。

zì

【自】

zì 《廣韻·去聲·至》疾二切。上古:質部,從母。

（1）自己。B02W39 侯王自謂孤寡不穀。

（2）自然。B38W73 不召而自來。

（3）介詞。從。B65W21 自今及古。

【自愛】

珍重自己。B37W72 自愛而不自貴也。

【自伐】

自我誇耀。B66W24 自伐者无功。

【自矜】

自負。B66W24 自矜者不長。

【自然】

天然,非人爲的。B14W51 莫之爵,而恒自然也。

【自生】

爲自己而生存。B51W07 以其不自生也。

【自勝】

克制自己。B77W33 自勝者,强也。

【自視】

自以爲是。"視"通"是"。B66W24 自視者不章。

【自見】

自我表現。"見"同"現"。B37W72 聖人自知而不自見也。

【自知】

瞭解自己。B37W72 聖人自知而不自見也。

【字】

zì 《廣韻·去聲·志》疾置切。上古：之部，從母。

取名。B69W25 字之曰道。

【呰】

zǐ 《廣韻·上聲·紙》將此切。上古：支部，精母。

通"斯"。這。B46W02 呰不善矣。

zōng

【宗】

zōng 《廣韻·平聲·冬》作冬切。上古：冬部，精母。

(1) 宗主。B48W04 淵呵似萬物之宗。

(2) 根本；主旨。B35W70 事有宗。

zǒu

【走】

zǒu 《廣韻·上聲·厚》子苟切。上古：侯部，精母。

【走馬】

善跑的馬。B09W46 卻走馬以糞。

zú

【足】

zú 《廣韻·入聲·燭》即玉切。上古：屋部，精母。

(1) 腳。B27W64 始于足下。

(2) 充分；足夠。B63W19 以爲文未足。

zuì

【罪】

zuì 《廣韻·上聲·賄》徂賄切。上古：微部，從母。

罪愆。B09W46 罪莫大於可欲。

【朘】

zuī 《廣韻》臧回切，平灰，精。

男孩的生殖器。B18W55 未知牝牡之會而朘怒。

zūn

【尊】

zūn 《廣韻·平聲·魂》祖昆切。上古：文部，精母。

(1) 尊貴。B14W51 道之尊。

(2) 尊崇。B14W51 萬物尊道而貴德。

(3) 高尚的。B25W62 尊行可以賀人。

【尊行】

高尚的德行。B25W62 尊行可以賀人。

zuǒ

【左】

zuǒ 《廣韻·上聲·哿》臧可切。上古：歌部，精母。

方位名。與"右"相對。爲古人平居及遇吉事所尚方位。B75W31
　君子居則貴左。

【佐】

zuǒ 《廣韻·去聲·個》則個切。上古：歌部，精母。

輔佐。B74W30 以道佐人主。

zuò

【作】

zuò　《廣韻·入聲·鐸》則落切。上古：鐸部，精母。

（1）開始；興起。B26W63 天下之難作于易。

（2）作爲。B60W16 妄作。

【坐】

zuò　《廣韻·去聲·過》徂卧切。上古：歌部，從母。

静坐無爲。B25W62 不若坐而進此。

後　　記

　　這部書是在我博士論文的基礎上修改而成的,其輕淺無須贅言。然而先賢亦云"文章是自己的好"。作爲無名後輩雖然不敢譬擬,可是心同理同,對於耗費心血之物敝帚自珍實在是人情難免,我也不能脫俗,自忖似也不必脫俗。因此大起膽子,一路行來,居然成帙。

　　業師吳金華先生對原稿指導最多,孰料書成之時已天人兩隔一年有餘。猶憶去夏弔唁先生之後即心神恍惚,以致雖着意撰文悼念,卻數月不能成一字,只有廢然棄筆。今天終於可以彌補遺憾一二。可是學生才菲識淺,絕不敢以此書題獻,恐污先生清名,唯有隔着遼遠的時空致意而已。

　　師母張敏文老師在我寫作原稿期間專意照拂,情同舐犢,令我至今五內銘感。祝願師母身體康健。

　　感謝業師尉遲治平先生引領我走上學術道路,教導我放寬眼界、與時俱進,時刻提攜我、督促我。

　　感謝季忠平師兄、蕭瑜師兄、劉元春師弟的指導與幫助。

　　最後,感謝我的母親,在我求學期間孤守家中十數年從無怨言;在我工作之後又承擔起繁重的家事以使我專心業務。没有母親的全力支持,就不可能有這部書的面世。

張　豔

二零一四年八月

於大里